U0143033

家长
心理学入门

JIAZHANG
XINLIXUE RUMEN

严 虎/著

湖南教育出版社

图书在版编目（CIP）数据

家长心理学入门 / 严虎著. —长沙：湖南教育出
版社，2018.6（2024.2重印）
ISBN 978-7-5539-6179-8

Ⅰ.①家… Ⅱ.①严… Ⅲ.①家庭教育 Ⅳ.①G78

中国版本图书馆 CIP 数据核字（2018）第 106365 号

家长心理学入门
JIAZHANG XINLIXUE RUMEN

著　　者：严　虎
责任编辑：黄善灵　张艺琼
责任校对：任　娟　胡　婷　殷静宁
出版发行：湖南教育出版社（长沙市雨花区韶山北路 443 号）
网　　址：www.bakclass.com
电子邮箱：hnjycbs@sina.com
微 信 号：湘教智慧云
客　　服：电话 0731-85486979
经　　销：湖南省新华书店
印　　刷：湖南雅嘉彩色印刷有限公司
开　　本：710mm×1000mm　1/16
印　　张：19.5
字　　数：320 000
版　　次：2018 年 6 月第 1 版　2024 年 2 月第 5 次印刷
书　　号：ISBN 978-7-5539-6179-8
定　　价：39.80 元

本书若有印刷、装订错误，可向承印厂调换

参编人员

严　虎　　封珂欣　　钟秀华

李　青　　何　玲　　吴汀春

蔡　雨　　李　君　　郑洪燕

自 序

近年来，家庭教育在国内飞速发展，越来越多的家长意识到家庭教育的重要性，并纷纷投入学习与实践之中。目前市面上关于家庭教育的课程与书籍也可谓琳琅满目，既为家长们创造了诸多的学习机会，也为他们带来了一定的选择困难。作为一名曾在多所大型教育机构开展过多次讲座的专家，我接触过无数家长，他们都怀着一颗急切的心，想迅速提升自我的"修为"，改善家庭亲子关系，给予孩子更好的教育和陪伴。但一旦他们将所学方法或工具应用至实践中时，便感到举步维艰，困难重重。思考良久，归根结底，是因为他们对掌握的方法只知其然却未知其所以然。

该如何解决这一困惑呢？在反复思索之中，我不禁萌生了这样一个想法，那便是"每一位家长都应懂一点心理学"。可如何实现这一想法呢？我查阅了大量与家庭教育及心理学相关的书籍和资料，发现总体可将它们分为两类，一类当属专业性较高的，大部分家长读来觉得晦涩难懂；另一类却又专业性不够，无法解决家长们内心的困惑。思索至此，我内心已然有了答案，那便是出版一本面向家长的入门级心理学通俗读物。

这个想法一经思索后提出，便迅速得到了诸多家长朋友们的热切期盼与支持，这也令我欣喜不已。虽然从书籍的构思到书稿的完成和校稿已耗费了近两年的时间，在得知出版社即将出版这本《家长心理学入门》之际，我仍颇为激动。在这近两年的反复修改与内容增减的过程中，除了查阅大量资料，我也和一些教育专家朋友们进行了多次探讨与交流，这才有了如今的书籍成品。

本书共六个篇章，第一篇讲述"我是谁"——父母如何支持孩子的自我认知发展，该篇章又包含自我概念、气质类型与性别认同三个部分；第二篇讲述"我与家庭的关系如何"——父母如何支持孩子的家庭关系发展，包含家庭关系、家庭沟通、多子女教育、为人父母四部分内容；第三篇讲述"我该怎样与别人相处"——父母如何支持孩子的人际关系（社会化）发展，包含同伴关系、榜样两部分内容；第四篇讲述"我该学习哪些能力"——父母如何支持孩子的能力发展，包含能力、学习、目标三部分内容；第五篇讲述"我应该成为一个什么样的人"——父母如何支持孩子的人格发展；最后一个篇章讲述理论应用。

在这本书的写作过程中，一方面，我沿用了以往部分书籍的简约通俗化的语言模式，目的是让更多的家长理解并掌握书中所讲授的专业知识；另一方面，我还增添了诸多案例故事、智慧父母课堂以及亲子游戏等，以增强本书内容的实用性、趣味性和可操作性，期望家长们可借此深入了解心理学在家庭乃至现实生活中的运用。

总之，我对本书的定位是"家长了解和关爱孩子的实用指南"。希望此书能给您这样的感觉。

最后，本书的编写整理和出版，得益于我的团队朋友们的帮助，他们辛勤的努力与付出使得这本书更加完善和出色。同时，此书的装帧和版式设计也令人十分喜悦，在此我要对出版社和编辑的工作表示衷心的感谢！

是为序。

严 虎

2018 年春

目 录
CONTENTS

第五篇　"我应该成为一个什么样的人？"——父母如何支持孩子的人格发展/249

第六篇　当孩子出现这些问题时，父母应该怎么办？/275

第一篇 "我是谁?"
——父母如何支持孩子的自我认知发展

篇首语

　　作为父母，我们都希望自己的孩子是充满力量、积极向上的，即自我价值达到合格的高度。而当我们付出了所有精力，尽自己所能照料孩子，甚至全力帮助孩子抵挡成长路上的一切困难和挫折，往往最后孩子却还是没有像父母期望的那样能独当一面，充满力量。这时，我们不禁思考：孩子到底需要什么呢？

　　人们常说，教育孩子不是一场"短跑赛"，而是一场"马拉松"。在孩子"奔跑"的路上，有一股非常重要的力量，它是孩子生命力量的基石，能推动孩子勇往直前、无畏无惧；它会一直支撑孩子在漫长的人生道路上持续地努力奋斗；它可能经常以这样的方式告诉孩子："你是有能力去做到的。""你是一个有价值的人。"这股源自孩子内心深处的力量，我们称它为"自我价值"。

　　孩子就像种子，从播种的那一刻，家长们便满怀期待。然而每一个孩子其实都是与众不同、独一无二的。当家长学会如何辨别自己的孩子是什么样的种子、什么样的气质，则将会懂得用更适合的方式教养孩子，让孩子更加健康地苗壮成长，最终结出丰硕的果实。在生活中，我们常常会从一个人的外貌、言谈举止、穿衣打扮、行为方式去判断一个人大概是什么性格。我们经常说的书生气、痞气、戾气以及正气等,指的就是气质。

事实上,越早完成性别认同的孩子越有利于建立自信的气质。在外国社交网站Facebook上, "性别"一栏不再是简单的"男"或"女",而是有56种性别以供选择。这说明人类的自我性别认同多种多样,并不是男女二元所能完全概括的。性别认同会受到各种社会结构的影响,包括个人的道德及政治立场、工作地位、信仰与家庭,随着时间和社会环境的改变,价值观也有所变化。

那么作为父母,我们应该如何帮助孩子建立更高的自我价值呢?父母应该如何根据孩子的先天气质去引领孩子的成长呢?如何在孩子的成长过程中,在性别方面进行合适的影响和教育,避免走进不必要的误区呢?让我们一起走进本篇"我是谁"进行阅读吧!

第一章　自我概念

我的存在，是一个永恒的惊奇，这就是人生。

——泰戈尔

图1-1　自我概念

楠楠今年6岁了，对新鲜事物充满好奇的她总是想尝试各种各样好玩的东西。这天，她对妈妈说："妈妈，今天让我洗碗，好吗？"妈妈答应了。楠楠的妈妈是一位要求完美的母亲，她再三叮嘱楠楠不要把碗摔破了。于是，楠楠开始兴高采烈地忙活起来。她个子还不够高，够不到洗碗池，于是便搬来一把小凳子。楠楠站在小凳子上面，开始有模有样地洗起碗来。一个、两个、三个……"啪！"当洗到第四个的时候，楠楠一不小心把碗摔到了地上。妈妈在门外听到响声，猛地冲进厨房，看到地上碎裂的碗，顿时火冒三丈，大声责备道："叫你不要洗，偏要洗！你看这下把碗摔碎了吧！总是这么笨手笨脚的，你说你什么事情能做好呢？！"

相信这样的事情在生活中并不少见。假如有一天，你的孩子也出现类似的情况，你会如何处理呢？要真正了解这一点，就要从孩子的"自我概念"开始谈起。

自我概念，简单地说，就是孩子在成长的过程中如何看待自己，怎么评价自己。作为成人的我们，也同样拥有自我概念，比如有人觉得自己是一个自信的人，有人觉得自己是自卑的。自信和自卑是衡量一个人自我概念的重要尺度。在生活中，同样存在自信和自卑的孩子。那么，孩子的自我概念是如何形成的呢？自我概念对孩子的成长会产生什么影响呢？我们首先来了解另一个重要概念：自我意识。

自我意识的开端

贝贝快2周岁了，这个时候的她对镜子产生了浓厚的兴趣，每当她来到镜子面前，妈妈就会问她："告诉妈妈，你的鼻子在哪里呢？"贝贝指着自己的鼻子说："在这里！"妈妈又问："那你的眼睛在哪里呢？"贝贝又用手指着自己的眼睛，笑着看着妈妈。当贝贝能够清晰地识别镜子里那个人就是自己时，这表明她已经有了"我"的概念，这便是一个孩子"自我意识"的开始。

心理学上有一个有趣的"点红实验"，心理学家在较小的婴儿鼻子上偷偷地抹上一个红点，然后让他们坐在镜子面前，如果婴儿碰触他们的鼻子或试着抹掉这个红点，就表明他们至少有一些关于自我身体特征的认识了。更为重要的是，他们已经开始把自己理解为一个独立的个体，也开始明白自己的能力。如果这个时候，孩子擅长表达自己，他们也许会情不自禁地感叹："太不可思议了！原来我是长这样的！"

心理学研究表明，有个别孩子在12个月大时，就会对自己鼻子上的红点感到吃惊，但对大多数孩子而言，他们直到17个月甚至24个月大时才会做出这样的反应。

自我意识的敏感期

相信很多父母都有这样的印象，当孩子2岁左右时，他们最喜欢说的一句话是："不要！不要！"有些父母不理解这一点，认为是孩子叛逆的表现，其实很大一部分原因是因为孩子自我意识的觉醒。孩子的自我意识敏感期集中体现在1岁半到3岁这个年龄阶段。自我意识敏感期是儿童所有敏感期中最为重要的，是孩子未来构建人格的最早期映射。孩子未来会成为什么样的人，未来的心理足不足够强大，都与自我意识敏感期的形成有关。

自我意识敏感期最常见的表现是：孩子开始认识到"我"与外界的区别，有意识地划分"我的"和"你的"之间的界限。父母会发现，孩子好像突然从某一天开始说"不"，开始表达"我"的想法、"我"的意志。特别是2岁的孩子，喜欢不停地说"不"。事实上，当你问孩子"你要吃饭吗""你要睡觉吗"这些问题时，孩子虽然口头上说"不"，但其实并不代表他真的不愿意去做，他只是通过这样一种方式来宣告自己的自主权，想以此告诉全世界："我是一个能够表达自己、有主见且独立的人！"此时，父母不必和孩子太较真，只需陪伴他顺利度过这个敏感期就可以了。

这个阶段的孩子还有一个很重要的表现，就是不愿意分享。有些父母经常喜欢对孩子提出这样的要求："把玩具分给那位小朋友玩。"当孩子不愿意的时候，父母会责备孩子没有爱心，不懂得分享，甚至认为孩子是自私的。其实这与自私、品德无关。这时候孩子开始慢慢形成对自我的认知，他要区分出哪些物品是"我的"，哪些物品是"别人的"，他才能明白界限和归属。孩子只有明白了归属，他才能学会分享，因为分享的真正含义是把原来属于"我"的东西分享给别人，所以首先要是"我的",才能产生分享。如果父母强行从孩子的手里夺走玩具给别的小朋友,孩子可能会认为:"原来属于我的东西是可以随便被别人抢走的,我并不拥有对自己物品的所有权,我并不是一个自主的人。"尊重孩子对物品的所有权,这也是帮助孩子建立自我意识的重要一步。

当孩子处于自我意识敏感期时,作为父母,不要太在意孩子是否按照你的意愿做事,而要经常鼓励并引导孩子表达自己的意见,让孩子能够认识到"我已经长大了,有权力决定自己的事情"。同时,父母可以开始让孩子学习做一些简单的家务,比如让孩子把垃圾扔到垃圾桶里,请孩子帮忙拿东西,帮妈妈把衣服挂到衣架上,学习浇花等,让孩子在劳动的过程中感受到自己的能力和价值感。

自我意识对孩子成长的重要性

孩子自我意识的觉醒不仅预示着他是作为一个独立的个体存在于这个世界上的,同时也为他的情绪发展和社会化奠定了基础。研究表明,能够从镜子中认出自己的婴儿比不能认出自己的婴儿,更善于谈论自己的感受,表达自己的情感和意志,同时也更懂得体验自己的情绪。比如当受到身边的人批评时,他或许会尝试着表达出:"我觉得很难过。"

当孩子能够理解自己的情绪的时候,他就会学着去理解别人的情绪,并学会感同身受,就是我们经常说的"共情"。一个懂得共情的孩子,会发展出同理心、善良等优秀的品质。有些孩子在别的孩子难过的时候,会走上前安慰,把自己喜欢的玩具送给对方,或者给对方一个拥抱,这就是具有同理心的表现。当孩子发展出这样的品质,它会帮助孩子在成长的道路上与人建立良好的连接,发展出融洽的人际关系,对孩子一生的幸福都是有帮助的。

有良好自我意识的孩子也更易意识到别人,他们会慢慢理解一个概念:既然我是独特的,那么,别人也是独特的。他们会更懂得协调自己与别人的观点,更懂得尊重他人,更懂得通过合作而不是命令、强迫的方式来与同伴进行合作。

自我图式

当孩子建立起了自我意识之后，他会在成长的过程中，学着从自己的视角去组织自己所处的这个世界，并渐渐形成自我图式。自我图式是指一个人是如何定义自己或者如何形容自己的。要理解这一点并不难，想想我们成人是怎样定义自己的，你觉得你是一个怎样的人呢？坚强或脆弱、独立或依赖、有力量感还是经常感到无力……这些词汇不管是正面还是负面的，都是你对自我的独特感知，都可以放进你的"自我图式"框里面。同样的，孩子也有关于"自己是什么样子"的认知。但是孩子与成人的最大差别是：成人已经有了一套近乎固化的熟悉的自我图式，而孩子还处在构建自我图式的过程之中。

自我图式强烈影响着我们对社会信息的加工，影响着我们感知、理解这个世界。假如一个孩子的自我图式里有"我是自信的""我是有能力的""我是充满价值的"，那么这个孩子在成长路上一定是充满力量的。反之，如果一个孩子的自我图式里充满着"我是自卑的""我是愚笨的""我总是做不好""我不值得拥有那些美好的事物"，那么他的成长道路一定是坎坷而艰辛的。

自我图式一旦形成，就像是给孩子的大脑安装了一个他自己认为"正确的""恒定不变"的信念，随时指引着他做出与此信念相关的行为。比如有些在家庭暴力中成长的孩子可能会认为暴力是解决问题的好方法。于是，他为自己构建了"当别人欺负我时，我只有用暴力回击才能保护自己""我要让自己显得更有力量，别人才会害怕我"的信念，这样的信念促使他在学校或社会上更容易产生暴力行为。

可能自我

自我概念不仅包含我们是什么样子的自我图式，还包括我们可能会成为什么样子的图式，心理学上把这个概念称为可能自我。一个人的可能自我包括他梦想成为的样子，比如健康、快乐、富有、充满激情，同样也包括他害怕成为的样子，比如失败、被遗弃、不被尊重。可能自我会激发每个人对生活的愿景，让人们努力成为自己想要成为的样子，而避免成为自己害怕的样子。孩子在成长的过程中，也会逐渐构建他的可能自我。比如"我想成为一名受欢迎的孩子""我不想被忽视""我长大后想成为一名科学家"，这些都是孩子可能自我的体现。

自尊

自尊是我们每个人对自己的全面评价，它是一个人所有的自我图式和可能自我的总和。

假如有这样一个孩子，他认为自己是有价值的、值得被爱的，并且未来的他也将如此。将来无论发生任何事情，他都认为自己是这样的。如果有一天，他的成绩没考好，他不会因此觉得自己很无能，他内心有个坚定的信念告诉他：成绩不好并不代表我没有价值，我仍然可以通过努力让自己变得更好！这样的孩子就是一个具有高自尊的孩子，在他今后成长道路上遇到的一切挫折，对他而言都不会形成太大的障碍。

高自尊意味着一个人具有很高的自我价值感，它对孩子的成长具有非常大的推动作用，这样的孩子遇事会更加积极、乐观，主动性更强。而低自尊的孩子在成长过程中经常会遇到各种困境，如孤独、焦虑、人际交往困难、学习压力大、抗挫折能力差等，甚至患上抑郁症的可能性也更大。

安全型自尊

一个人的自尊心可以建立在外在特质上，比如成绩、长相、财富、地位等，同时也可建立在内在特质上，比如个人才能、品德等。心理学把建立在内在特质上的自尊称为安全型自尊。研究表明，能够拥有安全型自尊的人，他们的心理大多处于健康的状态。与其相比，自尊主要依赖于外部因素的人自我价值感更加脆弱，从而会经历更多的压力、愤怒、人际关系障碍等困扰。

一个真正健康的孩子，不仅需要拥有健康的身体，而且应该拥有健康的心灵。作为父母，除了关注孩子的衣食住行，同样应该关注孩子的心灵成长，尤其应培养孩子的内在品德，而非仅关注孩子的外在成绩，这样孩子才能拥有良好的安全型自尊。

父母对孩子自我评价的影响

当一个新生命诞生的时候，他是没有"我"的概念的。有很多小婴儿在几个月大的时候，喜欢"吃"自己的手和脚，这说明他们并没有意识到自己身体的存在，而是把自己的手、脚当成玩具一样来玩。这个阶段的孩子还谈不上自我评价，直到孩子过了一周岁，有了自我意识，他们能够感受到自己是谁的时候，自我评价才开始慢慢建立。

较小的孩子缺乏生活经验，对事物的分析和判断能力还没有很好地建立起来，所以他们对自己的评价大多基于身边的人特别是抚育者对他们的评价。研究表明，七岁以下的孩子，对自己的评价往往建立于父母对他们的评价之上。这个年龄段的孩子会不自觉地将父母对他们的评价内化为自己对自己的评价，并认为自己就是父母眼中的那个样子。有些父母并不了解这一点，他们可能常常用一些贬低孩子自我价值的方式去"塑造"孩子。比如，对于做错事的小孩，有的父母会回应他："你真是一个笨小孩！""你怎么总是做不好！""你以后会有什么出息呢？"……当父母用诸如此类的话语来评价孩子的时候，孩子心里也可能会出现这样一个声音："我真的是一个笨小孩。""笨"这个词内化成了孩子对自己的评价。一旦类似这样的评价持续出现，就会不断在孩子心里强化"笨"这个概念。更不幸者，有的孩子甚至将"笨"当成了一种"信念"，他开始相信自己就是这样的人。当别人告诉他"你其实不是这样的"，他甚至都不相信。从此每当他去做一些事情时，他都可能会不由自主地怀疑自己到底能不能做好，会怀疑自己的能力，而当他真正做到时，他仍然会怀疑是不是因为自己比较幸运。

生活中还有这样一些父母，他们希望通过比较来激发孩子的上进心和动力。可能我们每个人都听过"别人家孩子"的故事吧，当父母生气时，他们会对孩子说："你看隔壁家的小明他多用功啊！你怎么不向人家学习？"因为"别人家的孩子"太流行了，有人甚至把它编成了一段话。

别人家的孩子

有一种奇特的生物叫——别人家的孩子！

茫茫宇宙中，有一种神奇的生物。

这种生物不玩游戏，不聊QQ，天天就知道学习，回回年级第一。

这种生物可以九门功课同步学，妈妈再也不用担心他的学习了……

这种生物叫作别人家的孩子……

这种生物考清华，望北大，

能考硕士、博士、圣斗士，还能升级黄金、白金和水晶级，

他不看星座，不看漫画，看到电脑就想骂娘……

这种生物琴棋书画样样精通，甚至会刀枪剑戟斧钺钩叉，

而我们只会吃喝拉撒，

他是团员、党员、公务员，将来还可能知道地球为什么这么圆。

这种生物长得好看，写字好看，成绩单也好看，就连他的手指甲都是双眼皮的……

这种生物每天只花10块钱都觉得奢侈浪费是犯罪，

这就是"感动中国十大人物"之——别人家的孩子！

——来自网络

当父母在作比较的时候，本意在于希望孩子变得更优秀，但却往往事与愿违。因为这样的比较只会让孩子的自我价值感降低，孩子的心里会出现这样一个声音："我是比不上他的！""我是不够好的！"试问这样的方式真的是激发孩子上进心和动力的好方法吗？若一个人内心总在否定自己，那么他的上进心也会随之消逝的。我们可以尝试从自己的角度来思考这个问题，如果你的内心反复对自己说"我是不够好的"，此时你是感觉更有斗志了还是更没有力量了呢？

每个孩子都是特别的，他们有各自独特的个性、独特的气质、独特的喜好，世界上没有两片完全相同的树叶，也没有两个完全相同的孩子。父母要学会的是

尊重孩子的个性和差异，而不是一味遵循同一的标准。

父母的语言模式对孩子的成长有重要影响。当父母总是用负面或批评的态度去评价孩子时，不仅不利于孩子自我价值感的建立，而且会影响孩子一生的成长。当然，若父母总喜欢给予孩子过高的评价，这也是不可取的。特别是对于学龄前的孩子，他们往往还没有学会如何看待自己，如果父母能够给予孩子更加客观的评价，不仅能够起到提升孩子自我价值的作用，也能够培养孩子自我认识的客观性、全面性。

维持或增强自尊的主要动机是什么呢？美国杜克大学的心理学与神经系统学教授马克·利里认为，一个人的自尊犹如汽车上的油量表，人际关系对它具有导向意义。当一个人遭遇到别人威胁性的社会拒绝时，比如一个孩子遭到父母的无理拒绝，他的自尊指示表就会亮起红灯，如果遭到蔑视或抛弃，那造成的痛苦就更不言而喻了。

下面我们就一起来测一测"自尊指数"吧。

趣味心理：测测你的"自尊指数"

你觉得自己是一个怎样的人呢？下面有一份针对成人的自尊量表，一起做做看吧！（圈出你认为最合适的答案即可）

1. 总体来说，我对自己满意。

    A. 非常同意   B. 同意   C. 不同意   D. 非常不同意

★2. 有时候，我觉得自己一点也不好。

    A. 非常同意   B. 同意   C. 不同意   D. 非常不同意

3. 我觉得我有许多优点。

    A. 非常同意   B. 同意   C. 不同意   D. 非常不同意

4. 我能像其他人一样把事情做好。

    A. 非常同意   B. 同意   C. 不同意   D. 非常不同意

★5. 我觉得我没有值得自豪的地方。

    A. 非常同意   B. 同意   C. 不同意   D. 非常不同意

★6. 有时候我觉得自己一无是处。

    A. 非常同意   B. 同意   C. 不同意   D. 非常不同意

7. 我觉得我是有价值的，至少与别人在同一水平上。

    A. 非常同意   B. 同意   C. 不同意   D. 非常不同意

★8. 我希望我能更加尊重自己。

    A. 非常同意   B. 同意   C. 不同意   D. 非常不同意

★9. 总体来说，我倾向于认为我是一个失败者。

    A. 非常同意   B. 同意   C. 不同意   D. 非常不同意

10. 我对自己的态度是乐观的。

    A. 非常同意   B. 同意   C. 不同意   D. 非常不同意

——《罗森伯格自尊量表》

评分标准：

    没有★号的题目：非常同意=3分，同意=2分，不同意=1分，非常不同意=0分。

    带有★号的题目：非常同意=0分，同意=1分，不同意=2分，非常不同意=3分。

    10道测试的得分总和即为总分，总分越高，自尊感越强。总分低于15分为低自尊，那表明你要多给自己加油了哟。

拓展阅读：自尊宣言

    我就是我。

    在这个世界上再也没有第二个我。我和某些人可能会有些许相似之处，但却没有一个人和我完全相同。我的一切都真真实实地属于我，因为都是我自己的选择。

    我拥有自己的一切：我的身体，以及我的一切行为；我的头脑以及我的一切想法和观点；我的眼睛以及它们所看到的一切；我的所有感觉——愤怒、喜悦、沮丧、友爱、失望和激动；我的嘴巴以及由它说出的一字一句——或友善亲切或粗鲁无礼，或对或错；我的声音——或粗犷或轻柔；还有我所有的行动，不论是对自己还是对别人。

我拥有我自己的想象，自己的梦想，自己的希望，自己的恐惧。

我的胜利和成功乃因为我，我的失败和错误也出于我。

因为我拥有自己的全部，我和自己亲如手足。我学习跟自己相处，爱惜自己，善待属于自己的一切。现在我可以为自己做一切了。

我知道，我的一些方面让我困惑，另外一些则使自己不解。但只要我仍然善待自己、爱惜自己，我就有勇气、有希望解决困惑和进一步认识自我。

不管别人如何看我，不管那时我说了什么做了什么，想什么感觉到了什么，一切都真真实实地属于那时的自我。

当我回想起自己的表现、言行、思想和感受，发现其中一部分已经不再适宜，我会鼓起勇气去抛弃不适宜的部分，保存经证实是适宜的部分，创造新的来代替被抛弃的部分。

我要能够看、听、感觉、说、做。我能够生存，能融入群体，能有所贡献、有所作为，让我所处的世界、我周围的人和事因我的存在而井井有条。

我拥有自我，那么我就能自我管理。

我就是我，自得其乐。

——弗吉尼娅·萨提亚

弗吉尼娅·萨提亚（1916—1988），举世知名的心理治疗师和家庭治疗师，她是第一代的家庭治疗师，从20世纪50年代起已居于领导地位。她是美国最具影响力的首席家庭治疗大师之一，《人类行为杂志》（*Human Behavior*）曾经把她称作"每个人的家庭治疗大师"。她一生致力于探索人与人之间，以及人类本质上的各种问题，她在家庭治疗方面的理念和方法，备受人们的尊崇与重视。

0—18岁孩子的自我认知发展规律

作为父母，需要了解每个年龄段孩子的自我认知有哪些普遍的特点，才能根据这些特点有针对性地引导孩子更加健康成长。

对0—2岁的孩子来说，正如前文所言，他们正处于自我意识的萌芽和发展阶段。这个阶段可分为三个部分：孩子出生后的头半年，主要"忙"于调节生理状态和情绪状态，让自己的生理满足时刻得到回应，这个过程主要通过与照料者的互动来实现。6个月以后，孩子会从照料者对他们需求的及时回应中感受到最初的自我效能感，即感觉自己是有能力做某些事情的，这时他们的自我系统便开始形成。直到孩子过了一周岁，当他们能够从镜子中清晰地识别自己时，说明已经具备了"我"的概念了。

对3—6岁幼儿园阶段的孩子而言，他们对自我的认知进一步清晰化。伴随着语言的发展，这个阶段的孩子已经能够比较自如地谈论自己了，比如有的孩子会表达"我喜欢红色""我跑步很快""我是一个勤奋的孩子"，这些都与自我概念相关。同时，这个阶段的孩子对自我的描述往往是非常具体的，他们通常提及的是一些可以观察到的事物或特征，比如他们的身体外貌、日常行为、家庭成员等。

当孩子进入小学阶段，他们对自我的描述开始变得更加现实、平衡且综合，他们不再强调具体的行为，而是注重个人的能力。这个时候的孩子能够学会从各方面来客观描述自己，比如一个8岁孩子可能会这么说："我的语文很好，但数学不太好。"这个阶段孩子的自我概念与他们的认知发展、他人的反馈息息相关。因为认知能力的发展促使他们更容易读懂别人的想法，并且把这些想法整合到自我的界定中。随着不断内化他人的期望，孩子形成了一个用来评价"真实自我"的"理想自我"。这两者之间的差距如果过大，就会损害孩子的自尊，导致失望、压抑或悲伤的情绪产生。因为孩子的社会活动范围越来越广，他们会从更多的人那里获取关于自我的信息，他们对自我的描述也经常掺杂了他人的看法。

当孩子顺利度过了小学，进入中学，他们便向青少年期开始转变。相比儿童期，青少年的自我概念会发生很大变化。就拿语言来说，青少年对自己的描述具有更多抽象的特质，比如：儿童期经常说自己"很棒"的孩子，到了青少年期，他可能会改口为"智力"。青少年期自我概念最大的特征之一是：他们常常以一种互相矛盾的方式来描述自我。比如一个15岁的青少年可能会这样评价自己：我是外向的，但有时又感到很害羞。这是因为随着青少年不断拓展自己的社会视野，他们在不同的人际关系中可能会表现出不同的自我。这种自我概念的不一致又会促使青少年去重新思考一个他们曾经在婴幼儿时期面对的问题:"我是谁?"不过这时候的青少年绝不再满足于在镜子里分辨自我了,他们会从更深层次的角度来探索自己。他们会进行内在的灵魂探索,重新审视儿童期界定的自我,把它们与自己身上新的特质、能力进行整合,逐渐形成成熟的自我认同。只有当一个人真正实现了自我认同,他的自我概念发展才会大功告成。

青春期的自我概念发展

青春期可以说是一个人自我意识觉醒的第二个关键期。一方面是因为青春期显著的生理变化让青少年更加敏锐地意识到自己,也变得更加关注自我。他们越来越意识到自己是一个独特的个体,是以一种独立于父母或其他人的方式存在于这个世界上的人。正是因为他们非常关注自我,所以往往对身边人的反应非常敏感,并且认为每个人都在特别关注自己的言行。这种现象在心理学上被称作青少年的"假想观众"。这样的念头导致了青少年过高的自我意识,及对他人如何看待自己和判断自己的过度敏感。

另一方面,青少年希望能够实现一定的心理自主,即拥有提出自己意见的自由、保留一定的隐私的自由、为自己做决定的自由。如果缺乏自主,青少年不仅容易出现问题行为,同时也不利于他们最终成长为独立的个体。心理自主也常常是父母与青少年之间发生矛盾的根源之一,如有些父母习惯于采取控制型的教育方式,并不愿意用心倾听青少年的想法、试着去理解他们的感受和观点,仍然习惯性地把青少年当作儿童期的孩子一般看待,而没有看到他们身心发生的巨大变化给他们带来的冲击。

自主和独立是个体成长和成熟的表现,孩子不可能永远在父母的羽翼下成长,他们必须学会如何在广阔的天空翱翔。有些父母不允许孩子离开他们,他们认为把孩子时时刻刻守护在身边就是最好的爱,但是生命的本质却是向往独立和自主的。作为父母的我们,其实也希望孩子有一天能够拥有独立自主的能力。也只有当孩子能够真正自主、独立之时,他们才会感受到自身内在那股强大的源自成长的力量,这才是父母引领孩子成长最好的结果。

自我认同

自我认同是指一个人对自己的价值感确认的态度，简而言之，就是自己对自己的认可。心理学家詹姆斯·马西娅（James Marcia）对自我认同有过详细的阐述，他把一个人的自我认同状态分为四种：

1. **自我认同完成**。指个体经过对各种选择的探索后，最终确定了一个清晰的、自我选择的价值观和目标，他们会感受到一种幸福感，知道自己该往何处去。完成自我认同的青少年在很多方面会表现出积极的适应模式，他们往往具有较高的共情能力和创造力，较少有攻击性，能够找到有效的办法来调节情绪和释放紧张感，他们与其他人之间也容易建立较好的连接。

2. **自我认同延迟**。个体仍未做出明确的选择，他们还在探索着，在收集信息、尝试各种活动，希望能够找到指导自己生活的价值观和目标。自我认同延迟的青少年会表现出较高的焦虑，他们难以调节紧张的情绪，易将自己置身于一种慢性的高压状态。

3. **自我认同早闭**。个体已做出了明确的选择，但他所选择的价值观和目标并不是自己探索后确定的。他们接受权威人物（通常是父母，有时是老师）为他们选择的现成的价值观和方向。自我认同早闭的青少年尚未探索任何可能的选择就已经做出了承诺。如果他们对这样的选择感到由衷的欣喜和接受，便不会有太大的困扰；如果他们是"被迫"做出选择，这会让他们感受到压力和负担，也会带来焦虑感。

4. **自我认同扩散**。个体缺乏明确的方向。他们既没有对价值观和目标做出选择，也没有积极地进行探索。他们可能永远不会去尝试，或者已经被困难吓倒了。自我认同扩散的青少年可能会经常感到缺乏动力、厌烦、悲伤，他们经常会表现出一种随意的生活方式，这实际上是在掩饰他们内在的焦虑感。

自我认同的影响因素

每个人自我认同的发展有不同的道路，并不能一概而论。有些人会停留在某一种状态，有些人则会经历多种状态。自我认同的形成是一个终生的动态过程，可能会持续人的一生，其间个人或环境的变化都可能为自我认同的重新塑造带来新的可能。对青少年来说，对其自我认同产生影响的因素主要包括以下几个方面：

1. **人格特征**。那些向往自主和独立的青少年，更希望不断去探索和尝试各种可能性，他们也更愿意深入探索自我，以期实现自我认同；而那些依赖性较强的青少年，则容易接受权威人物的指导，他们更倾向于接受别人为他们做出的安排或决定。

2. **家庭影响**。当把家庭作为安全基地，让青少年可以满怀欣喜地进入更为广阔的世界时，其自我认同感就可以得到提升。那些对父母有依恋，同时又可自由表达意见的青少年有较好的自我认同感；那些与父母联系过于紧密、缺乏健康的分离机会的青少年通常只能遵循父母要求的价值观和目标；而那些与父母缺乏温情沟通的青少年在自我认同的道路上则会面临更加艰难的挑战。

3. **学校和同伴影响**。一些学校为青少年提供了丰富多彩的课外活动，激励青少年自主探索，促进他们自我认同的发展。同时，青少年在学校与各个同伴的交往也可以鼓励青少年展开对各种价值观和角色的探索，其中亲密且能够交心的朋友可以为他们提供情绪支持和自我认同的榜样。

■■ 拓展阅读：中国传统文化对自我追求的最高境界

中国传统文化所倡导的自我修养的最高境界是"天人合一"。"天人合一"的思想最早是由庄子阐述的。庄子在《庄子·齐物论》中提出"天地与我并生，而万物与我为一"，后被汉代儒家思想家董仲舒吸收发展为"天人合一"的思想体系，并由此构建了中华传统文化的主体。

"天人合一"思想，是中华民族五千年来的思想核心与精神实质。它首先指出了人应该尊重自然、顺应自然的规律，其次表明了人类生生不息、追求自我完善的境界。

在儒家看来，天是道德观念和原则的本原，人心中本具有道德原则，但由于人类后天受到各种名利、欲望的蒙蔽，以致不能发现自己心中本真的一面。人类修行的目的，便是去除外界欲望的蒙蔽，"求其放心"，达到一种自觉地履行道德原则的境界。《礼记·大学》所倡导的"修身齐家治国平天下"成为古往今来许多仁人志士追求的目标。它告诫人们，一个人要成就大事，需要减少自己的贪念，让自己头脑清醒，是非曲直才能更加分明。善恶分明后就要努力在待人处世上做到"真诚"二字，努力断恶修善，让自己变得更有智慧。只有自己的修养提升了，才可以把家庭经营好。家庭是社会的基本组成单位，只有每个家庭幸福了，社会才会更加和谐。这样的观点对现代人的自我修养提升和家庭建设仍然具有重要的启示意义。

智慧父母课堂：父母如何通过沟通提升孩子的自我价值？

在生活中，语言是与孩子建立关系的重要工具，父母经常会通过表扬或批评这两种方式来教育孩子。从心理学的角度来看，表扬和批评孩子都是有学问的，哥伦比亚大学的教授穆勒和德维克就曾对表扬心理学进行了专门的研究。

1990年，穆勒和德维克在哥伦比亚大学进行了一项大规模的实验。他们在实验中请来了400多名10～12岁的孩子，这些孩子都来自于不同的宗教文化、社会经济背景。实验者首先给孩子们做了一个典型的智力测试，即让孩子们看一排各不相同的形状，然后根据逻辑判断说出接下来的形状会是什么。这些孩子的成绩差不多，但是被分成三个组。实验者表扬第一组孩子，说他们一定是非常聪明，才能解答出这么多谜题，对第二组孩子则保持沉默，对第三组孩子说他们通过自己的努力解答得很好。

在实验的第二阶段，研究者告诉孩子们可以选择两个任务中的一个来完成。一个任务非常难，他们不大可能成功，但它具有挑战性，即使是失败了也能让你从中学到不少东西。与之相比，另一个任务容易得多，他们很可能成功，但可以从中学到的东西比较少。被表扬聪明的第一组孩子大约有65%倾向于选择较容易的任务，第二组孩子选择较容易任务的只有45％，而被表扬努力的第三组只有10％的孩子选择了容易的任务。

为什么不同的表扬会对孩子产生不同的影响呢？两位教授认为，有以下几点因素：告诉孩子他们很聪明可能会让他们感觉良好，但也促使他们害怕失败因而避免挑战，因为他们担心自己万一没有成功，就会显得很难堪。此外，告诉孩子他们很聪明，无异于暗示他们不需努力就可以表现得很好。由此，孩子就会缺少动力来努力付出，因而更可能失败。遗憾的是，如果他们接下来得到了较低的分数，他们的动力甚至可能被摧毁，从而产生一种无助感。

两位教授还认为，因为努力而受到表扬的孩子会更有动力尝试挑战，而不会考虑尝试的结果，因而不会害怕失败。于是，对学习的渴望超过了对失败的害怕，因此他们更愿意选择具有挑战性的任务。同时，这些孩子更有动力在未来的测试中继续努力，更有可能获得成功。而且，即便他们在未来失败了，他们也会很容易将自己的失败归因于努力不够，而不会产生丧失自信的无助感。

通过这个实验，心理学家得出了一个很重要的结论：表扬孩子时，要重视夸奖孩子努力的过程，而不是一味夸奖其聪明，这是表扬孩子的第一个要素。第二个要素，在表扬孩子时，应实事求是，且建立在具体事实的基础上，而不是简单地说三个字"你真棒"或"真不错"就可以了，这样的表达会让孩子不明白自己到底哪里表现好。父母可以采取以下的步骤来赞扬孩子：

第一步：告诉孩子他做对了什么事情；

第二步：告诉孩子这件事情带给父母的感受；

第三步：结合肢体语言（如拥抱、亲吻）鼓励孩子。

比如孩子帮妈妈扫地了，妈妈可以这样肯定孩子："孩子，妈妈看到你刚刚扫了地板，现在地板变得好干净，妈妈感觉很开心，妈妈觉得你是一个很懂事的孩子，妈妈抱抱你吧！"

这样的表达方式可以让孩子知道自己哪些行为是对的，哪些行为习惯是受到鼓励的。当被肯定的时候孩子的感受是很好的，孩子会产生自豪感，会感到自己是有价值的，这种好的感受可以激励他下次继续强化这种行为。此外，父母应在生活中多与孩子进行一些肢体上的非语言沟通，比如一个肯定、嘉许的眼神，一个充满爱的拥抱，都会让孩子的感受更强烈，亲子之间的关系也更融洽。

作为父母，同时还要考虑这样一个问题：我们是否能够对孩子进行批评呢？心理学家班杜拉认为，惩罚或批评在一定程度上能够抑制并改变孩子的不良行为。作为父母，重要的是要把握好批评的以下原则：

1. 批评只是针对孩子的行为，但不针对孩子的自我价值

有些父母在批评孩子的时候，会把孩子的行为和他的自我价值等同，比如："你这件事情做错了，所以你是一个没用的孩子。"这种同时批评孩子的行为与自我价值的方式，不仅达不到批评的最终目的，而且还会贬低孩子的自我价值感，最终也不会改善孩子的行为。

2. 批评时说明原因，就事论事

父母在批评时要跟孩子说明他被批评的原因，要就事论事地批评孩子，让孩子能够口服心服，不然，孩子不懂自己为什么会受到批评，也难以起到预想的教育效果。比如，孩子吃饭前忘记了洗手，父母可以告诉他"每个人吃饭前都要洗手，不洗手是不对的"，但不要扩大至其他事情上。再比如，孩子在学校打了其他的小朋友，作为妈妈，可以试着这样跟孩子沟通："妈妈知道你是一个好孩子，不会随便打别人，只是这次做错了，你可以告诉妈妈发生了什么事情吗？"这样的沟通更容易让孩子敞开心扉，也可帮助孩子学会认识自己的错误。

3. 父母要帮助孩子树立规则意识

父母在生活中要帮助孩子树立规则意识，孩子才能明白自己行为的界限在哪里。比如看电视这件事情，父母可以与孩子提前达成共识：在做完作业后可以看半个小时的电视。如果孩子没有做到，与孩子约定三天之内不能看电视。然后按这个共识制定出一个行为的规则，去引导孩子的行为。父母与孩子之间事先定下规则，如果孩子没有做到，再批评教育，如果不教而罚或者带着情绪去批评孩子，往往很难起到作用。

4. 根据孩子的气质特点来教育孩子

父母在批评孩子时，要根据孩子的气质特点进行教育。有的孩子，从小敏感内向，对批评很敏感，父母在教育时要注意语气柔和一些，不可过分严厉。有的孩子，从小活泼外向，对父母的教育不当回事，这时父母的态度可以严肃一些。

■■■ 智慧父母课堂：父母如何与青春期的孩子相处？

有些父母会有这样的体会，他们的孩子在上初中之前听话、乖巧，但是一进入初中，就像变了一个人，开始不愿意与父母交流。有父母描述孩子回家的第一件事就是走进自己的房间，然后"砰"的一声将门关上。当父母遇到这种情况时，他们往往不知道究竟发生了什么，也不明白为什么孩子突然变了。因此很多父母给青春期的孩子贴上"叛逆"的标签。事实上，如果父母没有了解青少年的心理特点和行为背后的根源，便难以走进他们的内心。

大部分行为出现问题的孩子都是归属感和自我价值受到侵犯的孩子，他们只是用了不恰当的方式来捍卫自己的权利，让我们来听听一些出现问题行为的青少年背后没有说出口的心声吧：

行为表现1：不与父母沟通

孩子背后的心声：我不知道该怎么跟父母沟通，每次当我想要表达我的意见的时候，他们总认为我是错的。既然我总是惹他们生气，那我只好闭上我的嘴巴，除此之外，我不知道自己还有什么别的选择了。

行为表现2：逃学、不服从老师管教

孩子背后的心声：我的学习成绩太差，对学习完全提不起劲来，这让我感觉自己很挫败、很无能，老师只关注那些学习成绩好的学生，对我们这些人看都不看一眼，那我为什么还要待在学校呢？

行为表现3：标新立异（穿奇怪的衣服或染怪异的头发）

孩子背后的心声：大家总是忽略我，他们不知道我是多么特别，多么与众不同。我希望通过这种方式能够让大家看到我是特别的，我是有价值的！

行为表现4：沉迷网络游戏

孩子背后的心声：我的学习成绩很不好，家人对我很不满。我的朋友圈也很窄，我不知道该怎么跟朋友相处。生活让我经常有挫败感，只有在游戏的世界里，我才能过关斩将，发现自己是多么有力量。

行为表现5：吸烟、酗酒

孩子背后的心声：我已经不是一个小孩子了。可是我的父母总是把我当小孩子看，他们不知道我已经长大了！为了证明这一点，我得做点大人经常做的事情才行！

父母总是容易看到孩子外在的行为，却忽略了孩子行为背后的动机。当孩子出现不良行为时，如果父母都能学会去聆听孩子背后的心声，是否彼此之间就多了一分理解呢？

要与青春期的孩子一起创造良好的亲子关系，父母需要与孩子一起成长。父母不仅要了解这个阶段孩子的心理特点，还要掌握与孩子相处的一些技巧：

1. 多一些平等和尊重

对于青春期的孩子，父母要开始转变自己的态度，不要再以为他们还是那个听话的、顺从的"小孩子"。当他们开始意识到自己是一个独特的个体时，他们更希望父母能够对他们多一分尊重，而不是随便使用父母的威严轻易指责他们。多一分平等，少一分居高临下的态度，会让孩子更愿意敞开心扉。

2. 多一些自主和空间

从青春期开始，不少孩子开始有自己的小秘密，他们可能会在自己的抽屉上加一把锁或者不再像以前一样大事小事都告诉你。当孩子处在从青少年向成人过渡的阶段，这样的举动是正常的。父母要接纳这样的行为，允许孩子有一些自己的空间。想想我们曾经也经历过这样的岁月，我们也不会把每件事都告诉身边所有人。

3. 多一些支持和引导

青春期身体和心理的巨大变化让有些青少年应接不暇、不知所措，他们在自我认同的探索过程中会经历自我怀疑、混乱、矛盾与冲突，对自己在生活中的角色时常感到困惑、怀疑。虽然他们的身体外形逐渐开始向成人演变，但心里仍然有很多困惑：他们不知道该如何应对这些发生在自己身上的变化，不知道该采取哪种新的态度与父母、朋友交往，不知道身边的人会如何看待他们的变化——这些都是青春期的孩子可能会遇到的困惑。这个时候的他们更需要成人的支持和引导，如果父母能够理解这一点，并且在孩子需要的时候给予孩子有力的支持，那孩子将会愉快地度过这段剧变期。

亲子游戏：和孩子一起画"自画像"

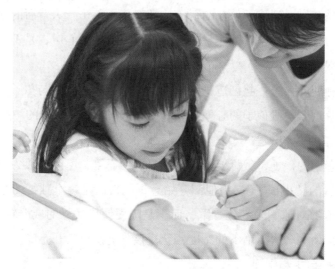

图1-2　亲子游戏

目的：增进孩子对自我的认识，引导孩子建立积极的自我评价，加深父母与孩子之间的亲子情感。

适合年龄段：4岁以上的孩子。

工具：A4纸两张，2B铅笔两支，彩色笔数支，橡皮一块。

步骤一：妈妈和孩子一起坐在桌子前面，把准备好的工具放在桌子上，把A4纸竖着放平，开始用铅笔在纸上画自己的自画像。在绘画的时候，不要求画得很像，只需要根据感觉画出自己心目中的样子就可以了。在画画的过程中，如果孩子不知道怎么画，妈妈可以用语言引导孩子。

步骤二：完成后，妈妈和孩子分别给自己的自画像上颜色。

步骤三：妈妈和孩子互相分享画的内容。妈妈可以向孩子提出类似下面的问题："你画了一个怎样的自己呢？""你给自己穿了什么衣服呢？""为什么你要用这个颜色呢？"……妈妈多提一些开放性的问题，可以鼓励孩子积极思考，锻炼孩子的沟通和表达能力。同样地，妈妈也要多鼓励孩子提出问题。

步骤四：妈妈和孩子轮流用语言描述自画像，并把评价写在纸张的空白处，如妈妈描述自己的自画像"我觉得我是一个爱笑的妈妈"，然后用铅笔在自己的自画像旁边写上"我是一个爱笑的妈妈"。接着，妈妈引导孩子对自己的自画像进行评价，如果孩子不懂得表达，妈妈可以适当提示孩子，最后鼓励孩子在自己的自画像旁边写上对自己的评价。如果孩子还小，不懂得写字，妈妈可以帮助孩子写下评价。

■■ 本章小结

通过本章的学习，作为父母的你，是否已经了解如何在孩子的成长过程中引导他们形成和发展自我意识，是否已掌握自我意识的敏感期，知道该如何帮助孩子顺利度过这个敏感期呢？自我意识是一个人独立自主的开始，它对一个人的自我价值的确立具有重要意义。当孩子确立了自我意识，他就开始将外界对他的描述或评价纳入他的自我图式里面，慢慢构建属于他自己的自我评价体系。尤其对7岁以下的孩子来说，父母的评价至关重要！

除此之外，我们还需要了解每个年龄段孩子的自我认知发展规律，才能有针对性地去引导孩子成长。当孩子慢慢长大，步入青春期，这意味着自我意识的第二次觉醒，这个时期青少年会面临许多来自内心和外界的矛盾和困扰。作为父母，需要了解这个年龄段孩子的心理特点，并且适当调整以往对孩子的态度，将更有利于支持孩子顺利度过这段剧变期。同时，父母在日常生活中应掌握一些相应的教育技巧，从而在孩子的陪伴和教育过程中有更好的帮助或启发。

第二章　气质类型

气质，天生决定了你的与众不同。

图2-1　气质类型

　　小玲和晓月是同事，她们都有一个宝贝女儿，年龄相差仅五个月，今年都三岁了。这个周末，两人决定让孩子一起玩一玩，并且定在晓月家聚会。

　　周日，小玲带着女儿佳奇，吃过早饭，早早来到晓月家。佳奇是一个乐天派的小姑娘，听说妈妈今天带她去找一个小姐姐玩，高兴得不得了。到了晓月家，不等妈妈介绍，自己就急着开始这里看看，那里瞧瞧，一切都是那么新奇。虽然这是佳奇第一次到晓月家，但她就像在自己家里一样，一点也不觉得拘束。而晓月的女儿贝贝，看着这个新闯入家里的小妹妹，倒像是自己来到了陌生的环境。她躲在一边，一动也不动，无论晓月怎样喊她，让她叫声"妹妹"，她就是不吱声，让她去和这个小妹妹一起玩，她也不挪脚。晓月无奈地对小玲说："这孩子也不知道怎么这么内向，平时见外人就不吱声，她跟佳奇差不多大，我以为两个孩子玩会好些吧，可还是这样。"小玲问道："你是不是总不带她见生人呢？""不是的，她打小就这样，不像你家佳奇，这么开朗乐观，多好啊！"晓月羡慕地说道。

什么是气质

　　上述故事中，年龄相近的佳奇和贝贝，却呈现出截然不同的行为倾向和表现，这就是气质不同的体现。准确来说，气质是一个人的心理活动在强度、速度、稳定性和灵活性等动力性质方面的心理特征。通俗地说，气质就相当于日常生活中所说的脾气、秉性或性情。

　　生活中，我们也会经常提到一个人个性太强、性格孤僻或人格不完善等，那么，这些词之间有什么差别和联系呢？

人格、个性、性格、气质的关系

　　在心理学中，人格、个性、性格、气质这几个词既有相关性，也有区别，很多人会把这几个词混淆在一起。在日常生活中，提及人格时，往往带有道德色彩，如我们经常会说某个人人格高尚。但心理学中的人格还有更为广泛的理解。心理学中的人格，指的是一个人的一切心理特征的总和，它本身不涉及社会评价，它是一个人身上经常且稳定表现出来的心理特点。人格有时与个性一词互通，具有稳定性、可塑性、独特性三大特点。人格是在后天的成长过程中逐渐形成的，受环境的影响较大，尤其当一个人尚未成年之时。步入成年阶段后，人格会相对稳定，但成人阶段若经历某些重大事件，也可能会导致人格发生一些变化。

人格包括性格和气质两部分，性格是一个人对外界客观事物的态度，以及与这种态度相适应的行为方式上的人格特征。气质则是心理活动表现在行为和活动方面的特征，尤其是在情绪活动中表现得最明显。例如：思维的灵活性，注意力的集中程度，以及情绪产生的快慢、强弱程度，情绪的稳定性和变化速度等。

四种气质类型

希波克拉底是古希腊著名的医生，他认为体液即是人体性质的物质基础。人体中有四种性质不同的液体，它们来自于不同的器官。其中，黏液生于脑，是水根，有冷湿的性质；黄胆汁生于肝，是气根，有温干的性质；黑胆汁生于脾，是土根，有冷干的性质；血液生于心脏，是火根，有温湿的性质。人的体质不同，是由于四种体液的比例不同所致。

盖伦是欧洲古代医学的集大成者，也是罗马帝国时期著名的生物学家和心理学家。他从希波克拉底的"体液学说"出发，创立了"气质学说"，他认为气质是物质（或汁液）的不同性质的组合。后来，气质学说进一步发展，最终形成四种典型的气质类型，也就是目前应用最为广泛的四种气质：

1. 胆汁质

胆汁质的人性格特点是能够忍受很强的刺激，能长时间坚持工作而不知疲倦，一般显得精力旺盛，直爽热情，行为外向，但情绪变化大，发脾气时难以自控。大家所熟知的《三国演义》中的张飞和《水浒传》中的李逵，都是这种气质类型的典型代表。

2. 多血质

多血质的人性格特点是活泼好动，行为外向，思维反应敏捷，注意力转移的速度也较快，较易适应外界环境的变化，善交际，不怯生，也较易接受新事物，兴趣易变，情绪显得不稳定。多血质的代表人物是《还珠格格》中的小燕子，以及《红楼梦》中的王熙凤。

3. 黏液质

黏液质的人性格特点是遇事反应速度较慢，情绪比较稳定，言谈举止给人的感觉很平和，行为内向，头脑清醒、冷静，没有大起大落，做事情给人踏实稳重的感觉，也比较循规蹈矩，不善言谈。黏液质的代表人物是《水浒传》里的林冲和《西游记》里的沙僧，他们给人的感觉是比较沉着冷静的。

4. 抑郁质

抑郁质的人性格特点是内心敏感多疑，内心体验极为深刻，行为内向，别人注意不到的细节，他也能注意到。情绪很难兴奋起来，很难被什么事情打动。喜欢一个人独处，不喜欢和人交往，动作迟缓。代表人物是《红楼梦》中的林黛玉，细心专注，多愁善感。

以上四种是最为典型的气质类型，在上文的故事中，佳奇就是多血质的小孩，她能快速融入新环境。而贝贝则是典型的抑郁质，她比较敏感，对新环境或者与他人的接触适应相对较慢。但在生活中大多数人是中间型或是多种气质混合的类型，所以，我们要从具体实际情况出发，认真区分对待。

▥ 拓展阅读：婴儿的气质分类

针对儿童的行为问题，两位美国医生亚历山大·托马斯和斯特拉·切斯针对婴儿群体做了一个大型的研究。他们把婴儿分为易养型（占40%）、难养型（占10%）、迟缓型（占15%）及混合型（占35%）。其中，易养型婴儿对环境的适应能力非常强，个性开朗、积极、主动，对外界有着很强的好奇心。难养型则对新环境的适应能力较弱，不能够积极主动融入群体，在团体活动中也会表现出退缩的倾向。迟缓型，也是一种不太活跃、相对较平静的类型，他们在新环境中也比较退缩。剩下35%的婴儿，他们则表现出了以上两种或三种类型相混合的特点。每一个婴儿都是在与抚育者的互动中，不断了解这个未知的世界，完善对这个世界的认知，最终形成了自己独特的人格特质。孩子来到这个世界不能选择父母，同样父母也不能选择孩子，不论是易养型，还是难养型，抚育孩子都是每个父母要面对的独立课题。

气质的特征

气质的心理结构十分复杂，它由许多心理活动的特征交织而成。这些特征主要包括：

1. 稳定性

气质是稳定的，正所谓"江山易改，禀性难移"。每个人在还是一个受精卵时，父母就为之提供了23对染色体，上面携带大量具有生命密码的遗传基因，这些基因，一生恒定。在基因重组过程中，又有太多的变化，使得每个孩子都成为独一无二的个体，不同于父母，也不同于兄弟姐妹。也有不少研究表明：人格气质中的情绪稳定性、人际交往的外向性与遗传基因有很大关系。

2. 可塑性

虽然每个孩子都获得了父母的基因，但一旦离开母体，便面临着一段独立的未知旅程。对每一个孩子来说，这段未知的旅程充满了挑战和不确定性。在这个过程中，父母与子女的互动模式及外在环境，都对孩子的气质塑造起着至关重要的作用。所以，在一些成长的关键期，特别是婴儿期、青春期，父母要格外重视对孩子的教养方式，因为父母的一言一行都可能对孩子的性格、气质、信念等产生重要影响。一旦孩子长大后，其自我价值观、信念、性格便已经形成，也很难再发生改变。故针对不同气质类型的孩子，我们应采取不同的教育方式，即"因材施教"。

3. 感受性和耐受性

感受性是指人对内、外界刺激的感觉能力，这是神经过程强度特征的表现。耐受性则是指人在接受刺激作用时表现在时间和强度上的承受能力，也是神经过程强度特征的反映。我们通常会认为感受性强的孩子，能感受到较微小的刺激，所以他对较强刺激的耐受性相对较差；而感受性弱的孩子，外界需要对他施予较强的刺激才能令其感受到,所以对于较强的刺激其耐受性也更好。但事实上感受性与耐受性并没有必然联系。抑郁质、黏液质的孩子感受性强,对外界的变化十分敏感,有些孩子内心脆弱,耐受性差,但有些孩子内心却无比坚韧。反观胆汁质、多血质的孩子,他们的感受性弱,精力旺盛,似乎永远不知疲倦。有些孩子永远是一副嘻嘻哈哈的样子,对于批评总是不以为然,但有些孩子看上去大大咧咧,不太在意外界变化,却很可能因为一件小事痛哭不止。所以在与孩子相处的过程中,我们要做到耐心倾听,真诚共情,积极关注孩子内心的感受。

4. 反应的敏捷性

反应的敏捷性,是指神经传递过程的灵活性,它表现在孩子对事情的反应、动作、语言以及思维的快慢等方面。我们看到有的孩子做任何事动作都较快,或许还有些急躁,那是因为他们的神经反应比较敏捷、灵活;而有的孩子天生喜静,动作比较缓慢,那是因为他们的神经传递过程相对较慢。因此,当我们看到孩子动作缓慢时,不要一味地埋怨他磨蹭,不要指责、批评,而要接纳他的与众不同,同时用正确的方式加以引导。

气质的生理基础

气质的生理基础是生命的遗传学,基因的代码对每一个人来说,都是一生恒定的,一般情况下不会变(除非受到外界因素影响发生基因突变)。例如,一个人对待外界给予的刺激,会发生什么样的神经反应?为什么有的快,有的慢?除非一个人意识到这个问题后,并发觉这对自己的工作、生活某方面造成了困扰,从而刻意去改变,否则便永远是那个状态。而即使一个人想要改变,也需要一个长久的过程,而非一朝一夕就能改变。

心理学家巴甫洛夫的实验研究结果为我们揭示了高级神经活动类型与气质之间的关系。如下表2-1所示:

表2-1　高级神经活动类型与气质类型之间的关系

高级神经活动类型	气质类型	心理特征
兴奋型	胆汁质	急躁、直率、热情、情绪兴奋性高、容易冲动、心境变化剧烈、具有外向性
活泼型	多血质	活泼、好动、反应迅速、喜欢与人交往、注意力易转移、兴趣易变换、具有外向性
安静型	黏液质	稳重、安静、反应缓慢、沉默寡言、情绪不外露、注意力稳定、善于忍耐、具有内向性
抑制型	抑郁质	行动迟缓、孤僻、情绪体验深刻、感受性高、善于觉察别人不易觉察的细节、具有内向性

图2-2　巴甫洛夫

巴甫洛夫（1849—1936），俄罗斯生理学家、心理学家。巴甫洛夫继承了R.笛卡儿的反射论思想，致力于动物和人的反射活动的实验研究，创立了高级神经活动学说。巴甫洛夫将意识和行为看作是反射，即有机体通过中枢神经系统，对作用于感受器的外界刺激发生的规律性反应。有机体与生俱来，对保存生命具有根本意义的反射称为无条件反射；在无条件反射基础上，后天习得的反射称为条件反射。人的心理、人的一切智力活动和随意运动，都是对信号的反应，都是条件反射。故条件反射既是生理现象，也是心理现象。

为了区别人和动物的行为，巴甫洛夫又提出了两种信号系统的概念。以现实的具体事物为条件刺激所形成的条件反射属于第一信号系统，是人和动物共有的；以语言和词为条件刺激所形成的条件反射属于第二信号系统，是人所特有的。

巴甫洛夫根据多年的实验和观察，提出了高级神经活动类型学说，即兴奋和抑制两种神经过程的强度、平衡性和灵活性在个体之间有明显的差异。神经过程三种特性的不同组合，构成了高级神经活动的不同类型。他还确定有四种类型是最典型的，这四种类型相当于希波克拉底的四种气质类型。一般认为巴甫洛夫的高级神经活动类型是气质类型的生理基础。

后天生长环境对气质的影响

气质除了与先天的生理基础有关外，同时与后天的生长环境有一定的关联。印度"狼孩"的故事就很好地说明了这一点。

1920年，在印度加尔各答东北部的一个小城，人们从狼窝里解救出两个小孩，并给她们取名，一个叫卡玛拉，一个叫阿玛拉。卡玛拉被发现时七八岁大小，但因为错过了最佳的教育时期，无论她天生是什么气质，在与狼相处的生存环境中，养成的全部是狼的生活习性，后来经过七八年的教育，也只勉强学会几十个词，说几句简单的话。卡玛拉死时大约17岁，智商也只相当于三四岁的孩子。这都证明，后天的教育和培养（尤其是0—6岁的关键期），对人的一生是至关重要的。这一段时期的教育，几乎关乎一个人一生的发展。

现代社会中，有很多的留守儿童，父母因各种原因离开家庭，将孩子留给了家中的老人照管。而大多数老人因身体、文化等各方面的原因，并不能给孩子合适的培养和教育。一般情况下，他们仅能提供孩子的一日三餐，满足他们的物质生存需要，却无法满足孩子精神层面的需要，从而影响孩子气质的塑造和发展。

通常情况下，孩子在多子女家庭中的出生次序，也会影响孩子的气质形成和表现，因为不同次序出生的孩子在家庭中获得的关爱和教育方式也有一定差异性。

气质有好坏之分吗

任何一种事物，都会表现出一定的两极倾向性。作为父母一定要明白气质并无好坏之分，它仅仅代表一个人行为的动力特点和不同的倾向性。例如：胆汁质的孩子容易兴奋，反应迅速，但做一件事情却往往是三分钟热度，难以持久；多血质的孩子，乐观开朗，与人交际良好，但注意力难以集中，不够稳重踏实；黏液质的孩子，沉着冷静，做事容易持之以恒，反应却稍显迟缓；抑郁质的孩子心思细腻，却敏感多疑。如果把孩子看成花，那每朵花的花期都是不同的，做自己就好，无须要求每朵花都在同一时间开放。

气质类型与成就大小有关吗

各种气质类型与成就大小并无多大关联。纵观历史，便不难发现，每种气质类型都有名垂青史者。如郭沫若为典型的多血质类型，茅盾则是黏液质。李白和杜甫均为我国唐朝著名诗人，分别称"诗仙"和"诗圣"。李白，性格豪放，放荡不羁，具有胆汁质的气质特点；而杜甫，心系百姓，忧国忧民，敏感多情，具有抑郁质的气质特征。他们气质不同，却同样在诗坛上取得了卓越的成就。

因材施教——了解孩子的气质类型

了解了每个孩子的不同气质，就可以用"一把钥匙开一把锁"，从而使教育孩子这项看似艰难的工作变得有效而有趣。孩子自出生以后，便开始了对这个世界的探索，外界环境及他人的言语行为无时无刻不在影响着他对这个世界的认识。所以父母对孩子的教养方式及亲子间的互动模式都对孩子的成长有重大影响。

一般，从小比较"磨人"的孩子，总会得到父母更多的照料和关注。如果家里有双胞胎，一个比较爱哭闹，另一个比较安静，往往爱哭闹的孩子会让父母付出更多的时间和精力。婴儿时期，是一个人安全感建立的关键时期。若父母对孩子的哭闹不给予理睬，未能令孩子对父母建立良好的依恋关系，这一生孩子的内心可能就很难再建立起足够的安全感。而这种安全感的缺失也会影响他今后的行为模式。也就是说，孩子虽然出生时带着独特的气质，但与母体分离后，孩子就向外界不断探索，通过与他人的互动逐渐累积经验，最终逐步形成比较稳定的、独立的人格气质。

一种行为，导致一种结果；一种关系，产生一种连接。有研究指出：难养型儿童在学龄早期比其他类型儿童更容易表现出行为问题。难养型儿童是否表现出行为问题与照料人的应对模式有关。也就是说，即便难养型儿童表现出问题行为，也不仅仅是孩子单方面的原因，父母回应孩子的方式也与问题的发生和变化有很大的关联。对于难养型儿童，如果父母能够给予耐心、温暖的回应，允许他们与别人不一样，并按照他们的气质类型进行耐心培养，那么孩子也就不易出现行为问题了。所以，作为父母的我们，有必要充分了解自己的孩子。

不同气质的人适合的职业

人们在面临职业选择时，如果能够考虑自己的气质特点、行事风格，选择与自己的气质相匹配的职业，那么在未来的工作中更可能得心应手，也较易取得相应的工作成就，获得价值感，而不是勉强自己去从事自己并不擅长的领域，最终难以胜任。

胆汁质： 做事果敢，雷厉风行，行动力强，属于速度型，但容易冲动，情绪变化快。适合职业：运动员、管理者、军人等。

多血质： 适应能力强，工作灵活，招人喜欢，但耐力不足，属于活泼型。适合职业：销售、导游等。

黏液质： 冷静稳重，不急不躁，做事沉稳、踏实，属于安静、耐力型。适合职业：医生、财会、法官等。

抑郁质： 情绪体验深，不爱表达，多愁善感，认真细致，属于体验深刻型。适合职业：文秘、画家、科学研究者、艺术工作者等。

▮▮ 趣味心理：气质类型测试

下面有60道题，可以帮助你大致确定自己的气质类型，每道题有五个答案可供选择：很符合、比较符合、不太确定、比较不符合、完全不符合。很符合：2分；比较符合：1分；不太确定：0分；比较不符合：-1分；完全不符合：-2分。请根据自己的情况进行选择。

1. 做事力求稳妥，一般不做无把握的事。

2. 遇到可气的事就怒不可遏，把心里话全说出来才痛快。

3. 宁可一个人做事，也不愿很多人在一起。

4. 到一个新环境很快就能适应。

5. 厌恶那些强烈的刺激，如尖叫、噪音、危险镜头。

6. 和人争吵时总是先发制人，喜欢挑衅。

7. 喜欢安静的环境。

8. 善于和人交往。

9. 羡慕那种善于克制自己感情的人。

10. 生活有规律，很少违反作息制度。

11. 在多数情况下情绪是乐观的。

12. 碰到陌生人觉得很拘束。

13. 遇到令人气愤的事，能很好地克制自我。

14. 做事总是有旺盛的精力。

15. 遇到问题总是举棋不定，优柔寡断。

16. 在人群中从不觉得过分拘束。

17. 情绪高昂时，觉得干什么都有趣；情绪低落时，又觉得什么都没意思。

18. 当注意力集中于某一事物时，别的事很难使我分心。

19. 理解问题总比别人快。

20. 碰到危险情境，常有一种极度恐怖感。

21. 对学习、工作、事业怀有很高的热情。

22. 能够长时间做枯燥、单调的工作。

23. 符合兴趣的事情，干起来劲头十足，否则就不想干。

24. 一点小事就能引起情绪波动。

25. 讨厌做那种需要耐心的、细致的工作。

26. 与人交往不卑不亢。

27. 喜欢参加热烈的活动。

28. 爱看感情细腻、描写人物内心活动的文学作品。

29. 工作学习时间长了，常感到厌倦。

30. 不喜欢长时间谈论一个问题，愿意实际动手干。

31. 宁愿侃侃而谈，不愿窃窃私语。

32. 别人总是说我闷闷不乐。

33. 理解问题常比别人慢些。

34. 疲倦时只要短暂的休息就能精神抖擞，重新投入工作。

35. 心里有事宁愿自己想，不愿说出来。

36. 认准一个目标就希望尽快实现，不达目的，誓不罢休。

37. 做同样的事，常比别人更疲倦。

38. 做事有些莽撞，常常不考虑后果。

39. 老师讲授新知识时，总希望他讲慢些，多重复几遍。

40. 能够很快地忘记那些不愉快的事情。

41. 做作业或完成一件工作总比别人花的时间多。

42. 喜欢运动量大的剧烈体育运动或各种文艺活动。

43. 不能很快地把注意力从一件事转移到另一件事上去。

44. 接受一个任务后，就希望能把它迅速解决。

45. 认为墨守成规比冒风险强些。

46. 能够同时注意几件事物。

47. 当我烦闷的时候，别人很难使我高兴起来。

48. 爱看情节跌宕起伏、激动人心的小说。

49. 对工作抱认真严谨、始终一贯的态度。

50. 和周围人的关系总相处不好。

51. 喜欢复习学过的知识，重复做能熟练做的工作。

52. 希望做变化大、花样多的工作。

53. 小时候会背的诗歌，似乎比别人记得更清楚。

54. 别人说我"出语伤人"，可我并不觉得这样。

55. 在体育活动中，常因反应慢而落后。

56. 反应敏捷、头脑机智。

57. 喜欢有条理而不甚麻烦的工作。

58. 兴奋的事情常使我失眠。

59. 老师讲新概念，常常听不懂，但是弄懂了以后很难忘记。

60. 假如工作枯燥无味，马上就会情绪低落。

【结果统计】

胆汁质型得分：第2、6、9、14、17、21、27、31、36、38、42、48、50、54、58题的得分之和。

多血质型得分：第4、8、11、16、19、23、25、29、34、40、44、46、52、56、60题的得分之和。

黏液质型得分：第1、7、10、13、18、22、26、30、33、39、43、45、49、55、57题的得分之和。

抑郁质型得分：第3、5、12、15、20、24、28、32、35、37、41、47、51、53、59题的得分之和。

确定气质类型的标准：

1. 如果某类气质得分明显高出其他三种，且均高出4分及以上，则可定为该类气质。如果该类气质得分超过20分，则比较典型；如果该类得分在10~20分间，则为一般型。

2. 如果有两种气质类型得分接近，其差异低于4分，而且都明显高于另外两种，高出4分及以上，则可定为这两种气质的混合型。

3. 如果有三种气质得分均高于第四种，而且彼此得分接近，则为这三种气质的混合型，如多血–胆汁–黏液质混合型或黏液–多血–抑郁质混合型。

智慧父母课堂：父母如何做到"因材施教"？

作为家长，想必你对孩子的气质类型已有了大致的判断，也懂得如何选择更好的方式去教育孩子。在教育孩子的过程中，除了要充分发挥孩子优势的一面，在他们相对弱势的方面也应适当做一些补充。只要父母有针对性、有选择性地去做一些事情，就一定能找到相匹配的那把钥匙，在孩子的教育上也会起到事半功倍的效果。

多血质孩子：对外界事物好奇，接受新鲜事物的能力强，爱提问，但不容易长久，心境变化快。作为父母，要保护孩子的好奇心，不要嫌烦，鼓励孩子养成独立思考、判断的能力，鼓励孩子学会运用资源独立解决问题，并通过各种有意义的事情逐步培养孩子的专注力。当孩子对一件事情的兴奋期已经过去，如果这件事对他们的未来发展是有益的，家长就应帮助他们正确认识这件事，鼓励、陪伴他一起持之以恒。

胆汁质孩子：气质中有易冲动、急躁的特点，精力显得特别旺盛。做事反应快，但显得比较毛躁，遇事不喜欢过多思考，往往仅凭第一直觉反应就行动，结果难免会犯些小错误。父母需要帮助他们学会控制自己，尤其是在情绪不好的时候，更要避免孩子产生攻击行为，逐步锻炼他们的耐心，培养孩子的自制力。

黏液质孩子：他们冷静、沉稳，反应稍显迟缓，父母对他们不要太苛求，也不要用速度来要求他们，要给他们足够的时间去考虑、去完成一件事。不要因为孩子没有在短时间内完成某件事，而轻易否定、批评他们。应鼓励他们多表达，多尝试自己做决定，多参加一些集体生活，感受积极、快乐的气氛，培养他们独立自主的能力。

抑郁质孩子：他们敏感、谨慎、多疑，更在乎别人对自己的评价，往往追求完美。父母尽量不要指责、批评他们，尤其在公共场合，要多用鼓励、正面强化的方式，引导他们加入集体活动。即使孩子做错了什么事，也不宜直接批评孩子，可以采取比喻式，让孩子通过自我对照，认识到自己的错误，也可以用"给台阶"的方式。因为孩子比较内向，自尊心较强，虽然明知是自己的错，可往往嘴上不愿承认，这时父母不妨给他们一个台阶，不要强迫孩子当面认错，允许孩子过后思考。这样，孩子反思后不仅明白错在哪里，也会对父母心存感恩，从而更有利于行为的改正。反之，则易激发孩子的对抗心理。

另外，需要注意的是，父母不要仅凭孩子的某个单一的行为特点或者行为表现来判断孩子的气质类型，有些行为是在特定情形下的表现，有一定的偶然性，所以父母要根据孩子经常性的行为特征来进行判断。在日常生活中，有些父母会根据孩子的喜好给孩子报各种兴趣班，然而因为孩子天生的气质类型是胆汁质或多血质，他们并不能很长久地坚持做一件事情，当他们兴奋期一过，就不愿意再做这件事了。这时家长不仅需要明白孩子的真实气质类型，更需要有意识地培养孩子的恒心和毅力。

胆汁质和多血质类型的孩子未来可以朝着新鲜、多变、充满挑战的职业领域发展，将更有利于施展他们的天赋才能，而那些枯燥无味的重复性工作则会限制他们天赋的发挥。至于黏液质和抑郁质的孩子，他们本身具有内向性，对外界反应相对较慢，但他们心思敏感细腻，一旦从事一件事情，就特别容易专注下去，如果他们以后从事一些需要专注力的工作，可能会更好地发挥他们的特长。

▌▌▌智慧父母课堂：父母如何引导抑郁质的孩子融入集体？

抑郁质的孩子，性格内向，自尊心强。作为父母，一定要注意保护他们的自尊心，尊重他们，善于观察他们每一点的成长和进步，并多给予肯定。当他们不开心时，用心体会孩子的感受，例如可以对他们说："妈妈感觉到你很不开心，发生了什么事情，可以和妈妈说说吗？你想什么时候跟妈妈说都可以，不论你怎么做，妈妈都爱你。"父母说这样的话语容易引导孩子把心里的情绪表达出来，而不是埋藏在内心，自我压抑。其实，任何一个人都需要被肯定，尤其在孩童时代，他们更需要外界的认可。只有用赏识的眼光来对待每一个孩子，才会让孩子内心开出自信之花，结出灿烂之果。

抑郁质的孩子有时并不愿意和其他小朋友一起玩，这时，可能有父母会说："你胆子太小了，这样不好。""你怕什么呢？""活泼一点，去和别的小朋友玩吧。"每个人都不喜欢被强迫或者被要求，这样说不但不会起任何作用，反而可能会激发孩子的逆反心理。只有孩子从自己的主观意识上认识到了这些问题，他们才能够自觉地去做出改变。对于抑郁质的孩子，家长需要给孩子一个适应的过程，最大限度地在孩子的本身气质基础之上逐渐完善其不足之处。

一方面，抑郁质的孩子是敏感多疑的，当他们对外在的环境还没有感到安全和熟悉时，是不会轻易融入集体的，所以父母要给他们充足的时间去适应新环境，不要急着逼迫他们融入。另一方面，抑郁质的孩子在生活中比较追求完美，他们会害怕犯错。所以，父母要给他们示范，并且告诉孩子："你可以犯错的，没关系。我们下次注意就可以了！"

■■ 拓展阅读：不同气质孩子的绘画作品

图2-3：这是一幅10岁胆汁质女孩画的画。这幅画整体画面比较大，可以看出小女孩性格是比较外向和急躁的。画面中太阳、小草、叶子等多处存在尖锐的部分，可见她性格中是有些攻击性的。同时有人躲在草丛后面，看来小女孩胆子比较大，平时喜欢探险类的游戏。

图2-3 10岁胆汁质女孩的画

图2-4 8岁多血质男孩的画

图2-4：这是一幅8岁的多血质男孩画的家庭动态图。这幅画整体较大，画面多为平滑的长线条，显得十分流畅，同时色彩也十分鲜明亮丽，可以看出孩子性格开朗，活泼好动，容易适应外界环境的变化。

图2-5　7岁黏液质男孩的画

图2-5：这是一幅7岁黏液质男孩的画。这幅画最大的特征是线条反复涂抹，而所有的涂抹都处于控制范围之内，说明孩子做事细心，比较追求完美，自控力较好。同时，从画面的完成度来看，这幅画的作画时间应该不短，说明孩子能够集中注意力长时间地做一件事，专注力较强，这也与黏液质孩子的性格特征相匹配。

图2-6　9岁抑郁质女孩的画

图2-6：这是一幅9岁抑郁质女孩的画。这幅画整体画面大小合适，结构完整，内容丰富，空间错落有致，说明孩子认知发展水平较高，内心世界丰富。画面描绘认真细致，反复涂擦，说明孩子期待关注和赞美，有些犹豫不决，典型的追求完美的性格倾向。画面下方，房子两旁的栅栏表现出她安全感不足，防御心较强，内心敏感内向。

亲子游戏：亲子自由画

材料：A4纸若干张，彩笔一盒。

主题：家长带领孩子自由画画，任意发挥，不评判孩子绘画内容的好坏，收集孩子的作品。

步骤一：左手画

家长和孩子每人一张纸，各自随意选取一支彩笔，家长邀请孩子一起，各自用左手在纸上随意乱涂，越乱越好，直到满意为止。（此为画画开始前的暖身活动，降低孩子对画画好坏的焦虑和担心。）

步骤二：右手画

每人拿出另一张白纸，换另一支喜欢的颜色的彩笔，在第二张白纸上用右手随意乱涂，想怎么涂就怎么涂，直到满意为止。（家长要观察孩子的状态，是否有情绪需要宣泄，逐渐过渡到后面的中心内容。）

步骤三：自由画

每人重新更换一张白纸，各自完成一幅画，家长告诉孩子，想画什么就画什么，想用几种颜色就用几种颜色，想怎么画就怎么画，画完之后要根据自己完成的画面创作一个故事。

步骤四：故事分享

家长和孩子相互分享自己所创作的故事。家长对孩子的故事要表示好奇，注意倾听、赞美，适当引导，鼓励表达，充分发挥孩子的想象力，切忌批评孩子。孩子不愿表达的，家长可以先做示范，孩子愿意主动表达就让孩子先说。

步骤五：气质类型分析

家长根据孩子所绘画面的整体（大小、位置、线条、颜色）、过程（作画时间、先后顺序、涂擦痕迹）、画面内容（房、树、人及其他附属物）等综合因素分析孩子的气质类型特点。

步骤六：画作保存记录

标注日期，家长保存绘画作品，作为孩子成长的记录。

■■ 本章小结

　　通过本章的学习，相信你对孩子的气质类型有了一定的了解。每个孩子都是不一样的，从他们降生那一刻开始，就拥有不一样的气质。父母在教育的过程中，只有先了解孩子的气质类型，才能有针对性地去引导孩子成长。父母若能懂得尊重孩子的气质，善于挖掘孩子的天赋，便能让孩子在爱与自由的环境中健康、快乐地成长。

第三章　性别认同

许多杰出人物是集两性优点于一身的。

——周国平

图3-1　男孩和女孩

妮妮今年14岁了，是一个刚读初中的小姑娘，跟其他女生不一样的地方是，她从来不穿裙子，而且剪了一头干净利落的短发，看上去像个男孩子。当同学问她为什么不把头发留长的时候，她总说："那样太女孩子气了！"在同学们的眼里，妮妮的行为举止都像个十足的男生。她什么事情都喜欢自己独立完成，做事十分果断，身上几乎看不到一般女生的娇气，甚至其他女生遇到解决不了的问题也都喜欢来找她帮忙。有时妮妮也会有些困惑，虽然她知道自己是女生，但在很多方面和其他女生好像又不太一样。"我应该要和大家一样吗？"她在心里这样问自己。

对处在青春期的妮妮来说，这种困惑源于她对自我同一性的渴求。这一章，我们将来了解关于性别认同的概念，性别是如何影响人们的态度和行为的，以及父母如何支持孩子建立性别意识。

你印象中的"性别"

如果你经常沉醉于各种各样的影视剧中，就不难发现这样的现象：在形形色色的影视剧中，有着截然不同的角色。有的女性长发飘飘，非常柔美，有显著的女性气质；也有一些女性，一头短发，行事作风干脆利落，颇具领导风范。而男性有时被塑造为冷静、理性、刚强的角色，也有时被塑造为颇具女性温柔细致特点的角色。从这些不同角色的塑造中，可以感受到性别所呈现给人们的不同印象。

现在尝试着闭上眼，回想一下你印象中最深刻的影视剧角色是什么样的，或许那就是你理想中性别认同的模样。

性别认同

说到性别认同，或许你首先想到的是自己的生理性别，生理性别是依据个体在其生命周期某段时间中能够执行的生殖功能来决定的，与之相对的则是与身份认同有关的社会性别。而所谓性别认同，也称性别同一性，是指一个人对自己的生理性别的心理认同，即你对自己的男性身份或者女性身份是否认可。当一个人心理上的性别身份不同于他们的生理性别时，他们可能会遇到性别焦虑症。

如果你是一位妈妈，还记得你在产房里平安生下你宝贝时的情景吗？当你顺利分娩后，你可能听到的第一句话就是"恭喜你，生了个男孩"或是"恭喜你，生了个女孩"。性别成了判断人与人之间差异性的最初印记。同时，这种源于生理性别的差异会造成人们对待孩子时的不同的态度、认知和行为模式。曾经有过许多这样悲凉的故事：当女孩降生的时候，她的性别并没有得到身边人的祝福，反而是疏远、冷漠和歧视。这种"重男轻女"现象与传统社会、文化所赋予性别的不同意义息息相关。所幸的是，随着社会的进步，这种现象已经越来越少了。

性别角色

性别角色，是指由于人的性别差异而带来的不同的心理特点或行为模式。男性与女性在姿势、神态、声调、举止等许多方面各有不同。比如人们经常对男人的评价是：英俊、理性、勇敢、上进。而对女人的评价是：美丽、温柔、体贴、感性、勤俭持家。在日常生活中，人们对男孩和女孩夸奖的用词也是不一样的。比如一个女孩经常被人称赞"你很漂亮"，一个男孩则被人称赞"你很帅气"，假如你对一个男孩子称赞"你好漂亮"，他很有可能会来纠正你"不对，我应该是帅气"。

性别的差异化现象

性别的差异化现象从一个人很小的时候就已出现。众多心理学研究表明，女孩在语言表达能力、情绪敏感性、对细节的关注度等方面会优于男孩，而男孩在空间思维能力、数学能力、冒险性以及活动水平等方面会优于女孩。

1. 语言能力

研究显示，女性的大脑对于语言加工更加缜密。女孩在婴幼儿期掌握的词汇要比男孩多，而且她们通常比男孩说话要早，表达能力更好。到了小学和中学阶段，女孩在阅读、写作、拼写方面均比男孩好，通常情况下，在阅读和语言方面出现问题的男孩数量比女孩多。因此，当你看到一个小女孩能说出一长串的句子，而一个同年龄的小男孩还在牙牙学语时，也就不足为奇了。

2. 空间思维能力

男孩在空间思维能力上表现比女孩突出。研究发现，男孩大脑中负责空间感知能力的部分，较女孩发育得更好，所以他们的空间推理和图形加工能力更强，这种差异大约从4岁左右开始出现，可能会延续一生。从青少年开始，男孩对数学和几何的理解能力均要优于女孩，当然这与后天的勤奋和努力也是密不可分的，不是所有男孩都在这方面优于女孩。

3. 情绪敏锐度

在情绪敏锐度方面，女孩能够比男孩更好地表达自己的情绪，也更容易识别和解读他人的情绪。她们从婴幼儿期开始，对他人面部表情的解读能力就比男孩更加准确。同时，女孩也能够对人表现出更多的共情和关怀。

4. 人际关系

女孩对人际关系的敏感度更高，这可能源于她们的情绪敏锐度。她们会用更多的时间去维护关系，她们更喜欢交往，并注重发展亲密的友谊。如果感觉自己在关系中受到了伤害，她们可能会采取言语攻击的方式去对抗，而男孩则倾向于直接的身体攻击。在与权威人物的关系上，女孩会比男孩更容易服从父母、老师等权威人物的命令或要求。

5. 活动水平

与女孩相比，男孩喜欢的活动通常与身体有关，因为男孩的运动能力比女孩更强，比如奔跑、跳跃、与玩伴游戏式的打斗，你几乎很难看到几个男孩坐在一个角落安安静静聊天。而女孩则更偏向于安静的活动，比如过家家、讲故事、与玩伴坐在一起聊聊天等。在精细动作方面，女孩的发展较男孩更好，她们对手的掌控更加灵敏，在写字、做手工等活动方面也更优于男孩。活动水平的差异也使男孩女孩在选择各自的玩具时表现出一定差异性，男孩普遍喜欢活动空间范围广的玩具，比如汽车、球类等，而女孩则更喜欢洋娃娃等与人相关的玩具。

6. 冒险性

男孩相比女孩更具有冒险精神。通常情况下，女孩在不确定的情境下会表现出恐惧、胆怯，她们的警觉性较高，较少参与到冒险的游戏中，这与她们从小接受的教导和保护相关。而男孩的活动水平明显高于女孩，他们更愿意尝试一些高难度的活动所带来的刺激。

男孩女孩的性别差异除了与其生理差异相关外，与后天的教养方式也是息息相关的，作为父母，要客观地看待这些差异，尽可能引导孩子完善自己的性格。比如对于容易胆怯、恐惧的女孩，父母应该多鼓励她们去尝试、去探索，并及时给予肯定，增强孩子的自信心。对于男孩，他们可能不会像女孩那样自如地表达情感，不太愿意在他人面前畅所欲言，有时就需要父母加以引导，让他们可以更加自然地表达自己的感受。

性别认同的敏感期

当孩子到了三岁左右，他经常会问父母这样的问题："为什么有的小朋友长了小鸡鸡，有的小朋友却没有呢？"当孩子问这些问题的时候，说明孩子已经进入了性别认同的敏感期。性别意识是孩子自我意识的一个重要组成部分。当孩子产生了性别意识之后，就会通过各种方式积极地探索并认识自己的身体，这种探索为他们进入青春期后建立自我同一性，以及正确处理好两性关系打下了牢固的基础。

这个时候，男孩女孩会关注以下事情，比如女孩子不应该去男厕所，男孩子不应该去女厕所；女孩子是蹲着尿尿的，男孩子是站着尿尿的；女孩子可以穿裙子扎辫子，男孩子则不可以。这都是孩子性别意识觉醒的行为表现。同时，孩子会对异性的身体和两性身体间的差异产生好奇心，他们会积极模仿同性成年人的行为，做符合该性别的事情。为了帮助孩子顺利度过这段性别认同的敏感期，作为父母，可以从以下方面做起：

允许孩子对自己身体的探索。处于性别敏感期的孩子，对性别的认识如同对身体其他部位的认识一样，是怀着好奇而客观的态度的。作为父母，不要干扰孩子对自己身体的探索，不要让孩子认为这种探索是羞耻的。

鼓励孩子与异性正常相处。这可以帮助孩子正确看待异性之间的关系，形成良好的行为模式和思维方式。同时可以根据孩子的性别，有针对性地帮孩子选择合适的玩具、服饰和游戏。

性别认同的发展阶段

著名的儿童发展心理学家劳伦斯·科尔伯格认为，儿童对自己是男性还是女性的基本理解是逐步发展的，这个过程经历了以下三个阶段：

第一阶段：基本的性别同一性

从两三岁时，儿童就开始展现出区分男性和女性的能力，并能够正确认识自己是男孩还是女孩，但这时的儿童对性别的认识是根据表面的、外部的特征去判断的，比如头发长度、服饰等。如果你改变了一个玩具娃娃的服饰或发型，儿童可能会认为它的性别也改变了。

第二阶段：性别稳定性

当儿童到了幼儿园小班、中班，他们对性别的"守恒"有了进一步的理解，并且能够理解性别中有稳定的元素，比如知道男孩将来要成长为男人，女孩将来会成长为女人。但他们仍然相信改变服饰、发型等就能导致性别转换，比如女孩如果把发型剪得跟男孩一样，那她就会变成男孩。

第三阶段：性别恒常性

幼儿园大班儿童和小学低年级儿童开始确信性别的恒常性，即他们认识到一个人的性别是恒定不变的，不会随着人的发型、衣着、活动的变化而变化。他们知道即使一个人"穿错了衣服"，也不会改变性别，这意味着一个孩子的性别概念真正形成。

当获得了性别恒常性之后，儿童对性别角色的认知和行为方面也将得到相应的发展，他们倾向于按照社会期待他们的性别特征从事活动，并表现出与此特征相应的行为。

性别刻板印象

当儿童完成了基本的性别同一性，认识到性别的稳定性和恒常性之后，他们开始进入心理性别定型的核心阶段，这个时候，性别刻板印象在男孩女孩中普遍存在。

所谓刻板印象，是指人们对某一类人或事物所形成的一种概括、固定、笼统的看法，这种看法未必全是准确的。性别刻板印象是关于性别的概括及固定的看法，在很多文化中都存在，且主要源于社会文化对男性或女性普遍的期待。

性别刻板印象的发展实际上从儿童开始认识到自己是男还是女的时候就已经开始了。在幼儿园和小学阶段，儿童越来越清楚男孩和女孩分别适合做什么，他们会了解到哪些行为是与性别相关的积极行为，哪些则是消极的。比如男孩子会认为"坚强"是与男性相关的优秀品质，而"软弱"则是消极品质。女孩子认为"温柔""可爱"是与女性相关的积极品质，而"蛮横""粗鲁"则是消极的。有些孩子的性别刻板印象非常明显，他们有鲜明的性别角色标准，比如一个拥有性别刻板印象的女孩，当她看到有一个男孩在玩洋娃娃时，会很难接受，并且认为对方在做一些不适宜的事情，因为这与她印象中男孩的角色定位不一致。只有当孩子的年龄慢慢大一些，他们对性别的思考才会多一些灵活性，而不再那么僵化。

拓展阅读："男儿有泪不轻弹"？

有些父母在教育男孩子时，喜欢对他说这样的话"男儿有泪不轻弹"，意思是男孩子必须要坚强，不能有太多的情绪表现，其实这也是社会对男性的刻板认知所造成的性别刻板印象。通常情况下，我们都认为男性身上的优秀品质是坚强、勇敢、担当，而流眼泪会被别人视为"软弱""没有力量"，然而，事实并非如此。

我们知道，情绪和情感是我们内心对外在世界的感知和体验，当外在事物能够满足我们的需要时，我们会表现出喜悦的情绪，当外在事物不能满足我们的需要时，我们会表现出忧伤的情绪。很多时候，情绪的产生是自然而然的。如果一味压抑和控制，容易让情绪变成一种伤害。而"男儿有泪不轻弹"在某种意义上正是情绪压抑的体现，它背后所倡导的理念是：男性不能自如地表达自己的情感，有什么情感，只能放入自己心里。

假如一个孩子从小被这样教导，他很有可能学会的是如何压抑自己的情绪。想象一下孩子身处这样一个"情感禁闭"的家庭中，他会有怎样的感受呢？其实，不管是男孩还是女孩，情绪如果得到合理的表达和宣泄，既不会对他人造成伤害，又有利于身心的健康发展。所以，作为父母我们要懂得：男儿有泪也可"弹"。

青春期的性别认同

在青少年阶段，随着男孩女孩身体和认知的变化，他们也必须对自己的性别角色进行重新定位。

当青少年开始关注自己的身体变化时，他们发现自己越来越向成年人靠近，加上对平等、自主、独立精神的追求，他们希望自己能够表现得像个成年人的样子。女孩希望自己成为尽可能完美的女性，而男孩则努力让自己变得更有男子气概。因此，青少年一方面愿意服从传统的男性化及女性化的角色定位，这为他们提供了一个参照和学习的标准，有利于他们塑造这段转换期的性别角色；另一方面，由于青少年对个性的追求，他们在性别角色方面又会表现出与传统对抗的叛逆一面，比如部分青少年放弃过分男性化或女性化的气质，转而追求中性化的风格。

青少年对性别的认同会受到来自家庭、学校、同伴以及媒体等各方面因素的影响。在家庭方面，如果青少年的父母经常要求孩子表现出与自己的性别相适宜的行为，如女孩应当温柔娴静，男孩应当独立坚强，此时部分青少年为了迎合父母的期待，便会表现出父母希望的样子。但也有部分父母对青少年的要求过于刻板，如规定女孩必须成为淑女，男孩必须胸怀大志、雄心勃勃。若父母不能尊重青少年本身的独特气质和个性发展的需求，这些刻板的要求便可能激起青少年的叛逆心理。在学校方面，由于青少年的成长变化，老师也会以一种更加平等、尊重的态度来与之相处，而同伴之间的相互交流、学习和模仿，都有可能会影响青少年的性别认同过程。此外，电视、网络等大众媒体的传播也对青少年心理性别的塑造起着重要影响，尤其大众媒体所塑造的偶像、明星等形象对青少年的性别认同起着榜样或模仿对象的作用。

性别认同的影响因素

当了解了孩子性别认同的发展过程后，也许你会好奇，这一切的发生是自然而然的吗，或是有什么力量在推动着它呢？为此，心理学从不同的角度做出了解释。

1. 性别图式理论

图式是指人们头脑中已有的知识经验的网络或者人们用以应对环境中发生的事件的心理结构。性别图式是指与性别有关的信息的心理结构，如一个男孩头脑中认为"我是男孩子，我不该玩洋娃娃"，那当他下次见到洋娃娃的时候，便会选择放弃。若一个女孩头脑中构建了一个这样的图式"我是女孩，所以我不适合玩玩具枪"，她也会表现出与自己头脑中性别图式相关的行为。

根据性别图式理论，儿童从形成基本的性别同一性开始，就对事件、人进行分类。通常情况下，他们习惯于对与自己性别一致的信息进行加工、整合，逐渐形成属于自己的完整的性别图式，从而指导自己的行动。当一个孩子还没有形成基本的性别同一性之前，他的脑海中尚未构建性别图式，故不会表现出相应的行为。如你拿着一个漂亮的洋娃娃给一个一岁的男孩玩耍，若他喜欢这个玩具，便会开心地玩起来。此时他玩洋娃娃仅仅是因为纯粹的喜欢，而与性别无关。当儿童对性别有所理解，并建构出性别图式后，他们便会选择与自身性别图式相适应的行为或活动，并努力使图式与行为之间保持一致性。此时，男孩女孩均会做他们认为自身应该做的事情。当然，这一过程与成人的教导和强化是息息相关的，同时也受其所处文化环境的影响。

2. 社会学习理论

社会学习理论的代表人物是心理学家班杜拉。班杜拉认为，儿童性别角色的社会化主要是在对同性榜样观察、学习和模仿的基础之上实现的。当他们模仿同性时，可获得更多来自身边人尤其是父母的正强化，从而使学习过程得以延续，并最终内化为记忆或习惯。

如一名女孩和一名男孩同时看到另一名女孩在玩过家家，他们都想参与。若此时父母对于女孩的想法持肯定态度，而对男孩的想法持否定态度，甚至是批评，那么女孩的此类行为会因为得到父母的肯定而得到进一步强化，而男孩将会由于父母的否定和批评而从此再也不玩此类游戏。

3. 生物学理论

生物学理论认为，男女之间的性别差异是与其本身的生物特质相关的，比如激素水平的差异。众多科学研究表明，男孩女孩的差异在一定程度上由生理基础所决定。男孩和女孩大脑发育的差别，早在胎儿时期就已开始显现。通过脑部扫描就能发现，男孩、女孩的大脑均会出现某些部位比对方更加发达的现象。当宝宝还在妈妈子宫之时，大脑的相应部位便已在激素的影响下发生不同程度的变化。随着孩子的成长，这种天生的性别差异将会对孩子的学习有所影响，并且不断强化。如女孩在1岁左右时，便能说出较多单字和双字，而男孩可能仅能说一些单字，这是因为男孩的语言中枢神经发育相比女孩而言更为缓慢。

此外，男女性别各具特殊的身体发育特征。例如，女孩通常比男孩发育得更快且均衡。学龄前的女孩比同龄的男孩有更好的平衡能力，她们能更好地进行单腿跳，但后来居上的男孩会在跑步和跳高方面更胜一筹。青春期之前，男孩与女孩的体格发育相当接近，过了青春期之后，男孩开始比女孩发育得更快、更强壮。因为该阶段男性新陈代谢功能开始加速，使得心脏和肺开始增大，从而适应氧气和血液用量的增加。

性别认同对孩子成长的意义

性别认同是孩子自我认知的重要组成部分，只有孩子对自身性别感到满意，才会认同并渴望拥有自身的性别特征。研究表明，从小对自身性别满意的孩子，会获得更高的自尊感；对自身性别不满意的孩子，其自我价值感也相对较低，人际关系和幸福感也均会受到影响。在我们的文化中，尽管社会提倡男女平等，但仍然存在"重男轻女"的现象，个别家长认为只有男孩才具价值，而女孩则价值低下，所以对待男孩和女孩的态度截然不同。甚至有的家长由于孩子的性别与自己内心期望不同，便将孩子进行混淆性别培养，这样只会令孩子更加厌恶自身性别，从而使其自尊感降低，甚至容易导致性别错位。

虽然大多数人能够正常地接纳、欣赏自己的性别，但仍有一部分人无法接纳自身性别，对自身性别持厌恶态度，甚至想要改变自身性别。此时，他们心理上的性别与其生物学意义上的性别是不吻合的，这也就是我们平时所说的性别认同障碍。

性别认同障碍

性别认同障碍的诊断标准主要有两方面：标准A包含了一些特别的愿望和行为，比如像异性那样大小便，或者内心深信自己可以拥有异性那样的典型感受或行为反应；标准B指的是对自身生物学性别或性别角色深感不安的特定行为，比如因身体结构而烦躁不安，或明显厌恶同性活动或服饰。

导致儿童性别认同障碍的重要因素是父母的教育方式，若父母不能对孩子进行正确的性别教育，孩子在成长过程中便有可能出现性别认同的偏离。

不同时代和文化下的性别观

随着时代的变迁，性别角色被赋予的内涵也在不断发生变化。在我国古代，女性的地位是比较低下的，她们常常被看作是依附于男性而存在的，遵从的是"三从四德""三纲五常""男尊女卑"等观念，受到各种严苛礼教的约束和规范。到了现代，男女平等的理念已越来越被社会所推崇，女性已拥有与男性同等的地位，她们可以不用被禁锢于家庭之中，可以与男性一样外出工作，在不同的工作岗位上收获成就和价值感。女性的独立性也越来越凸显，在当今社会中各行业几乎都能看到女性活跃的身影。这都说明时代的进步会影响人们对性别角色的看法。

拓展阅读：心理学家的视角——双性化，性别认同新取向

在传统的性别界定中，男性特质和女性特质一直被视为互相对立的两个极端，男性被要求必须符合男性化的角色规范，而女性被要求必须符合女性化的角色规范。然而，这种曾经被认为是一种较为理想的传统性别认同模式已受到越来越多现实和理论的挑战。

美国心理学家桑德拉·贝姆对性别特质提出了新的分类法，将人的性别特质分为双性化、男性化、女性化以及中性化，并且认为双性化气质才是最理想的性别气质。

性别角色双性化，直观而言，指男性拥有女性的温柔，女性拥有男性的独立。所谓"双性化"，是指一个人兼有男性化与女性化的气质，比如一个温柔娴静的女性同时拥有男性的独立和果敢，一个理性冷静的男性可以拥有女性的温柔和体贴。贝姆认为，具有男女双性化气质的人在很多情况下能做得更好，因为他们兼具了男性和女性优良的品质，并具备更强的社会适应能力和更强的自尊感，也并未因性别角色特征的双重性而出现适应不良的现象。

这不禁让人想起了一个古老的故事。在回答男女两性为什么始终彼此寻觅着要结为一体时，古希腊哲学家柏拉图是这样解释的：很早的时候，我们都是双性人，身体像圆球，一半是男，一半是女，后来神把我们劈开了，一分为二，所有的这一半都在世界上漫游着，寻找另一半。也许正如这个故事所言，我们身上原本就具有性别角色塑造的双重可能性。

贝姆所倡导的双性化的视角为我们打开了新的视野，它为人们提供了一个性别认同的新取向，也预示着性别所赋予我们的角色不仅仅停留在单一的维度，它是具有可塑性的，从适应社会的角度，我们的性别角色可以更加灵活。当然，灵活并不意味着混淆，一个人若要采取双性化的视角来定义自身的性别角色，首先必须对自身的性别有清晰的认知和定位，尤其在童年期就要建立与生理性别相适应的性别认同观念。

智慧父母课堂：家有男孩——男孩的性别认同

孩子的性别认同过程与父母的教育方式密切相关，男女的性别认同各有差异。那么当我们的孩子是男孩时，父母该如何引导他的性别认同呢？

1. 从日常的生活规范学起

有的父母认为，孩子年龄尚小，根本不懂什么是性别，故不需要性别认同教育。其实大多数孩子从3岁左右开始，就已有基本的性别意识，他们已能分辨出男性和女性。此时，父母即可通过日常的生活规范让孩子对自身性别拥有最初印象，最基本的如给孩子取名、穿着服装、购买玩具、参与游戏等，这些内容都具有性别认同的意义。早期的性别认同教育就是在这些日常生活的行为规范之中，潜移默化传递给孩子的。

2. 父亲角色的积极参与

不少爸爸认为，教育孩子主要是妈妈的事情，自己只要负责外出赚钱便可。但对男孩而言，父亲的角色显得更为重要。因为男孩是通过观察和模仿来完成自身性别认同的，若男孩缺少男性榜样，从小到大都由妈妈或其他女性带大，他也更易模仿身边女性的行为，因此可能变得女性化，而缺乏男性化的性格特征。若男孩的母亲是一个过分敏感细腻、有掌控欲的人，那他也将从母亲身上观察并模仿到这一点。更有甚者，还有些男孩会表现出所谓"娘娘腔"的特征：言语、行为均表现得过于像女性，这不仅会影响其后续成长过程中的性别认同，同时也可能不利于其人际关系及个性发展。

对单亲家庭而言，若家庭缺乏父亲的榜样角色，妈妈也不必过于焦虑，可经常带孩子去接触别的男孩，尤其是更大一点的男孩。因为小男孩通常喜欢模仿和学习大男孩身上的个性特点，这对其性别认同是有益的。另外，可让孩子多与家中其他男性长辈，如叔叔、伯伯等多接触，也可帮助孩子从他们身上观察并学习更多与男性性别特征相关的言行。

3. 让孩子了解基本的性别常识

孩子是充满好奇的，对性也同样如此。当他们询问有关性的问题时，父母应坦诚相告，既不要回避，也不应说谎。如孩子在两至三岁时，总喜欢问这样一个问题："妈妈，我是从哪里来的？"妈妈可以这样告诉孩子："你以前是在妈妈的肚子里，妈妈每天都祈祷着上天能赐予我一个帅气、聪明的宝贝，妈妈祈祷了十个月，结果妈妈的祈祷奏效了，最后真出现了一个帅气、聪明的宝贝，这个宝贝就是你呀！"

在回答儿童有关性方面的问题时，父母还可以把人的生育过程与他们所熟悉的动物的生育过程作比较，比如鸡生蛋，小猫小狗的诞生等，让孩子更容易理解。

4. 家长不应过分溺爱孩子

对男孩来说，他们天生就具有探索和冒险的精神。如果家长喜欢大包大揽，凡事都代替孩子去做，也不鼓励孩子自身去探索，反而时刻提醒孩子到处都充满了不安全因素，让孩子不敢去尝试，去体验。长此以往，男孩身上的探索精神就会渐渐消退，变得畏首畏尾。其实，只要在一定安全范围内，父母大可让孩子充分地去探索和体验。

生活中，还有些妈妈总是把自己武装得很强大，在男孩面前就像一个"保护神"。其实和男孩在一起时，妈妈可以让自己稍"弱"一些，不必处处显得自身很强大。因为妈妈强势，孩子就会表现出软弱；而妈妈适当地表现"弱势"，孩子就会表现得更加强大！如果家长能适当地给孩子帮助大人的机会，同时对这份帮助给予感谢，孩子的内心会变得更有力量。

■■ 智慧父母课堂：家有女孩——女孩的性别认同

1. 接纳和赞赏

家长首先要接纳孩子的性别，尤其对女孩而言，首先要让她感觉到自身的女性身份是受到别人尊重和认可的。妈妈也可借助一起洗澡的机会，告诉孩子关于性别的知识。因为女孩需要妈妈的认同，进而通过学习，逐步建立起自我的性别特质。另外，家长对孩子的性别还要表示赞赏，当家长对孩子的女性身份感到接纳和喜悦时，孩子也会对自身性别感到满意和认可。

2. 加强女孩自我保护意识

当孩子4~5岁时,她们对性别已有一定认知,家长此时应对女孩加强"性心理"的教育,提醒她们:"不能让别人随便看你的身体,不能让别人随便抚摸你的身体,平时生活中多注意卫生,如上厕所前和之后要洗手,不要叉开腿坐,别穿太紧的衣服等。"

3. 发挥榜样的作用

孩子的行为往往源于在生活中观察并学习得到的知识和启示,在这个过程中父母便是孩子在性别角色中最重要的榜样和指导师。所以父母一定要注意自身的言行举止,为孩子树立良好的榜样,并帮助孩子选择合适的同性伙伴。如让小女孩跟年长一点的女孩一起玩,也可为孩子提供学习和模仿性别角色的榜样。

趣味心理:测测你的两性气质

下面有30道测试题,拿笔记下你选的a、b、c各有几个,再算出分数。此测验可以测出你的大脑是偏男性化,还是偏女性化。

1. 你在看地图或街道指示时,你会:

    a. 有困难,找人协助

    b. 把地图转过来,面对你要走的方向

    c. 没有任何困难

2. 你在准备一道做法复杂的菜时,一边正在播放收音机,还有朋友的来电,你会:

    a. 三件事同时进行

    b. 关掉收音机,但嘴巴和手都没有停

    c. 告诉朋友,你做好菜后马上回电话给他

3. 朋友要来参观你的新家,问你该怎么走,你会:

    a. 用手机发送地图定位给他们,或是请别人替你说明该如何走

    b. 问他们有没有熟悉的地标,然后告诉他们该怎么走

    c. 口头上告诉他们该怎么走

4. 解释一个想法或概念时，你很可能会怎么做：

    a. 利用铅笔、纸和肢体语言

    b. 口头解释加上肢体语言

    c. 口头上清楚简单地解释

5. 看完一场很棒的电影回家后，你喜欢：

    a. 在脑海里回想电影的画面

    b. 把画面及角色的台词说出来

    c. 引述电影里的主要对话

6. 在电影院里你最喜欢坐在：

    a. 电影院的右边

    b. 不在意坐在哪里

    c. 电影院的左边

7. 一个朋友的机器出了问题，你会：

    a. 深表同情，并和他讨论他的感觉

    b. 介绍一个值得信任的人去修理

    c. 弄清楚它的构造，想帮他修理好

8. 在不熟悉的地方，有人问你北方是哪个方向，你会：

    a. 坦白说你不知道

    b. 思考一会儿后，推测大约的方向

    c. 毫无困难地指出北方方向

9. 你找到一个停车位，可是空间很小，必须倒车才能停进去，你会：

    a. 宁愿找另一个车位

    b. 试图小心地停进去

    c. 很顺利地倒车停进去

10. 你在看电视时，这时电话响了，你会：

    a. 接电话，电视开着

    b. 把音量转小后才接电话

    c. 关掉电视，叫其他人安静后才接电话

11. 你听到一首新歌，是你喜欢的歌手唱的，通常你会：

    a. 听完后，你可以毫无困难地跟着唱

    b. 如果是首很简单的歌，听过后你可以跟着哼唱一小段

    c. 很难记得歌曲的旋律，但是你可以回想起部分歌词

12. 你对事情的结局会如何有强烈的预感，是借着：

    a. 直觉

    b. 可靠的信息和大胆的假设，才做出判断

    c. 事实或统计数字和数据

13. 你忘了把钥匙放在哪里时，你会：

    a. 先做别的事，等到自然想起为止

    b. 做别的事，但同时试着回想你把钥匙放在了哪里

    c. 在心里回想刚刚做了哪些事，借此想起放在了何处

14. 你在饭店里，听到远处传来警报，你会：

    a. 指出声音来源

    b. 如果你够专心，可以指出声音来源

    c. 没办法知道声音来源

15. 你参加一个社交宴会时，有人向你介绍七八位新朋友，隔天你会：

    a. 可以轻易想起他们的长相

    b. 只能记得其中几个的长相

    c. 比较可能记住他们的名字

16. 你想去乡间度假时，但是你的伴侣想去海边的度假胜地，你要怎么说服他呢？

    a. 和颜悦色地说出你的感觉：你喜欢乡间的悠闲，小孩和家人在乡间过得很快乐

    b. 告诉他如果能去乡间度假，你会感到很愉快，下次你会很乐意去海边

    c. 说出事实：乡间度假区比较近，比较便宜，有规划适当的休闲设施

17. 规划日常生活时，通常你会：

    a. 列张清单，这样一来该做什么事一目了然

    b. 考虑你该做哪些事

    c. 在心里想你会见到哪些人，会到哪些地方，以及你得处理哪些事

18. 一个朋友有了困难，他来找你商量，你会：

    a. 表示同情，还有你能理解他的困难

    b. 说事情并不如他想的严重，并加以解释

    c. 给他建议，或是合理的忠告，告诉他该如何解决

19. 一个已婚的朋友有了外遇，你会察觉到吗？

    a. 很早就察觉

    b. 经过一段时间后才察觉

    c. 根本不会察觉

20. 你的生活态度是怎样的？

    a. 交很多朋友，和周围的人和谐相处

    b. 友善地对待他人，但保持个人隐私

    c. 完成某个伟大目标，赢得别人的尊敬，获得名望及晋升

21. 如果有选择，你会喜欢什么样的工作：

    a. 和可以相处的人一起工作

    b. 有其他同事，但也保有自己的空间

    c. 独自工作

22. 你喜欢的读物是：

    a. 小说，其他文学作品

    b. 报纸杂志

    c. 非文学类图书

23. 购物时你倾向：

    a. 常常是一时冲动，尤其是特殊物品

    b. 有个粗略的计划，可是心血来潮时也会买

    c. 看标签，比较价钱

24. 睡觉起床吃饭，你比较喜欢怎么做：

    a. 随心所欲

    b. 依据一定的计划，但弹性很大

    c. 每天几乎有固定的时间

25. 你开始一个新的工作，认识许多新同事，其中一个打电话到家里找你，你会：

    a. 轻易地认出他的声音

    b. 谈了一会儿话后，才知道他是谁

    c. 无法从声音辨认他到底是谁

26. 和别人有争论时，什么事会令你很生气：

    a. 沉默或是没有反应

    b. 他们不了解你的观点

    c. 追根究底地提问，或是提出质疑，或是评论

27. 你对学校的拼字测验以及作文课有何感觉：

    a. 觉得两项都很简单

    b. 其中一项还可以，另一项就不是很好

    c. 两项都不好

28. 碰到固定的舞步或是爵士舞时，你会：

    a. 听到音乐就会想起学过的舞步

    b. 只能跳一点点，大多想不起来

    c. 抓不准节奏和旋律

29. 你擅长分辨动物的声音，并模仿动物的声音吗？

    a. 不太擅长

    b. 还可以

    c. 很棒

30. 一天结束后，你喜欢：

    a. 和朋友或家人谈谈你这一天过得如何

    b. 听别人谈他这一天过得如何

    c. 看报纸电视，不会聊天

解答分析计分方法：

选择a：+15分

选择b：+5分

选择c：-5分

累加你的分数看看下面的分析吧！

1. 多数男性的分数会分布在0~180分之间，多数女性的分数会分布在150~300分之间。

2. 偏男性化的大脑，分数会低于150分。分数越接近0分就越男性化，他们有很强的逻辑观念、分析能力、说话技巧，很自律，也很有组织，容易受到情绪的影响。要是女性得到很低的分数，那她很可能有女同性恋的倾向。

3. 分数高过180分的，就是很女性化的人。分数越高，大脑就越女性化，富有创意，在音乐和艺术方面具有天分。他们会凭直觉与感觉做决定，并擅长利用很少的信息判断问题。分数高过180分的男人，他们是同性恋的概率也越高。

4. 分数低于0分的男性或高于300分的女性，他们大脑的构造是完全不同的，同在地球上生活是他们唯一的共同点。

5. 分数在150分到180分之间的人，思考方式拥有两性的特质。他们对男女都没有偏见，并在解决问题方面，反应会比较灵活，以找出最佳的解决方法。不管男性或女性，他们都可以成为对方的好友。

■ 亲子游戏：帮孩子认识性别特征

图3-2　亲子游戏

目的：了解孩子对性别的认识，帮助孩子认识性别特征，强化性别认同。

适合年龄段：5岁以上的孩子。

工具：A4纸几张，2B铅笔一支，彩色笔数支，橡皮一块。

步骤一：妈妈和孩子一起坐在桌子前面，把准备好的工具放在桌子上，把A4纸竖着放平，让孩子分别画出一个男孩和一个女孩。

步骤二：完成后，妈妈让孩子说说男孩和女孩的区别是什么。

步骤三：在孩子表达的基础上，妈妈引导孩子去关注男孩和女孩内在的不同点和相同点，可以说："你看，我们通过衣服、发型的不同可以看出是男孩还是女孩，那你觉得男孩和女孩的想法有什么不一样呢？""除了不一样的地方，男孩和女孩有什么相同的地方呢？"

步骤四：妈妈帮孩子把相同点和不同点写在纸上。

本章小结

通过本章的学习，相信家长朋友们对孩子的性别认同已有了一定认识。孩子的性别意识觉醒于三岁左右。从三岁开始，父母要对孩子的性别认同有意识地进行引导，这将有利于孩子建立健康的性别角色的概念，同时亦有利于帮助孩子之后顺利度过青春期的性别认同。性别意识是人的自我意识的重要组成部分，它不仅关系到孩子的自我认同，而且影响到孩子未来能否与异性建立良好的关系。作为父母的我们，不仅要懂得每个阶段孩子的性别意识发展的特点，而且要懂得如何引导孩子度过性别认同的关键期。

第二篇 "我与家庭的关系如何？"

——父母如何支持孩子的家庭关系发展

篇首语

人的一生都在建立各式各样的关系：亲子关系、夫妻关系、同学关系、同事关系、朋友关系……关系有远近亲疏，但人与人之间的关系基本上可归纳为家庭关系和社会关系两种。

其中，家庭关系又是一个庞大的系统，错综复杂，既包括亲子关系、兄妹关系等血缘关系，也包括婆媳关系、夫妻关系等非血缘关系。心理学研究表明，我们一生都在重复着和父母早年的关系及互动模式，周而复始。

当了解了家庭关系之后，我们会产生对于改善这些关系的思考，这就涉及改善关系时的沟通问题。说到这里不妨先看一个例子：晓晓一直以来都是一个乖巧听话的孩子，可上了高中之后，好像变了一个人，每天放学回到家就躲进自己的房间里，妈妈每次问她在学校表现怎么样，她都很敷衍。有一次，学校刚刚结束一场考试，妈妈问了晓晓一句："考得怎么样？"晓晓突然大声吼起来："就那样！不要你管！"妈妈也生气了："我是你的妈妈，我不管你，谁管你？！""我已经长大了，很多同学都住在学校，就你还把我当小孩子看！"妈妈听到这里，伤心地哭起来，她不明白，自己为孩子付出了这么多，为什么孩子就是不理解呢？我相信这同时是很多家长的困惑。这就需要我们一起来探析家庭成员之间正确的沟通语言和姿态,了解家庭沟通可能存在的障碍。

家长与孩子沟通时需要特别的技巧,多子女家庭更是要着重注意。全面二孩政策的开放,让每一个家庭都有了更多的选择。家中不止一个孩子的家庭越来越多,一个孩子加入家庭,意味着他会带来新的挑战,多子女的家庭三分钟一吵闹、五分钟一打架成为常态。我们将指导家长如何避免和处理孩子间常见的冲突,让孩子合理表达自己的爱,并且感到真正的支持。

而在整个家庭里不仅仅要注意父母与孩子的关系,父母间良好的夫妻关系、家庭氛围对孩子也至关重要。

健全良好的家庭关系让人受益终身,残缺恶劣的家庭关系让人痛不欲生。那么良好的家庭关系是如何形成的?在生活中,当孩子不愿意向你敞开心扉的时候,作为家长的你该怎么做呢?如何在家庭中营造"爱与温暖"的融洽氛围呢?夫妻关系该如何经营呢?发生冲突了怎么办?本篇将一一为你解决这些疑惑。

第四章　家庭关系

家庭生活就像一座冰山：大部分人只意识到正在发生事情的十分之一。

——弗吉尼娅·萨提亚

图4-1　家庭关系

36岁的小方至今未婚，她对婚姻有一种很深的恐惧感。每当她想到要组建一个新的家庭，心里就会产生强烈的排斥感，脑海中会不自觉地浮现起自己童年时的家庭：母亲絮絮叨叨抱怨着父亲的不体贴，父亲脾气暴躁地冲着母亲拳打脚踢，发泄着内心的不满，之后便是无休无止的争吵、恶语相向的面容、锅碗瓢盆被砸落一地的声音以及那个蜷缩在墙角的、可怜的自己。暴力、争吵、矛盾贯穿着她的整个年少时期，虽然现在她已远离她的原生家庭，这种不安定感依然如影随形地存在于她的生活之中。她也曾想说服自己对家庭生活多一点期待，但每每想起"家"这个字，回忆总是如此冰冷不堪。她想，所谓"家庭"不过是几个人被迫挤在同一个屋檐下生活，就算是相伴一生的契约、血浓于水的羁绊也无法为这段错综复杂的关系增添一丝温情，所以她宁愿一个人生活，也不愿让自己陷入这种噩梦般的轮回。

你对家庭的印象

我们每个人都拥有各自的家庭，家庭带给我们每个人的感受也都有所不同。对大多数人而言，家庭是我们温暖的心灵港湾，是让我们身心产生愉悦的"桃花源"。当我们在外面劳累一天，想到有一盏灯在等我们回家，内心便充满了温暖与感动；当我们在外面受了委屈，想到家内心便有了一丝慰藉。而有的家庭却是灾难的发源地，外界纷繁的人与事已经让我们满心疲累，回到家中却更加烦恼无力，无休止的矛盾与争吵让人不堪其扰避之不及。那么，你拥有一个怎样的家庭呢？也许只有身处家庭环境中的你才能明白其中的酸甜苦辣。

家庭是一个系统

心理学将家庭关系视为一个系统，系统中的成员与成员之间相互作用，影响着其他成员的态度、行为、认知和信念等。

这是一个充满了各种互动关系的"家庭场"，父亲与母亲的互动、父母与孩子的互动、（外）祖父母与孙辈的互动，以及其他亲人之间的互动，相互交错。"家庭场"就像一张无形的网每时每刻都影响着大家。孩子就像这张网的中心点，网上其他点的互动都会潜移默化地影响着他。特别是对年幼的孩子而言，他会不断吸收这张网带给他的各种"刺激"，不管这"刺激"是好的还是不好的，他都会吸收并内化为自己生命的一部分。举一个简单的例子，一个在争吵的家庭中成长的孩子，因为他还小，不太理解爸爸妈妈为什么吵架，但是爸爸妈妈吵架时愤怒的表情、提高分贝的嗓门，甚至拳脚相向的情景，都有可能烙印在他的心里。这些"刺激"传递给他的讯息是："我的父母动不动就吵架，我的家庭氛围是很紧张的，这让我感到很不安！"这就是家庭系统中不同关系之间的互动所产生的交叉影响。

四种不同的亲子关系

亲子关系是家庭关系中非常重要的一部分，所谓的亲子关系简而言之就是父母与子女之间的关系。而家庭中亲子关系与父母对孩子的教养方式有着直接的关联，心理学家戴安娜·鲍姆林德就曾对此进行了深入的研究，并将父母的养育类型分为以下几种：

第一种：权威型

一听到这个名字，也许你会认为这是一种严苛的亲子关系。事实上，权威型父母的教育方式是比较灵活的。他们深爱着孩子，在孩子有需要的时候能够及时给予他们情感上的支持，但他们不会一味纵容孩子，而是帮助孩子制定清晰的规则，并向孩子解释为什么要这么做，引导孩子学会遵守规则。同时他们懂得尊重孩子，会让孩子参与家庭决策，努力创造一个民主的家庭氛围。研究表明，在权威型家庭中成长的孩子，他们更多表现出独立的人格，对待同伴更加友好，有自己的主见，同时又具有合作精神，也更容易取得成就。

第二种：专制型

专制型的父母喜欢控制孩子的言行，他们会向孩子提出很多严厉的要求，并希望孩子严格遵守。他们的话就像法律，要求孩子无条件服从。一旦不服从，他们喜欢用惩罚的方式来让孩子吸取教训。专制型父母容易教养出内向、自卑的孩子。有的孩子会表现出过分依赖父母，失去自己的主见和独立的精神。有的孩子则会表现出压抑的愤怒和敌意。

第三种：放任型

生活中有一个词"溺爱"就是用来形容放任型的父母的。放任型的父母一味纵容孩子，几乎不对孩子提出任何要求，他们很少限制孩子的行为，而是让孩子随意表现自己的情绪或冲动。他们不帮助孩子制定规则，也不教导孩子应该对自己的行为负责。放任型的父母容易教养出以自我为中心、我行我素的孩子，孩子的自我控制能力差，独立性差，社交能力较低，也不懂得设身处地去考虑他人的感受，很难与他人建立起融洽的关系。

第四种：忽视型

忽视型的父母在情感上表现为漠不关心、拒绝等态度，他们不太关心孩子的成长，甚至疏远、拒绝孩子，他们把自己的角色仅仅定位在为孩子提供吃的、穿的以及住所等方面。研究表明，在忽视型的养育类型下成长的孩子，因为没有得到足够的情感支持，他们常常有一种不被爱的感觉，自我价值感较低。他们可能会封闭自己的情感，变得冷漠，在人际交往方面显得无助。

在这四种教育方式中，不知您采取的是哪一种呢？研究表明，权威型的教育方式对孩子的成长是最有帮助的，因为权威型的父母坚持了"爱与规则"并行的教育原则。要让孩子在成长过程中拥有健康的心态，而非一味满足孩子的需求，同时还需让孩子学会承担，懂得什么是责任与义务，懂得什么能做、什么不能做。父母不仅需要尊重、理解、关怀孩子，也需要教会孩子订立公平合理的规则，根据孩子的能力给他们适当的自主，让孩子学会为自己的行为负责，这才是对孩子成长最有力的支持和帮助！

依恋关系——孩子安全感的重要来源

在家庭关系中，有一种关系对孩子一生的成长都是至关重要的，它影响了孩子日后如何与他人建立联结以及孩子成年后亲密关系的质量。心理学上把这种关系称为依恋。

依恋是儿童与特定对象之间所形成的一种积极的情绪联结。当孩子体验到对特定对象有所依恋时，和这些对象在一起能让他感到安全、快乐。如果孩子感到难过，只要他依恋的人出现，他就会得到安慰。

心理学研究发现，儿童的依恋关系主要分为四种类型：

1. **安全型依恋**。在这种依恋关系中，孩子和依恋对象具有强烈和安全的情感联结。当妈妈（或其他依恋对象）在场时，他会感到非常安全，能在各种环境中积极进行探索，对陌生人的反应也比较积极。当依恋对象离开时，孩子会表现出一定的不安、苦恼。当依恋对象回来时，孩子会立即寻求与依恋对象的接触，并容易被安抚，从而变得平静。

2. **回避型依恋**。在这种依恋关系中，孩子对依恋对象表现出回避的态度。他不会主动接近依恋对象，表现得有些冷淡，当依恋对象离开时，他看起来并不难过。

3. **矛盾型依恋**。在这种依恋关系中，孩子对依恋对象表现出既积极又消极的态度。当依恋对象在场时，孩子会紧紧地挨着，几乎不去探索环境。当依恋对象离开时，孩子会表现得非常苦恼，极力反抗，无法忍受分离。然而一旦依恋对象回来，孩子又会表现出矛盾的反应，一方面寻求和对方的接近，另一方面却又打又踢，显得十分生气。

4. **混乱型依恋**。在这种依恋关系中，孩子会表现出不一致、矛盾和混乱的行为。当依恋对象回来时，他会跑到对方身边却不看对方，或最初显得很平静，后来却爆发出愤怒的哭泣。

研究发现，安全型依恋的孩子在长大后无论在情绪管理能力还是社会交往能力方面，都表现得更加出色。与非安全型依恋类型相比，他们在成长过程中表现出更少的心理困惑，且更加积极、健康。同时，孩子成年后更易于建立和发展良好的亲密关系。这主要是因为安全型依恋能够为孩子的成长提供一个探索世界的安全基地，这个安全基地是孩子内在安全感的重要来源。安全感是孩子探索世界的推动力量，它就像是孩子的"定心丸"。拥有了这颗"定心丸"，孩子才更有勇气去探索这个充满了变化和陌生的世界；如果失去了这颗"定心丸"，孩子可能会经常感到紧张、焦虑、不安。不仅是孩子，很多成年人在生活中有时也会感到莫名的焦虑、不安，这可能也是源于童年安全感的缺失。

既然安全型依恋如此重要，那么安全型依恋是如何建立起来的呢？发展心理学家玛丽·安斯沃思认为，安全型依恋与非安全型依恋的差别主要取决于母亲如何回应婴儿的情绪信号。安全型依恋的母亲能够及时对婴儿做出积极的回应，而非安全型依恋的母亲是以忽视婴儿的情感需求以及拒绝或忽略他们的社交努力的方式来做出回应的。通过对母亲和孩子之间建立起安全型依恋的研究发现，对婴儿愿望和需要的敏感是安全型依恋的共同特点。此类母亲能够敏感地体会孩子的心情，在与孩子互动时，也能够理解孩子的感受，并能够及时给予孩子回应。

安全型依恋是否局限于母亲与孩子之间的关系呢？并非如此，孩子也有可能对父亲、兄弟姐妹、（外）祖父母、专业的照料者形成依恋。事实上，对孩子的情绪、情感的敏锐度才是建立安全型依恋的重要指标。假如照料孩子的母亲自身经常感到焦虑、不安，却想帮助孩子建立起安全型依恋，几乎是不可能实现的。

拓展阅读：哈洛的恒河猴实验

美国心理学家哈洛曾经做过一个著名的恒河猴实验。他让新生的婴猴从出生第一天起同母亲分离，之后的半年时间里同两个"母亲"生活在一起，一个是"铁丝妈妈"，另外一个是"布料妈妈"。"铁丝妈妈"的胸前挂着奶瓶，"布料妈妈"则没有。虽然当婴猴同铁丝妈妈在一起时能喝到奶，但它们宁愿不喝奶，也要同布料妈妈待在一起。

哈洛因此得出结论，身体

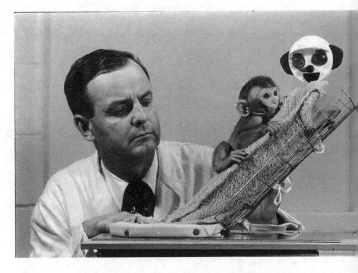

图4-2　哈洛的恒河猴实验

接触对婴猴的发展甚至超过哺乳的作用。这个实验对人类的依恋关系具有重要启示，它揭示了母爱的本质不仅是为孩子提供所需的食物，更要为孩子提供身体上的接触以及心理上的关怀和支持。

■ 趣味心理：你了解自己的依恋风格吗？

下面有三组成人依恋风格描述，请在符合自身情况的描述上画钩。

A组依恋风格描述：

1. 我常常担心我的伴侣不再爱我。

2. 我害怕别人一旦了解真正的我，就会嫌弃我。

3. 我一不恋爱就感觉焦虑，生活像缺了什么似的。

4. 当伴侣不和我在一起时，我就担心他/她是不是看上了别人。

5. 向伴侣倾诉内心感受时，我担心对方发现我不好的一面。

6. 我经常为恋爱思绪不宁。

7. 我很快就对伴侣产生依赖感。

8. 我对伴侣的情绪变化很敏感。

9. 我担心如果现在的伴侣离开我，我再也找不到爱我的人。

10. 如果和恋人发生冲突，我有时会不假思索地说一些话，做一些事，言行偏激，过后又懊悔。

11. 我担心自己没有魅力。

12. 如果我发现喜欢的人不喜欢我，而喜欢别人，我会感到万分难过。

13. 如果我的伴侣表现有些冷淡疏远，我会怀疑是自己做错了什么事。

14. 如果我的伴侣想和我分手，我会用尽一切办法，让对方知道放弃我是对方的错（给对方施加心理压力）。

B组依恋风格描述：

1. 我容易和伴侣接近。

2. 依赖伴侣使我感到安心。

3. 我对自己的恋情基本满意。

4. 我在恋爱中没有感到什么压力。

5. 我很容易和伴侣沟通自己的需要和想法。

6. 我相信大多数人本质上都是诚实可靠的。

7. 我可以安心地与伴侣分享思想和感受。

8. 即使与伴侣发生争吵，我也不会全盘否定我们的感情。

9. 我的情感生活波澜不惊，以至于别人有时候认为我有些无趣。

10. 和别人意见不一致的时候，我也能心平气和地表达。

11. 如果我发现喜欢的人不喜欢我，而喜欢别人，内心不会受到很大折磨。我也许会感觉有些吃醋，不过这种感觉很快就过去了。

12. 如果我的伴侣表现有些冷淡疏远，我会想一想原因是什么，然而我知道对方如此表现也许不是因为我。

13. 如果交往了几个月的伴侣想和我分手，我一开始会感到受伤，但是也能够较快恢复。

14. 我可以和前任继续做普通朋友，毕竟我们有许多共同点。

C组依恋风格描述：

1. 我发现我分手后心情很快就平静下来。我很惊讶自己能够这么快忘记一个人。

2. 看到伴侣伤心的时候，我感觉自己很难给对方情感上的支持。

3. 对我来说，独立比恋情更重要。

4. 我不愿意和伴侣分享内心深处的感受。

5. 我发现自己很难全身心依靠伴侣。

6. 有时候，我会冒出一些无名火，让伴侣感到不知所措。

7. 跟稳定的恋爱相比，我更喜欢不用承担责任的性爱。

8. 当伴侣与我过分亲近的时候，我会感到不安。

9. 我的伴侣常常希望与我更亲近一些，但是我不想那么亲近。

10. 和伴侣分开的时候，我会想念；在一起的时候，我却想逃离。

11. 我讨厌被人依靠的感觉。

12. 如果我发现喜欢的人不喜欢我，而喜欢别人，我感到如释重负。这意味着对方不会缠着我不放。

13. 如果我的伴侣表现有些冷淡疏远，我会感觉无动于衷，甚至如释重负。

14. 在如愿以偿地和追慕已久的人在一起之后，我感觉兴味索然。

现在统计一下你的各组画钩数目：

在A组依恋风格描述下画钩的总数：＿＿＿＿＿＿＿＿＿＿＿

在B组依恋风格描述下画钩的总数：＿＿＿＿＿＿＿＿＿＿＿

在C组依恋风格描述下画钩的总数：＿＿＿＿＿＿＿＿＿＿＿

统计完毕A、B、C组各选项的总数之后，数目最多的那一组将代表你的依恋风格。A组选项最多，说明你是焦虑型依恋风格；B组选项最多，说明你是安全型依恋风格；C组选项最多，则说明你属于回避型依恋风格。

焦虑型：你喜欢和恋人在一起，亲密无间，渴望深层的亲密关系。然而，你常常处在不确定中，担心恋人和你不够亲近。情感问题消耗了你的大部分心力，让你疲倦。你容易察觉出感情生活中的细微波动，对恋人的情绪和行为非常敏感。在许多情况下，虽然恋人的情绪确实和你感受的一样有波动，但不一定如你所想是你造成的。在恋情中，你经常给自己消极暗示，情绪波动严重。有时候，你很冲动地说话做事，给恋人带来伤害，也让感情受损，当你意识到自己的负面情绪时，你又会感到懊悔。要是恋人能给你足够的抚慰和安全感，你就会感到很放松，心满意足。

安全型：恋爱中，你会自然而然地充满温情和爱意。你喜欢和恋人亲密无间，通常不会对你们之间的关系忧心忡忡。对待恋爱中的风波，你处之泰然，不会轻易心烦意乱。你可以畅通无阻地与恋人交流自己的想法和心情，也愿意聆听恋人倾诉，理解恋人的心情，并与之合拍。你乐于和恋人分享自己的成功或失败，恋人遇到困难的时候，你会全力支持。

回避型：你认为独立、自由比亲密的恋情更加重要。其实，你也需要亲密关系，你只是不愿意太过亲近，喜欢与恋人保持一点距离。你丝毫不担心感情问题，不怕被拒绝。你不容易向恋人袒露心迹，这使得对方感觉你有些疏远。在恋爱中，一旦恋人表现出亲密的愿望，或者逾越了你个人自由的界限，你就会警觉起来。

备注：此测试改编自弗雷利、沃勒和布伦南于2000年发表的《亲密关系问卷（修订版）》。

孩子从家庭关系中学到的五种应对姿态

父母以一种惯常的教养方式来教育孩子，孩子会从中学习到什么呢？例如有一个生活在专制型的家庭中的孩子，得不到父母的尊重，总是被父母严苛的规定所束缚，动不动就受到父母的惩罚，那么这个孩子内心会做何感想呢？他会如何做呢？与大人相比，孩子是弱小的，当他尚不具备足够的力量反抗大人的威严时，他能做的只是最大限度地"保护自己"，虽然这种保护大多是无意识的选择。在这种"求生存"和"保护自己"的本能需求下，著名的家庭治疗大师弗吉尼娅·萨提亚女士提出了孩子可能会从家庭关系中学习到的五种应对姿态：

第一种：讨好型

图4-3　讨好型

讨好型的孩子是以一种讨好的姿态去应对父母。这样的孩子往往善于察言观色，因为害怕父母生气而导致自身难以承受的后果，所以孩子会采取迎合父母需求的方式来换取表面的和平不受伤害。讨好型的孩子内心有这样的信念："不管怎么样，这都是我的错！""我必须讨好我的父母，才能不被责备。"讨好型的孩子不善于表达自己的需求，总是把别人的需求放在第一位，长此以往，会不断压抑自身内心的感受，慢慢失去真实的自我。

图4-4　指责型

第三种：超理智型

超理智型的孩子从小就学会了不去表达自己的感受，他们喜欢用客观的逻辑去理解事物，并有意避开有关个人的情感或情绪的话题。这也许是因为当他们还是一个孩子的时候，他们曾经尝试着向自己的父母亲表达感受，却遭到了无情的拒绝或者冷淡的回应，为了保护自己，他们开始学会将自己的感受封闭起来。在他们的内心，有这样一个信念："我只要不流露感受，便不会受到伤害，我就能更好地生存下去。"事实

第二种：指责型

在生活中，有这样一些孩子，他们好像一个小炮仗，一点就爆。他们似乎有很多愤怒的情感，喜欢批评指责别人，认为"一切都是别人的错"。其实这跟孩子的家庭环境是密不可分的。父母的言行举止会影响孩子的攻击性行为，如果孩子长期生活在一个矛盾重重、吵嘴打架或者气氛紧张、过分控制的家庭氛围中，孩子有心事无处倾诉，内心可能会压抑很多愤怒，这些愤怒将会不自觉地转化为指责或攻击性的行为。

图4-5　超理智型

上，这也是一种压抑的表现，感受是人性自然的一部分，谁又能一直将它深埋心底呢？

第四种：打岔型

打岔型的孩子不能专注于一件事，他们喜欢改变话题以分散注意力，给人言不及义、不安定的感觉。他们可能活动力过多或活动力不足、沉默自闭、不灵敏。打岔型的孩子有可能是用打岔的方式来获取父母的关注，他们可能长期被忽视，内心的需求不被重视，当需求表达出来时也不被接纳，他们内在也许有这样一个声音："没有人在乎我，我是不被

图4-6 打岔型

重视的，我的存在是无所谓的，我感觉到紧张和焦虑，我不想在这里待下去了。"

打岔其实也是一个人用来逃避压力、自我保护的一种生存方式。

第五种：一致型

一致型的人能够真实地面对自己，欣赏自己，又能站在他人的角度去看待问题，尊重他人。也就是说，这种类型的人能站在一个既考虑自己，又关心他人，同时也能充分意识到当前的情形，对所面临的问题做出反应的角度。他们的语言反映的是现实，体现出对于感受的觉察，语言与身体姿势、语调以及内心感受是相匹配的，即与情感一致，语言和情

图4-7 一致型

感的表达是流动的、随机应变的；内心的体验是和谐、平衡和高自尊的。一致型的孩子，不会为了跟父母争取权力，吸引关注，索要物品，而采取各种过激的方式，例如无理取闹、撒娇、威胁等。他们能够自如表达自己内心真正的需要，同时又能考虑父母的感受，并尊重、理解父母，也能考虑到现实环境和条件的要求限制，在没有得到满足时也能够表现出很自然的自尊状态。

讨好、指责、超理智和打岔是四种不良的应对姿态，均不利于孩子的健康、快乐成长。作为家长，要努力引导孩子走向一致型的状态，让孩子活出生命力，活出自信，活出自己！

拓展阅读：童年早期经验对毕生人格发展的影响

图4-8　弗洛伊德

弗洛伊德强调童年早期经验对毕生人格发展的影响，他的依据是他所提出的人格发展理论。该理论内容认为：所有人的人格发展都源于婴幼儿时期心理性欲发展的变化，一个人人格的发展和适应都源于力比多（Libido，性欲，性力）的变化和发展。他按力比多贯注于人体有关部位的变化和发展情况，把人格发展分为五个时期：口唇期、肛门期、性器期、潜伏期、两性期。

1. **口唇期(0—1岁)**。这一时期儿童主要通过吮吸、咀嚼等口腔活动来获得性的满足，口腔一带成为其获得快感的中心。如果这一时期性的满足不适当，就会形成口腔类型的人格。弗洛伊德认为，成人乐观、开放等积极人格特点与悲观、被动、退缩等消极人格特点都可以由这一阶段偶然发生的事件引起。

2. **肛门期(1—3岁)**。这一时期肛门一带成为快感的中心，儿童对肛门粪便的排出与克制都能得到快感。根据肛门期的发展情况，儿童成年后可能形成"肛门排泄型人格"或"肛门滞留型人格"。

3. 性器期(3—6岁)。这一时期主要特点是出现男孩的恋母情结和女孩的恋父情结。弗洛伊德认为此时期的矛盾冲突不易解决，因而产生滞留现象的机会很多，这是造成日后许多不良行为如侵略型行为和异常性行为的主要原因。

4. 潜伏期(6岁至青春期)。这一时期儿童对性器兴趣的消失，实际上是儿童的发展受到外界的影响和某种精神力量压抑的结果。但是，这只意味着儿童的性活动暂时被潜伏起来，并不意味着它的中断或消失。

5. 两性期(青春期以后)。从这一时期开始，由于性器官已趋向成熟，儿童个人的兴趣逐渐开始从自己身体刺激的满足，转变为与异性关系的建立和两性关系的满足。

弗洛伊德的人格发展学说十分重视个体生殖器官成熟前的三个阶段，这三个阶段均在6岁前，因而弗洛伊德强调6岁之前是人生发展的最重要的阶段，强调儿童早期经验对个体终身发展的决定性作用。

原生家庭带给人的影响

人的一生中有两个家。一个是我们从小长大的家，有爸爸妈妈，也许还有兄弟姐妹。另一个是我们结婚之后与伴侣组建的新家庭。我们把还未成家之前，与父母亲一起生活的家庭叫作原生家庭，而结婚之后的家庭称为新生家庭。

心理学研究表明，很多成年人对个人生活的不满足感，以及很多成年人遇到的问题和困扰，大多不是成年后的生存环境造成的，而要追溯到童年时期在原生家庭中所受的影响和限制。一个孩子从出生到长大成人，都会和他的原生家庭有着千丝万缕的联系。他的父母亲对他的影响会成为他生命中非常深刻的烙印，这种影响也许会伴随他的一生。

新生家庭与原生家庭之间有着密切的联系。人们从原生家庭里所感受到的家庭氛围、学习到的行为习惯，以及家人之间的互动关系等，都会或多或少影响着人们在新生家庭中的表现。要认识到原生家庭对自己的影响，有所觉察，才可以避免将原生家庭中一些不好的元素带到工作或生活中去。

有这样一个故事，有一个孩子从小在专制型的家庭中成长，父母对其的要求就是"听话照做"，如果不听话，孩子就会挨打。当这个孩子慢慢长大，参加了工作，她的领导就是一个非常专制的人，女孩在领导面前只能毕恭毕敬，无论多么严苛的要求，她都不敢违背。这个女孩就是受到了原生家庭带给她的影响。她把自己从原生家庭中学习到的态度和行为模式固定下来。她从小时候与专制型父母的相处中学习到的是：面对专制型的人，我能做的就是退让或者讨好，如果我反抗，我就会受到惩罚。所以，与其说她在跟严苛的领导相处，不如说她把自己当年对父母的态度和行为投射到了领导身上，领导在某种程度上变成了另外一个"父亲"或"母亲"的形象，继续影响着她。除非女孩有所觉察，否则这种影响将会伴随她的一生。

美国心理学家大卫·弗里曼提出原生家庭可能会对爱情、婚姻关系产生以下影响：

1.有些人从原生家庭的经历中，带着一些未了的情感需求，这种曾经缺失的情感需求可能会被带到新生家庭中去。比如，有人从原生家庭中未能得到安全感，结婚后，会非常希望在配偶身上找到安全感。还有的人从小没有得到过父母的肯定、接纳，长大后会非常希望得到别人的肯定。

2.有些人在原生家庭中心理需求没有得到满足，当与人建立亲密关系时，倾向于向对方索求，而没有能力为对方付出。假如一个在不幸的原生家庭中长大的男人，遇到另一个在不幸的原生家庭中长大的女人，他们结合在一起了，很有可能会发生什么呢？他们有可能每天都上演一幅这样的场景：男人和女人各自兜着一个很大的"碗"（一个无形的碗），不停地向对方乞讨，乞讨一分关注，乞讨一分爱，因为曾经太缺失了，所以现在太需要了！当他们生活在相互索取之中，彼此都不可能得到真正的快乐和幸福。

原生家庭对人们的影响也未必都是不好的，有不少家庭仍然能够教给孩子他们成长所需的积极、正面的东西，而不会留下什么阴影。

但现实生活中，还是有不少原生家庭是不幸的。当然，认识到原生家庭对我们的影响，并不是把生活中遇到的问题都归咎于原生家庭。每一个家庭都有可能延续从上一代家庭学习到的规则和行为习惯，去教育下一代。当父母教给孩子一些他们自己认为正确的东西，很多时候，他们其实并不知道这些所谓正确的东西会对孩子造成伤害。著名的家庭治疗师萨提亚女士曾经说过，家长常重复其在成长过程中熟悉的模式，即使那些模式是功能不良的；大多数人在任何时候都是尽其所能而为，无论旧有的成长模式带给我们怎样的经历和感受，都值得我们尊重和接纳，欣赏并接纳过去可以增强我们管理现在的能力。她认为，我们迈向融合统一的目标就是接纳我们的父母也是普通人这一事实，我们应该处在他们本身具有的个性水平上与他们交往，而不是仅仅与他们的父母角色沟通。

我们要去正视原生家庭对我们的影响，让自己多一分觉察。只有觉察，才是成长和改变的第一步。萨提亚女士相信每个人本身就是一个奇迹，无论我们年龄多大，都可以不断演变、成长，永远都有接受新事物的能力。我们无法改变过去已发生的事件，但可以改变过去的事件对我们的影响。当我们可以勇敢地面对自己，面对曾经发生的一切，并且努力去探寻和理解问题背后的根源，我们就会重新获得一种力量，那就是爱的力量！

离异家庭的教育怎么办

据民政部统计，2016年，全国共依法办理离婚登记415.8万对。自2003年以来，我国离婚率已连续14年呈递增状态。到如今，这个数字可能更大！社会将会出现越来越多的单亲家庭，在这样的家庭中，如何处理好亲子关系是值得我们认真思考的问题。

虽然有事实表明，单亲家庭的孩子会因缺少父爱或母爱而变得心理失衡，常常感到孤独、自卑、压抑，但如果离婚后的父母双方均能采取一些合适的方式去处理离婚带来的影响，孩子仍然可以健康、快乐地成长。

1. 不要把愤怒的情绪传递给孩子

一段关系的结合不是偶然，一段关系走到尽头也一定有原因。当关系不得不结束的时候，双方也许都带着一些情结——对对方产生怨恨、愤怒的情绪。离婚对双方都是不小的打击，对孩子也会造成一定的心灵创伤。如果一方肆意把悲愤的情绪传染给孩子，孩子难免会感到焦虑、忧郁，甚至自暴自弃，其出现心理问题的概率更高。既然双方已经做出离婚这个选择了，再去纠结谁对谁错、互相怨恨也于事无补。

俗话说，退一步海阔天空，与其纠缠于过去的是非之中，不如想想如何通过更理性、更有效的方式来解决当下面临的问题，可以通过找朋友倾诉、写日记、听音乐、唱歌、运动等方式疏导自己的情绪，当自己的情绪稳定之后，才能更加平和地面对孩子。

2. 不要向孩子传递对方负面的信息

有些夫妻离婚后，一方带着孩子生活，喜欢不停地向孩子说对方的坏话，比如有的妈妈带着孩子生活，容易把其"受害者"的角色展示给孩子，把自己在婚姻中所受到的伤害都归结于孩子的爸爸，并且经常在孩子面前哭诉对方的不是。妈妈这样做的原因是希望得到孩子的认同，让自己的心理更加平衡，可是当孩子听到妈妈这样说之后，往往会感到矛盾、不知所措，这也有可能会影响孩子未来对亲密关系的看法。因为孩子是父亲和母亲共同孕育的，要他去否认并批判自己的"源头"，在潜意识里，不就是要他否定自己吗？这对孩子来说是痛苦的。况且在离婚前，孩子与父母双方都建立了感情，这份基于血缘的感情不会因为父母的离异而改变。所以，带着孩子生活的一方应该以更阳光、积极的心态去面对新的生活，而不是终日沉浸在负面的情绪中，难以自拔，让整个家庭都笼罩在压抑的氛围中，影响孩子的健康成长。

3. 给孩子更多的情感支持和社会支持

面对父母离异的事实，孩子往往最深刻的感受就是被拒绝、被抛弃。家里突然少掉了一个人，孩子会感到茫然、焦虑、不知所措，所以，家长在做好自己的情绪疏通工作的同时，也要帮助孩子做好情绪安抚工作。当孩子感到茫然、困惑的时候，家长可以平和地对孩子做出解释："爸爸妈妈当初因为爱而在一起，现在因为不爱而分开了，这不是你的错，爸爸妈妈会一直爱你！虽然爸爸妈妈没有生活在一个屋檐下了，但是对你的爱是不会改变的！"

由于父母离异，孩子可能会变得敏感、多疑、自卑，但孩子的内心深处是渴望倾诉的，只是由于一些担忧和焦虑而封闭了自己。越是这种时候，孩子就越需要家长耐心的开导和细致的关怀。家长还可以创造条件，帮助孩子拓宽社交圈，让孩子多交些朋友，良好的伙伴关系对孩子的身心发展是非常有帮助的。

4. 不要过度依赖孩子

有的家长离婚后，独自带着孩子生活，便认为孩子就是世界的中心，凡事都围着孩子转，完全没有了自己。家长潜意识的信念是："我什么都没有了，我只剩下你了！"殊不知，这样的信念传递给孩子的时候，并不会让孩子觉得自己有多受重视，反而会给孩子造成压力和沉重的感觉。家长把希望完全寄托于孩子身上，会让孩子感到生命中无法承受之重。反之，如果家长自己能够从阴霾中走出来，以积极向上的心态重新投入生活和工作中，孩子会从家长身上汲取到生活的正面动力，家长也会成为孩子最有力的学习榜样！

还有一些家长，为了弥补离异对孩子造成的伤害，而给予孩子过度的关心和照顾，不舍得孩子做一点事情，或者完全满足孩子的任何需求，这种方式也不利于孩子的成长。最好的方式是能够让孩子感受到自己和正常家庭的孩子是一样的，同样需要学习正确的规则和行为习惯。

5. 合理安排相聚的时间和方式

父母虽然离婚了，但与孩子的关系永远不会变。父爱和母爱对孩子来说都是非常重要的！家长双方应尽可能为孩子创造一个新的沟通和交流的模式，比如每周固定时间的探访、节假日的安排等，让孩子与爸爸或妈妈都能保持定期、良好的接触，这会让孩子感受到父母虽然分开了，但是对他的爱并没有改变。

■■■ 智慧父母课堂：父母如何帮助孩子建立规则意识

俗话说"无规矩不成方圆"，最好的教育是"一手是爱，一手是规则"。什么是规则呢？规则一方面指大家共同遵守的行为规范，即对于什么能做、什么不能做的界定，另一方面也指自然或社会的规律、法则。

为什么家长要重视培养孩子的规则意识呢？从孩子的身心特点来看，幼小的孩子就像一张白纸一样，对这个世界充满了好奇，他们富有探索精神，但因为年龄特点，他们在生活经验、社会技能等方面是有局限性的，需要成人的支持和引导。孩子的行为很多时候是自动、自发的，是在好奇心、好玩的心理驱动下进行探索和学习的。这个时候，如果父母能够及时给予恰当的规则指导，孩子的学习会更有方向性，他们探索世界的道路也将更加通畅。从小懂得遵守规则的孩子长大后将更有秩序感，不论是工作还是生活，他们不会轻易违反相关规则，并懂得遵守承诺，说到做到，也更受人们的欢迎和认可。

家长要帮助孩子树立规则意识，首先要了解不同年龄段孩子的心理特点。对于四岁以下的孩子来说，因为本身注意力不够，注意时间很短，注意力容易被其他事物所分散，不善于控制自己，缺乏忍耐性，所以还不能很好地遵守各种规则。对于这种年龄较小的孩子，还不能理解过于复杂的规则，对他们来说最直接的行为规范的学习源于家长的言行举止，家长要做好"身教"的榜样。比如你想教孩子把垃圾扔到垃圾桶里，就要亲身示范，如果家长自己都随地扔垃圾，孩子也会悄悄学习，下次也模仿你做出同样的举动。

对于四岁以前的孩子，家长主要培养的是孩子的生活作息规律，帮助孩子养成有规律的生活习惯。因为重复性的、有规律的生活会让孩子更有安全感，并有利于帮助孩子建立良好的习惯，比如每天固定的作息时间、早晚刷牙、讲卫生、懂礼貌、做些简单的家务等。当孩子们一起玩耍的时候，可以教孩子学习认识新朋友的规则，比如握手、拥抱等。家长在帮助孩子树立规则意识时，要考虑到此年龄段孩子的理解能力，尽可能简单化、清晰化，当孩子不理解时，还要跟孩子解释清楚，让孩子明白具体如何做。

对于四岁以上的孩子，他们已开始明白因果关系，并能够了解规则和行为后果之间的联系。从四岁起，家长便可有意识地帮助孩子加强规则意识。在制定规则时，家长可以让孩子一起参与进来，鼓励孩子发表意见，参与规则的制定。当这条规则是由孩子一起参与制定出来时，孩子就会更有成就感，也更愿意去遵守。同时，双方也需把不遵守规则的后果明确下来。比如制定玩玩具的规则，妈妈可以与孩子一起约定，每次玩完了玩具，孩子要自己收拾好，放到箱子里，如果没有收拾，妈妈会放到储物柜里锁起来，直到孩子懂得自己收拾玩具，才能从储物柜里拿回玩具。在和孩子建立规则时，多和孩子进行探讨交流，把规则当作双方平等的约定,而非父母对孩子的权力控制。规则不仅是针对孩子的,也可以是针对大人的。比如下面这条规则:家庭中每个人都是平等的,每个人都有可能犯错,但是犯错了要勇于承认自己的错误,不管是大人,还是孩子,都可以向对方说一声"对不起"。这样的规则对家庭中每个人都是适用的。

当规则被制定出来时,要给孩子逐渐适应的时间,每个孩子面对规则时的表现不一样,家长需要耐心地引导和坚持,如果把规则当作军事化的条例一样管理孩子,就违背了制定规则的初衷。要始终记住,制定规则的目的是为了引导孩子养成良好的行为习惯,教给孩子他们成长所需要的社会和生活技能,让孩子逐渐懂得学会管理自己的生活或学习,提高孩子的独立性和自我管理的能力,而不是将规则当作一种权力的工具来控制孩子的思想和行为。所有的规则都应该建立在尊重孩子的成长规律的基础上,这才有意义。

■■■智慧父母课堂:父母情绪稳定是给孩子最好的成长礼物

生活中有这样一些家长,他们为孩子创造了最好的物质条件,让孩子吃上精美的食物、穿上漂亮的衣服、住上宽敞的房子,但是却给了孩子最坏的脾气。物质上的富足不能保证精神上的充实,有些家长管教孩子的方式就是任意发泄自己的情绪。

你是否见过这样的家庭,当孩子在角落里愉快地玩耍的时候,母亲突然一声大吼,朝父亲一顿责骂,孩子顿时被吓住,不知道发生了什么,一些敏感的孩子甚至会躲进黑暗的角落,不让自己看到这一切的发生。你又是否见过这样的家庭,家境虽然很普通,但是家长情绪稳定地陪伴孩子成长,一直努力地生活,从来不在孩子面前指责抱怨,孩子得以健康、快乐地成长。因为情绪稳定是父母送给孩子最好的成长礼物。

有的家长认为,这不是很简单吗?是的,看起来简单,做起来却不容易。要保持情绪稳定,家长首先要学会管理好自己的情绪。很多家长对孩子生气的原因未必是孩子犯下了多大的错误,有时是家长自己从外在的环境中积压了太多的不良情绪，回到家里，刚好孩子触到了那个点，就引爆了家长的情绪。家长把自身积压的所有情绪都宣泄在孩子身上，孩子被劈头盖脸地责骂后，甚至都不知道是什么原因引起的。当孩子年龄还小时，他不太能理解这一切，也不懂反抗，只能默默承受，孩子可能会把家长生气的原因理解为"我不是一个好孩子""我真是糟透了，只会惹妈妈生气"，当孩子慢慢长大，有力量反抗了，当他不再"逆来顺受"的时候，又被家长贴上了"叛逆"的标签。

每个人都会产生情绪，情绪是我们对客观事物的感受和体验，有情绪是很正常的，但是我们要学会合理管理情绪。当我们产生了不良情绪时，如果动不动就对家人发怒，肆意宣泄自己的情绪，这只会让孩子内心留下阴影和伤痕。

■ 拓展阅读：《孩子》

孩　子

——卡里·纪伯伦

孩子其实并不是你们的孩子。

他们是生命对自身渴求的儿女。

他们借你们而生，却并非从你们而来。

尽管他们与你们同在，却并不属于你们。

你们可以把你们的爱给予他们，却不能给予思想，因为他们有自己的思想。

你们可以庇护他们的身体，但不是他们的灵魂。

因为他们的灵魂栖息于明日之屋，那是你们在梦中也无法造访的地方。

图4-9　孩子

你们可以努力地造就他们，但是，不可企图让他们像你。

因为生命无法倒流，也不会滞留于昨日。

你们是弓,而你们的孩子就像从弦上向前射出的生命之箭。

那射者瞄准无限之旅上的目标,用力将你弯曲——拉满弓,以使手中的箭射得又快又远。

应为射箭者所造就的一切而欢喜;

因为他既爱飞驰的箭,也爱手中握着的、稳健的弓。

亲子游戏:共同作画

材料:A4纸两张,水彩笔或蜡笔一盒。

规则:家长和孩子两人,每次只画一笔,轮流交换,在一张纸上共同创作完成一幅完整的图画,画什么内容不许用语言交流,画画过程中不允许说话。

步骤一:家长向孩子讲明游戏规则,要求双方共同遵守,相互监督,每人自由选取一种颜色的彩笔。

步骤二:取出一张A4纸,先由家长开始,在画纸上画任意一笔(笔画可长可短,可直可弯,但必须是一笔),画好后,将画纸交给孩子。

步骤三:由孩子在画纸上画任意一笔(笔画可长可短,可直可弯,但必须是一笔),孩子画好后,将画纸交给家长。(在孩子画的过程中,家长要善于观察孩子的行为表现。)

步骤四:再由家长在画纸上画一笔(可再次自由选择画笔,家长要注意带领孩子将画面进行整合,领会孩子的想法,朝一个完整的画面的方向去进行创作),画好后,再交给孩子画,如此反复。直到双方都满意,或有一方不想画时,游戏可以结束。

步骤五:双方共同给这幅画取个名字,写在画纸上,签上日期。

步骤六:分享。

①分享画面:这是一个怎样的画面?双方分别看到了什么?内容一致吗?对这幅画你是否满意?哪里满意?哪里不满意?诸如此类。家长和孩子分别叙述。

②分享感受:这幅画让你有什么样的感受?是快乐还是悲伤?家长示范先说,然后鼓励孩子多说,如果孩子有负向的情绪,家长要注意往正向引导。

③分享过程：分享画画的过程中，有哪些感受？对对方的表现是否满意？对方是否能够理解自己的想法？当对方画的不是自己想要的画面的时候，你有什么感受？最后，家长要对孩子说："谢谢你和我共同完成一幅画。"

注意事项：整个绘画过程，要在轻松、愉快的气氛中完成，家长要充分尊重孩子的行为，让其自由发挥，充分想象，不评判好坏，多鼓励、多赞美，调动孩子对画画的积极性，通过绘画充分表达其内心世界。如果个别孩子实在不愿意画，家长也要尊重孩子的意愿，不能强迫孩子画，要在孩子愿意的情况下画。

■■ 亲子游戏：交叉绘画

材料：A4纸两张，水彩笔或蜡笔一盒。

规则：家长和孩子分别为对方的图画贡献第一笔，然后各自自主完成一幅画。

步骤一：家长向孩子讲解游戏规则。

步骤二：家长和孩子每人一张A4纸，先将A4纸左右对折，分成左右两部分，在纸张下方折痕的两侧分别标注1和2。

步骤三：两人交换画纸左半部分，分别在对方画纸上画下任意一笔，不要太长，造型随意，不要画成一个图形。然后把画纸换回来，每个人在对方画的这一笔之上，发挥想象，自主完成一个画面。

第一部分画好之后，两人交换画纸的右半部分，再重复一次刚才的过程，分别在对方画纸上再画下任意一笔，然后换回画纸，自主完成另一幅画。

步骤四：分享故事。根据自己创作的画面，充分发挥想象，创作一个故事，分别说给对方听。说完以后，要把创作的故事写在画纸正面空白的位置，如果正面没有空白的地方，可以写在画纸背面，孩子不会写字，家长要代写。

步骤五：分享感受。当你们分别为对方画下一条线的时候，你有什么感受和想法？当你完成自己的作品时，是什么样的心情？有的孩子开始会担心对方在自己的画纸上画出来的不是自己想要的，不愿交换，后来交换以后，也不愿接受。对此，家长要将游戏意义升华，引导孩子意识到可以相信对方，建立信任的人际关系。家长先对孩子说"谢谢你愿意和我共同完成一幅画"，引导孩子也这样说出来。

步骤六：标注日期，保存绘画，为孩子收集成长资料。

注意事项：家长要对孩子的绘画环节做到不指导、不评判、不否定。对分享故事的环节，家长要做到多鼓励、耐心倾听。每个孩子都是绘画高手，有绘画的地方就有故事。家长可以通过绘画来了解孩子的内心世界，建立和谐信任的亲子关系，也可以让孩子充分发挥想象力，自由宣泄情感。

本章小结

"幸福的家庭总是相似的，不幸的家庭却各有各的不幸。"为极力避免沦为不幸，我们一直奔徙在追求幸福的道路上。当你愿意花一些时间去了解你的家庭，了解家庭成员行为背后深层次的原因时，你就学会了爱与理解。要了解家庭，首先要从家庭成员的互动模式开始，不同的家庭互动模式将直接影响孩子的成长。孩子会从家庭环境中不断地学习和吸收，并且慢慢形成不同的应对方式，这些应对方式会伴随孩子一生的成长。如果家长能够对此多一分觉察，便可以消除一些孩子成长路上不良的影响因素，在追求幸福的道路上也能一帆风顺。

第五章　家庭沟通

所谓的耳聪，也就是倾听的意思。

——爱默生

图5-1　家庭沟通

俗话说"家家有本难念的经"，这本"经"最难念的地方就是沟通。可以说，家庭中很多的争吵和误解都来源于家庭成员之间的沟通不畅。

人们常常觉得，沟通就是借助语言来表达自己。其实不然，心理学研究表明，人们在表达思想情感时，言辞仅占7%，38%借助声音实现，55%则通过身体语言来完成，如目光、表情、动作等。这些无声的语言，会对孩子产生巨大影响。

当孩子失意时，可以送去一个鼓励的眼神、一个温馨的拥抱，或是轻拍孩子的肩膀，这些无声的语言有时胜过一味的说教。因此，家长朋友们千万别吝惜你们的神态动作，在用言语教育孩子的同时，也要辅之以热情、充满爱意的非言语表达方式，让孩子全方位感受父母对他的爱和鼓励。

曾经有三个孩子参加一场跑步竞赛，他们都在奔跑的过程中摔倒了，他们的母亲对此有着截然不同的反应。其中：

第一个孩子的母亲立即跑向孩子，扶起孩子，拖着他继续努力完成比赛；

第二个孩子的母亲则大声责骂起来："怎么这么不小心，真丢人！"

第三个孩子的母亲只是默默地注视着孩子，眼睛里充满了关爱和坚定，似乎在说："孩子，你一定可以站起来，继续向前冲！"

最终，尽管三个孩子都到达了终点，但他们的心情和体验却截然不同：

第一个孩子是在母亲的帮助下完成了竞赛，他内心并无强烈的成就感体验。

第二个孩子抵达终点后，可能感到委屈甚至不满，在他失意之时，母亲非但没有给予他鼓励与支持，反而在大庭广众之下责骂他。

第三个孩子是最快乐的，虽然他同样跌倒了，但在母亲鼓励的眼神中感受到了关爱与支持，并因此重新站立起来，继续完成了比赛。他将永远铭记跌倒那一刻妈妈看向他的眼神，也将深刻铭记如何从失败中再次站立。

同样的挫折事件，看似同样的结果，对三个孩子的成长乃至其人格的塑造都将产生完全不同的影响。第一位母亲对孩子的事情大包大揽，可能会让孩子误认为遭遇困难时，总会出现妈妈这样的外力来帮他达成目标，因而不需要自身付出努力；第二位母亲眼里容不下孩子的丁点差错，可能会令孩子备感挫败，丧失信心，从而在困难与挑战面前逐渐退缩；唯有第三位母亲选择了恰当的方式，给予了孩子最好的教育和榜样示范。

什么是沟通

沟通是人与人之间通过信息传递和反馈，达成思想一致和感情通畅的过程。沟通无处不在，而有效的沟通对提升我们的工作水平、生活质量有着不可替代的作用。那么何谓沟通呢？沟者，构筑通道也；通者，顺畅也。沟通的目的在于促进双方互相理解，达成共识。

不同的家庭沟通模式

在心理学家的眼中，导致家庭氛围差异的不是家人感情的好坏，也不是家庭成员彼此的性格差异，而是家庭沟通在两个心理学维度上的得分，即关系导向和观念导向。

在关系导向高的家庭中，孩子通常会感到无法自由地发表言论，家庭中好像有统一的信念和处世价值观，家庭观念永远放在个人意见之前。这种家庭环境中父母说得最多的一句话就是："我过的桥比你走过的路还要长。"关系导向低，则意味着在家庭中所有成员均能自由表达，每个成员的信念和想法都能获得尊重。

观念导向高的家庭，拥有充分表达甚至辩论自由的氛围。每个人都能自如地发挥创意，表达情绪，参与决策。父母认为孩子理应看到事物的多面性，故所讨论话题应广泛而不受约束。反之，观念导向低的家庭则不能完全开放地讨论话题，讨论频率相对较少，成员间对内心想法和感受的表达也较少。

根据上述两个维度的得分高低，我们可将家庭沟通模式分为4个类型：一致型、多元型、保护型和放任型。

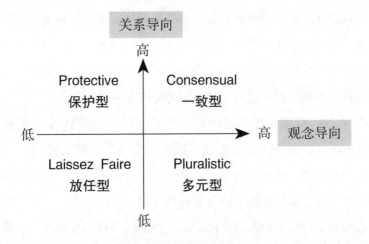

图5-2 家庭沟通模式

1. **多元型**。保证开放的讨论氛围,全体成员可一起协商并做出决定。通常这类家庭的父母都持有非传统价值观,如亲密关系不能限制个人自由;父母彼此相伴,但也有各自独立的活动空间和时间安排,不避讳彼此间的冲突,遇到分歧亦不回避。

2. **一致型**。孩子易感受来自父母价值观的压力,同时也要维护家庭等级结构。父母通常较为传统,他们相信"夫唱妇随""忠贞不一",并认为婚内交流是随和、彼此用心经营的,而不应常有冲突。这种家庭的孩子要么循规蹈矩,要么逃进自己的幻想中。

3. **保护型**。家庭中有浓重的家规氛围,长辈的意见和想法不容孩子质疑和反抗。父母观念传统,重视个人胜于亲密关系,彼此分享与陪伴较少,并认为婚内交流应坚决自信、有说服力,不应有婚姻冲突。在这种家庭中成长的孩子易于屈服于权威,少有自己的主见。

4. **放任型**。家庭成员间交流较少,缺乏凝聚力,多数成员间情感较为疏远。父母在婚姻观念上无法达成一致,彼此对于婚姻的交流和预期理解都不相同,因此这类家庭养育出的孩子更可能被外界社会组织所影响。

根据班杜拉的社会认知理论,在家庭环境中形成的沟通行为模式对其他多种社会关系都有影响。当代各项研究也确实证明,每个人长大后的各方面行为都受其家庭沟通模式的影响。

家庭观念导向高，拥有开放谈话习惯的孩子，或是家庭关系导向低、不要求大家三观一致的家庭中的孩子，都拥有更亲密的友谊。而有着僵硬家庭规范的家庭，会减少孩子成年早期的友谊亲密度。不难猜测，一致型家庭中成长的孩子更难以适应大学生活，因为无法迅速灵活地融入新环境。

观念导向高的家庭培养出的青少年，在学业方面具有更高的自我效能感（Self-efficacy）。这是因为交流提供了锻炼社交技巧、解决问题、独立思考的机会，而这些都有助于学业上的成就。除此之外，校园环境、同伴群体和在校老师对于青少年自我效能感的提升也具有重要作用。

关系导向相对较低的家庭，由于家长鼓励孩子自由发表观点，提升了孩子的自我认同感和价值感。这类家长往往也更习惯于对孩子口头表达出"我爱你"的亲密话语，肢体表达对孩子的关爱和支持（如拥抱孩子、抚摸孩子）。这将有利于孩子拥有更强的自尊及更少的压力。

非语言沟通的艺术

沟通，不是简单地询问孩子和向孩子提出要求，而是要让孩子真正感受到来自父母的关心，既需要良好的言语沟通技巧，更需要恰当的非言语沟通技巧。

小明今年5岁，乖巧懂事。父母喜欢让他做些小事情或安排他完成某些任务，比如"去把杯子拿来""把报纸拿来""赶快去弹钢琴"等。尽管小明乐意完成这些事情，但感受不到来自父母话语中的情感传达，久而久之便成了单纯的听从，没有执行动力。"把杯子拿来"和"帮妈妈把杯子拿来"这两句话，仅三字之差，但给人的感受却有很大不同。孩子虽然年幼，但已然能区分言语之中夹杂的情感色彩，相比于被命令而完成某件事情，他们或许更愿意感受受人之托的尊重。所以，当父母要求孩子做一件事时，应首先忘记自己作为"教育者"的角色，否则难以和孩子建立平等沟通的关系。若家长常将"你要""你应该""你不能"这些词语挂于嘴边，很可能引起孩子内心的反感甚至对抗行为，继而令孩子失去与家长沟通交流的意愿。

通常，父母与孩子沟通有三种语言，一是鼓励性语言，二是选择性语言，三是建议性语言。

现在，许多父母已学会赏识教育，如"你真棒""没关系，下次你一定可以完成得更好"等，经常对孩子使用鼓励性语言，将有利于建立孩子的自信心及塑造孩子健全的人格。有个现象学的理念认为，父母应学会接受孩子的优点，同时也接受孩子的缺点，爱孩子要爱他的整体。当孩子遇到挫折和失败时，要及时激励，使他鼓起勇气，继续前行。

选择性语言是给予孩子尊重与信任，让孩子学会自己做决定，培养孩子的独立意识、决断力和创造精神。建议性语言则指与孩子沟通时用委婉的建议词语代替命令的语气，孩子会因此而更加慎重，也更愿意承担责任。家庭气氛融洽，成员间彼此心平气和，这样的家庭是滋养孩子健康成长的温床。

例如有一个孩子很爱玩手机，妈妈希望孩子能少花一点时间玩手机，于是问："你一天需要多少时间玩手机？"孩子回答："2小时。"妈妈又说："很好，你没有全天用在手机上（鼓励性语言），但能不能再少一点呢（选择和建议性语言）？"孩子一听，妈妈并没有命令或限制他，而是让他自己决定玩多久，于是回答："可以。"妈妈说："真棒！具体用多少时间呢？"孩子说："一小时。""够了吗？""够了。""再给你加20分钟，咱们签协议怎么样？"（选择性语言）最终孩子愉快地答应了。

语言沟通对于教育孩子有着重要的意义，但有时非语言沟通的效果会比语言沟通更具效果。科学研究认为，人们每天运用语言沟通的时间很少，平均每天讲话的时间只有10~11分钟，其他交流均属于非语言交流。

以下是亲子交流中常用的非言语方式：

1. 抚摸。满足孩子肌肤饥渴的心理需求。

2. 拥抱。给孩子更多安全感和温暖。

3. 亲吻。让孩子感受到你的开心和快乐。

4. 握手。传递你坚定的力量。

5. 点头。传递认可和鼓励。

6. 微笑。传递默许和包容。

7. 眼神。表明默许和支持。

相信父母们在掌握了言语沟通和非言语沟通的艺术之后，能创造更好的家庭氛围并且与孩子更加愉快地相处。

沟通的重要元素（一）：倾听

沟通并非只是说、讲、谈，真正重要的沟通元素是"倾听"。父母要开启并拓宽亲子沟通的渠道，在倾听中让孩子能够真诚地表达想法和感受，而不必担心被拒绝。在心理学上，倾听还具有净化的作用，当孩子遭遇挫折、困难，感到沮丧或难过时，倾听能够沉淀和过滤孩子复杂而激动的情绪。爱孩子的父母，应该是勇敢而智慧的，勇于打破自己的束缚，善于改变自己的思维模式和表达方式，主动接近孩子，倾听孩子的心声，试着换位思考揣摩孩子的感受，而不是期待孩子永远听话，等待孩子跟自己亦步亦趋。我们只能"陪"孩子走过苦难和困境，却绝不能代替他们解决任何问题。父母要相信孩子有解决自身问题的能力，因为父母的信赖是激发孩子潜能的催化剂。父母要有"想听"孩子说话的愿望，孩子才会对你倾诉衷肠。如果你很忙碌或很心烦，那么可以改天，务必要尊重和真诚接纳孩子的想法和感受。

有这样一个故事，有个孩子叫晓明，性格温顺，却有些多愁善感，喜欢把心事放在心里。有一次，晓明和好朋友之间闹了点矛盾，好朋友不再找她玩了，晓明很伤心，但是内向的她不愿意把心事说出来。有一天吃饭时，晓明又想到好朋友的事情，忍不住哽咽起来。妈妈见了，并没有埋怨晓明，而是安静地给孩子递上纸巾，并告诉孩子，如果她有不开心的事情，可以跟妈妈说，妈妈愿意做她的聆听者。晓明抬起来头，看着妈妈关切的眼神，放下了筷子，开始诉说前几天和好朋友之间发生的矛盾。自始至终，妈妈都没有插嘴，只是认真地聆听孩子的诉说。当孩子倾诉完了，妈妈感觉孩子的情绪好了一点，她将手轻轻搭在晓明的肩膀上，告诉她朋友之间相处最重要的是相互信任及时沟通。妈妈告诉晓明要勇敢地和好朋友说出内心的想法，不要把什么都放在心里，这样好朋友才会真正理解她。听完妈妈一席话，晓明内心的郁结得以消散，情绪也恢复至平静状态。

如果孩子在生活中也有类似这样心情不好的时候，作为家长，你会如何安慰孩子呢？在这个案例中，晓明妈妈在处理孩子的负面情绪时，给予了孩子充分的关注，并耐心地倾听孩子的诉说，让孩子感受到来自父母的支持与关爱，也让孩子有勇气更加积极地去面对困难。

生活中，有些父母经常埋怨孩子在外面跟朋友有说有聊，可是回到家里却不爱说话，特别是孩子到了青春期，更喜欢往外面跑，回到家跟父母却说不到两句话。很多时候，这是因为父母喜欢以高高在上的权威家长自居，而没有以一种平等、耐心的态度去倾听和理解孩子的心声。当孩子一次次表达自己的意见都不被父母尊重和接纳的时候，他怎么会愿意轻易敞开心扉呢？

沟通的重要元素（二）：情绪

父母的情绪对孩子来说很重要，尤其当我们给予孩子教育和引导时，要善于掌控自己的情绪，不要把暴力或不健康的情绪传染给孩子。年幼时期的孩子不但记忆力好，模仿能力也非常强，父母对他们所展示的一切都将成为孩子内心的记忆和行为示范。当你展现的是善良和宽容时，孩子会愉快地与你以朋友关系相处，他也会以你的善良和宽容作为他的行为榜样；而当你展现的是暴力时，孩子会小心翼翼地对你避而远之，他也同样会将你的一言一行融入至他日后的行为模式之中。

所以，父母学会管理自己的情绪十分重要。那么如何才能做情绪的主人呢？

首先，学会觉察情绪。作为成年人，父母要学会对自己的情绪做出正确判断，是悲伤、愤怒，还是愉悦、平静。判断后还要懂得调整自己的情绪，尤其是面对孩子时，要试着收敛和控制那些负面的情绪，不要让孩子感受到你的愤怒，以免孩子产生紧张甚至恐惧的心理，尽量留给孩子温馨和谐的相处氛围。

其次，学会接纳情绪。有很多的父母在孩子闹情绪时，容易不分青红皂白地责骂孩子，不但解决不了孩子的情绪问题，反而会让孩子的情绪变得更加糟糕。正确的做法应该是试着接受孩子的情绪，先了解孩子闹情绪的原因，与孩子建立一种互信的关系，然后再进一步与孩子进行沟通。当孩子能够被理解时，便能够释放内心的情绪。所以当父母们想要发脾气时，应先让自己冷静下来，可以采用深呼吸的方式，帮助自己暂压心中的怒火，待冷静下来时，再与孩子进行有效沟通。此时，良好的沟通结果便是既能驱散自身内心的不悦，也能帮助孩子顺利解决困难。

最后，懂得发泄情绪。这里所说的发泄情绪并不是让父母将自身的负面情绪发泄至孩子身上，而是父母应懂得自我调节，用合理的方式发泄内心的不良情绪，如和朋友倾诉，参与团体活动，和家人一起爬山等。由于现代社会竞争压力逐渐在增大，无论是父母还是孩子，情绪都容易起伏不定。作为父母，不仅自身要学会合理宣泄情绪，同时也要教导孩子释放自身的压力和不良情绪。比如，可利用闲暇时间带孩子多接触大自然，去户外感受大自然的平静和美好，缓解生活中的压力和不快。

■ 智慧父母课堂：父母如何与孩子进行有效沟通

尽管很多父母已经懂得和孩子沟通的重要性，但仍有不少父母抱怨："现在的孩子越来越难沟通了，就算好好讲道理，他也不以为然，甚至道理比我们还多，总认为我们的话是毫无意义的唠叨。"这种情况下，父母又该如何与孩子交流呢？问题究竟是出在孩子，还是出在父母？又或是沟通方法有问题？

孩子如此抗拒父母的态度的确有待改进，但父母选择与孩子沟通的方式或许也有不足。通常情况下，父母由于内心的担忧，容易使语气变得急促，最终好意也可能被误解为恶意，再加上孩子年幼心智不成熟，更容易使整个谈话变得不和谐，一来一往则易演变成彼此情绪的宣泄和不理解。这种情况下，再想让孩子毫无排斥和逆反地接受父母的意见，显然不太可能。

尊重和信任是沟通的前提，交流只能在这一基础上进行和完成。这一基础意味着沟通双方是平等的，代表着彼此是可以相互接纳的。那么父母要如何与孩子进行有效沟通呢？

1. 学会倾听，允许孩子发脾气

学会倾听是沟通的第一步。如果孩子正为某事气愤不已，父母不要阻止孩子发脾气。父母不妨停下手边的工作，先坐好，安静地看着孩子，全神贯注地倾听，不要打断他说话。这样的行为是在告诉孩子：你是被我们关心的，我们在认真倾听你此刻的感受。

2. 真诚地做出反应，表达父母的真实感受

父母应真诚地做出反应，而不是敷衍；应真实地表达自己的感受，而非只有训导。

孩子往往是非常敏感的，父母在与孩子交流时所使用的语调往往暗含着一种态度，它和谈话的内容同样重要，从接受者的角度看甚至比内容还要重要。想一想我们是用怎样的语调和自己的朋友交谈的，我们对孩子又是怎样说话的，是否带着居高临下的态度呢？我们生气时是否对着孩子大声叫喊了呢？另外，"身体语言"也不可忽视，如前所述，人们在沟通交流时，有55%的部分是依靠身体语言完成的，可见其作为沟通方式的重要性。

3. 选择恰当的谈话时机，有冲突时也要避免伤害孩子的自尊

一天中什么时候是最适合谈话的呢？生理规律告诉我们，下午5点至7点是生理活动的低谷，迫切需要补充营养，恢复体力。所以，孩子放学回家刚放下书包时是不宜谈严肃话题的，因为一天下来的疲劳使人难以集中注意力，也不好控制自己的情绪。晚饭过后，心情逐渐开朗，这是比较好的时机。找到孩子的兴奋点，父母便可"润物细无声"地传达其观点了。冲突也许在所难免，原则是避免伤害孩子的自尊。批评不是攻击，批评只对事不对人，用建设性的意见代替批评，将批评转化为希望，这才是批评的最终价值所在。

4. 共同寻找解决问题的途径

当孩子遇到问题时是需要父母帮助的，父母给出的指导越具体越好，解决问题的途径最好和孩子一起讨论确定，在讨论的过程中有些细枝末节的小问题兴许就化解掉了。通过讨论，孩子的方向会更明确，问题本身也会更清晰、明朗，这都有助于问题解决。

这里介绍几种简单的、可操作的沟通形式：

(1) 定期家庭会议

家庭会议既可以是严肃的，也可以是游戏式的，它并不拘泥于形式和内容，

只要是家庭中的事，无论大小，都可以通过"会议"这一方式来沟通和决定。关键是要全体参与，人人发表意见，因而它是平等的。为什么要定期呢？定期，容易使开会渐渐成为家庭成员共有的习惯，成为家庭"惯例"。

(2) 准备一本对话本

这是一种纸上的对话记录，意在交换意见和感受。"留言"的形式对年龄稍大的孩子是较为合适的。对含蓄的中国父母来说，不易口头探讨的问题诸如青春期的生理保健等，用文字说明更方便些。之所以要用专门的本子，是为了平时可以"回顾"，将来可以"回味"。

(3) 书信交流

现在还有多少人会用书信交流？书信交流的一大好处是避免了面对面交流的压力，让人更能够把握分寸。用书信交流时，大家更容易做到心平气和，思路清晰。在书信交流的过程中，思想被触动的同时也将触动对方的思想，心灵被净化时也将净化对方的心灵——这是多么大的财富啊！

(4) 对于暂时不能达成共识的问题，先以微笑将其保留

心理专家支招：亲子沟通"六要"和"六不要"

亲子沟通"六要"

◆要经常为孩子找出优点，并能具体表扬孩子的优点。

◆要时常对孩子表示信赖，并告诉他："你一定行！"

◆要尊重孩子的感觉，积极倾听孩子的需要，真诚表达父母自己的感受。

◆要让孩子有发泄情绪与谈论感受的机会。

◆要观察孩子的需要与期待，使他常处于愉快和满足的状态中。

◆要与孩子一起商讨解决问题的方法。

亲子沟通"六不要"

◆不要在双方情绪激动甚至失控的时候，急于与孩子沟通。

◆不要把工作、生活中的消极情绪转嫁到孩子身上。

◆不要太过急躁地想要解决问题，否则容易使问题更加严重，令亲子关系紧张对立。

◆不要专注于判断是非对错，或与孩子互相怪罪，因为这于事无补。

◆不要用批评、指责的语气，以粗暴的言语甚至体罚来管教孩子。

◆不要说出"你真笨""你不好""你很傻""你真没用"等否定性话语。

根据专家研究，沟通的好坏直接影响孩子的成长，看看你的孩子是在哪种情况下成长的：

第一，在指责中长大的孩子，将来容易怨天尤人；

第二，在敌意中长大的孩子，将来容易好斗逞强；

第三，在嘲讽中长大的孩子，将来容易消极退缩；

第四，在鼓励中长大的孩子，将来容易充满自信；

第五，在赞许中长大的孩子，将来容易爱人爱己；

第六，在认同中长大的孩子，将来容易把握目标；

第七，在友善中长大的孩子，将来会对别人多一分关爱。

延伸阅读：绘画——孩子最爱的表达方式

我们知道，并不是每个孩子都热爱用言语表达，面对这样的孩子，我们有什么好的办法去了解他吗？当然有，那就是画画。

心理学家认为，孩子的绘画作品，反映了他们对世界的认识以及他们头脑中的所思所想。孩子的画，是我们走进孩子内心的一扇窗户。绘画是孩子的一种特殊语言，具有内在的逻辑和表现形式。线条、色彩、图形、人物、环境、布局，显示着孩子的性格、气质、认知水平、兴趣爱好、心理变化、当时的情绪特征等。我们要学会"倾听"这种语言。

孩子的画线条清晰、力度适中说明情绪稳定；线条模糊、细到看不清则说明缺乏安全感、胆小、自我压抑；过于强劲，甚至把纸戳破，说明孩子具有攻击性，在发泄愤怒；断断续续总是改变方向，说明孩子犹豫、焦虑，想要隐藏自我。

孩子偏爱暖色，说明他活泼、充满热情、精力充沛、心情愉快；孩子偏爱冷色，说明他安静、喜欢思考、严谨、悲伤、心情烦闷；孩子喜欢很强烈的颜色，说明他做事有激情，有领导才能，但属于易怒型，缺乏耐性；孩子喜欢暗沉的颜色，说明他被动、含蓄、焦虑、多愁善感；孩子喜欢多种颜色搭配在一起，说明他开朗、乐观、人缘好、受欢迎，但容易浮躁；孩子画画只爱用一两种颜色，说明他冷静、谦让，不喜欢与人交往，不容易接受挑战。

孩子经常画的那个人，在孩子心目中有很重要的位置，孩子是在对其表达强烈的爱和依恋。孩子为人物画的细节（帽子、腰带、头饰、鞋子等）越多，表明对那个人的关注程度越高，感情越强烈。

孩子三、四岁以前，不画手的居多，其原因是此时期的儿童还未完全确立自我。逐渐长大之后，孩子开始画手。如果手臂向上张开，表示快活、得意，自己所要求的都能获得满足。手代表对环境的支配，伸得越开代表支配力越强。若手臂部分画得比较大，是属于好打架、占有欲强的孩子；把手放下、贴近身体，是比较温顺的孩子，另外也有可能是受欺负、胆小畏缩的孩子，经常有挫败感，这样的孩子需要引起家长注意。孩子不画耳朵，可能有逆反心理，不喜欢听家长啰唆；孩子画大耳朵，如果不是卡通形象，那么可能孩子比较敏感；愤怒的孩子，经常会在画中画出夸张的牙齿，说明有情绪，言语有攻击性；眼睛画得太大的孩子，比较敏感、多疑、偏执；画睫毛的孩子，对美比较关注；不爱画瞳孔的孩子，在人际交往中有回避倾向；腿画得长长的，说明孩子渴望独立。脚，代表人的活动力，分得越开代表活动力越强，反之则比较拘谨，不善与人交往。如果画出非常大的脚，说明孩子感觉有压力，有安全的需求。

儿童绘画心理学早已成为一门专门的学科，有兴趣的父母可以进行系统学习。虽然孩子的画可以拿来"分析"，有助于我们了解孩子内心的真实想法。但是，我们不要过于追究其中的关联。

画画，是一种抒发情感的自由形式。让我们走进孩子的世界，一起享受童真童趣。另外，画画也是一种有效的减压方式。当孩子情绪不好的时候，请让孩子通过画画来发泄内心的愤怒、悲伤或者不满，让孩子画出困扰他们的事情或者人物，这样做可以放松和调节心情，达到心理平衡。

■ 亲子游戏：亲子沟通小测验

1. 你经常和孩子一起做游戏吗？

2. 你经常听孩子说话吗？

3. 你经常对孩子保持笑容吗？

4. 孩子提出的各种问题，你能够耐心地回答吗？

5. 你经常给孩子讲睡前故事吗？

6. 孩子细微的心理变化和生理变化，你会察觉到吗？

7. 孩子把烦恼告诉你，你能替他分忧吗？

8. 你经常鼓励和表扬孩子吗？

9. 你心情不好，迁怒于孩子，你会向他道歉吗？

10. 你经常对孩子发号施令吗？

11. 孩子有情绪，你有留意过吗？

12. 你会给孩子自由发展的空间吗？

13. 遇到孩子和你观点不一致的时候，你会和孩子心平气和地说话吗？

14. 在处理一些事情时，你会认真考虑孩子的意见吗？

15. 你会和孩子分享他的快乐吗？

16. 你会教孩子完成一些力所能及的家务吗？

17. 你很严格地控制孩子的课余时间吗？

18. 你会关注亲子教育的书刊和报道吗？

19. 你会总抓着孩子的缺点不放吗？

20. 你能接受并鼓励孩子的个性发展吗？

评分标准：

每题1分，如果答案为"是"，得到1分，反之记0分（10、17、19题反向计分）。

16~20分，你是很善于和孩子沟通的家长，恭喜你！

12~15分，你有一定的沟通能力，应该还可以做得更好。

8~11分，你的沟通水平需要加强，孩子的心事等着你来倾听。

8分以下，你的沟通水平不太理想，你需要多多了解孩子的内心世界，让孩子感觉到你的爱。

第六章　多子女教育

爸爸说我们原本是天上飘下来的雪花，落到地上，结成了冰，化成了水，就再也分不开了。

——《我的兄弟姐妹》

图6-1　温馨家庭

多子女家庭的概念

1. 家庭的概念

家庭，对每个人来说，并不陌生，因为它是人们生活的重心所在。家庭，对每个人来说，却又是陌生的，因为人们似乎对家庭没有一个系统的了解。那么，家庭到底是什么？

家庭是温暖的壳，

家庭是能铺开心事的地方，家庭是没有桃花的"桃源"，

"家庭"是一言难尽的两个字，

家庭是受伤时的"创可贴"，

家庭是父母投资、儿女欠债的地方，

家庭是握在手里盈盈的一脉馨香，

家庭是用爱砌出来的城堡，

家庭是以爱为圆心、一家人手牵手为半径走出的一个圆，

家庭是整个世界在下雪、走进其中却是春天的地方。

(1) 从汉语词典的释义来看

家庭的定义是"以婚姻和血统关系为基础的社会单位，包括父母、子女和其他共同生活的亲属在内"。但显然家庭并不是一个简单的加法算式，如"家庭=父母+子女+其他共同生活的亲属"，而是一个复杂的方程式，需要许多纽带去联结成的家庭网络。

(2) 从历史的角度来看

传统社会结构中，家庭是小社会，它作为社会最小的群体，保证着统治者所主导思想的贯彻和延续，它有着明宗、正名的作用，明确了个体的出处和身份。

(3) 从现实的角度来看

家庭是生命的延续，延续着一代又一代家族的情感，是血脉的传承，传承着一个民族的历史文化。

(4) 从情感的角度来看

家庭是休养生息的地方，可以暴露本性和脆弱，可以撕掉伪装不再逞强，可

以容下你的错误、你的兴奋、你的无奈、你的欢笑、你的眼泪……

2. 家庭教育心理学的概念

家庭教育心理学是一门阐述孩子心灵、研究孩子行为的科学，它贯穿于孩子教育的方方面面，可以真正把孩子培养成人，塑造成才，推向成功。

生活中，很多家长在不知不觉中运用着心理学知识，与孩子进行或深入或浅显的心灵交流，已可谓是业余的心理学家。比如，父母可以从孩子的动作、语言或表情来判断孩子是否在说谎，是否又有新的想法和举动。再如，父母可与孩子进行心灵沟通与交流，去理解孩子行为背后的心理隐情，去关注孩子隐藏起来不轻易表露的内在情感。

下面是笔者朋友的一则小故事，可能会给我们一些启示：

牛牛读幼儿园中班，有一天放学后他对妈妈说："我不想做男生。"

妈妈问："为什么呀？"

牛牛说："大家都喜欢女生，都跟女生做好朋友，没有人理我。"

妈妈说："爸爸妈妈都爱你呀！宝贝，你知道吗？爷爷、奶奶、外公、外婆，还有幼儿园的老师和同学们喜欢你，并不是因为你的性别，而是因为你讲礼貌、喜欢帮助别人，你懂吗？"

牛牛用力地点了点头。

现实生活中的父母像笔者这位朋友一样，试着问孩子"为什么"，这就是一个关注孩子心灵的父母。我们作为父母，应该走进孩子的内心世界，尊重孩子的心理成长规律，按照孩子最易接受、受益最大的方式去教育孩子、引导孩子。

多子女家庭孩子们的特点

多子女家庭是指一对夫妇拥有2个及以上孩子的家庭。那么，一个人出生顺序的不同，会影响其智商、性格及成就吗？

研究告诉我们，兄弟姐妹之间不同的社交能力、性格和学习成绩，都可以从其在家中的排行大小以及这个家庭的人员规模来入手进行分析。

不同的出生顺序意味着不同的年龄和权力，使得兄弟姐妹们在家庭中各自占有一定的"生态位"，即在家中的位置、各自的功能、与其他家庭成员之间的关系等。长此以往，不同个体会形成不同的性格，这会决定一个人的教育水平，也会对一个人的智力发展产生直接影响。

1. 老大的特点

科学家们对"老大问题"的争论已经超过百年。父母对老大的特殊照顾使得他们更容易取得智力上的成就。研究表明，第一个出生的孩子有52%的概率比第二个出生的孩子拥有更高的智商。

由于老大是父母的第一个孩子，很受父母重视，因此承担家庭事业的责任往往落在老大身上。父母对老大的爱不是溺爱，而是更严格的爱，因此，老大一般性格顽强，沉稳厚道。此外，所谓"长兄如父"，老大要承担照顾弟弟妹妹的责任，因此生活压力更大。

老大的性格体现在工作中，则表现出责任感强，做事踏实，更容易获得成就。美国早年有一项调查表明，在26名航天员中，有23名是老大或独生子。在婚姻关系中，老大也更加敢于承担家庭的责任，因此婚姻关系较为稳定。但老大若过于强调家庭的责任，要求伴侣孝顺自己父母、照顾自己的兄弟姐妹，会令伴侣在妻子的角色中有所混乱，如处理不好，则易影响夫妻关系。

2. 老小的特点

我们最先想到描述老小特征的词就是"娇惯"。作为父母最小的孩子，往往会得到更多的宠爱。很多老小不仅被父母宠爱，也被哥哥姐姐娇惯，这使得他们容易错误地认为必须不断操纵别人为他们服务，方显自己的重要性。

老小一般较为聪明，因为从小受到哥哥姐姐们的调教和训练，在玩的过程中得到了学习和提升。相比同龄人，他们智力开发较早，更多地呈现出大孩子的思维；在承担家庭重任上，父母也较少给予老小较高的期待，因此老小的生活压力小，性格灵活而快乐。

此外，由于经常受保护，老小会表现得比较淘气或乖巧，缺乏毅力和耐心。如在学校，他们会有意识地对老师说"我不会""你做给我看"，言下之意就是"你替我完成吧"；在工作中若遇困难，他们也习惯于求助他人；在婚姻关系中，他们则更以自我为中心，而较少关注对方的感受。

还有些排行老小的孩子会选择一种对生活完全不同的信念，变成"赶超者"。

他们往往错误地认为自己必须赶上并超越前面所有的人，以此显示自己的价值。长大成人后，他们易成为那种已经非常卓越却仍在企图证明自己价值的人。

3. 排行中间的孩子的特点

对在中间出生的孩子来讲，他们面临上有哥哥姐姐下有弟弟妹妹的复杂人际关系：他们既没有父母对老大般的重视，也没有父母对老小般的宠爱。他们时常感到夹在中间的挤压感，既没有老大的特权，又没有老小的优待。这容易使他们形成一个错误的理解，即"我必须在某些方面与兄弟姐妹不同，才能显现出我的价值"。最终导致他们的性格呈现两种不同的倾向，一是具有反叛性，"为理想而造反"或单纯地"造反"，以此来获取父母更多的关注；二是具有较好的交往、适应能力，因为他们在处理与兄弟姐妹的关系中，汲取了大量经验。

另外，大多数排行中间的孩子有较高的同情心，尤其对于弱者。他们大都比自己的兄弟姐妹更随和，更开明。他们是很好的调解人，而别人也愿意向他们寻求同情和理解。

4. 男孩和女孩的特点

男孩：

男孩注意某一物体的时间比女孩短，但态度更为积极。研究表明，在褓褓之中时，男孩凝视自己母亲的次数仅为女孩的一半；

男孩从小就不大在意别人的声音，不管是谁，他们就是不听；

男孩总喜欢干完一项工作，再去干第二项；

思考时，男孩不喜欢被人打扰，因为他们喜欢专一；

男孩生来爱挑衅和冒险，好胜心强；

男孩从小急躁易怒；

男孩感受压力、要求独立的时间更早。

女孩：

女孩喜欢交往，并注重发展亲密的友谊；

女孩更愿意听从成人的命令；

女孩能更准确地读懂他人的表情和心思；

女孩更具预测力、稳定性，喜欢和谐、融洽地交流；

女孩性格文静，心思缜密，注意力比男孩更容易集中；

女孩天性喜欢扮美，而且有强烈的表现欲；

她们常较早地表现出计划性，懂得先做什么，后做什么；

女孩天性温和，相对较为胆小，对失败的承受能力也较弱。

名人故事1：心理学家阿德勒的家庭教育

阿德勒，奥地利人，1870年出生，和弗洛伊德、荣格并称为早期精神分析学派的三位代表人物。

阿德勒在家中排行第三，有5个兄弟姐妹。他从小患有佝偻病，影响了骨骼发育，导致身材矮小、体弱多病。据他所言，他从小就有强烈的自卑感。幸运的是，父亲特别疼爱他，给了他更多的特殊照顾，让他对生活保持了希望。上学后，阿德勒的学习成绩很一般，老师一度劝说他的父亲让阿德勒退学，可父亲坚持让阿德勒继续完成学业。这件事对阿德勒的刺激很大，阿德勒因此奋发图强，很快学习成绩便名列前茅。最终，阿德勒考入维也纳大学医学院，并最终获得了医学博士学位。

阿德勒认为，每个人从出生就潜藏着对优越的追求和固有的自卑感，甚至会伴随着人的一生。最终，一个人是发挥优势还是展示出自卑取决于对生活情境的改善和努力程度。

他认为多子女家庭的孩子是有出生顺序心理诱导的，长子女通常比较聪明，有成就动机倾向，他们往往会通过实施权威和领导作用来表现自己的权力欲望。中间出生的子女因为想追赶老大，所以常常具有竞争力并野心勃勃，像阿德勒便是终生以哥哥为目标，虽然自身身体不好，但最终成了知名学者。最后出生的子女通常有较强的社交能力，但依赖性较强。

阿德勒认为，家庭成员之间关系的好坏决定着儿童在追求优越的过程中是采取积极还是消极的方式。家庭中受到过分溺爱或被忽视不管的儿童，都容易形成错误的生活风格。而父母的责任则是用建设性的方式启发孩子形成健康的生活风格。

■ 拓展阅读：家庭星座理论

阿德勒谈到过"家庭星座"的概念，他说多子女家庭常常有"星座"现象，长子、老二、老三和最小的孩子在家庭里面所承担的任务及分担的家庭功能都是客观的，甚至不用仔细思考，会自然形成排列。

阿德勒还认为，家庭总把功能分担至四个或五个孩子身上，老大不能担当表率时（如他不爱学习、淘气、贪玩），家庭会迅速将期待放至老二身上，并放弃老大。此时，老二便成了老大，开始承受家庭正面的情绪及压力。同样，家庭还要选择一个"替罪羊"，在四个或五个孩子里找一个相对较差的，将所有捣蛋的事情都归结于他的行为，这个角色一般由老三或老四承担，若最小的一个的确很淘气，也可能是他。

名人故事2：简·尼尔森的多子女教育

《正面管教》从心灵深处颠覆着父母们"本能"的老式教育观念，父母很快发现不再需要"克制"自己，而是自然而然地"出乎本能"地改变着自己与孩子的相处模式，孩子们也会因此变得更配合、更可爱。

简·尼尔森是7个孩子的母亲，一大群孩子的祖母或外祖母。她曾经也被孩子的养育问题弄得灰心丧气。她不知道如何才能让孩子们停止打闹，整理玩具，学会做些简单的家务。她每天早晨都无比痛苦，因为无休止的提醒和争斗，孩子们似乎无法出门上学。在放学之后，她仍要为孩子们完成作业、家务等继续斗争。她曾经所谓的"锦囊妙计"，如威胁、吼叫和打骂都既令她自己感到厌恶，也让孩子们感到厌恶，并且毫无效用。直到有一天，她听到自己朝孩子大吼："我说了一百遍了，收起你的玩具!"忽然间她明白了真正的"笨蛋"是自己，而不是她的孩子们。当意识到这一点时，她感到非常沮丧。后来她得知了"阿德勒法"，简直如释重负！她深入透彻地研究这种方法，帮助孩子们停止不当行为，以及教给孩子们自律、负责、合作和解决问题能力的实用技巧。最终，她让孩子们的打闹至少减少了80%，她学会了消除早上孩子上学和晚上孩子就寝时的争斗，让孩子们在完成家务上做到了积极合作，她也真正感受到了做妈妈的快乐。

拓展阅读：影响性格的第四因素——兄弟姐妹给你另一种个性

图6-2　兄弟

心理学家曾猜想，影响我们性格的可能是父母(尤其是母亲)、朋友和基因。不过这些因素还不能解答所有疑问。目前，有心理学家将注意转移至了兄弟姐妹关系。

虽然科学家曾经研究过多子女的家庭，但大多仅限于出生次序对孩子的影响。大孩子是奋斗者，小孩子是叛逆者，夹在中间的孩子是彷徨者。不过现在情况有了改变，科学家正开始研究兄弟姐妹之间的互动关系。

1. 孩子们互相冲突不断，怎样教会他们社交？

研究者最初发现，兄弟姐妹们会在彼此身上投入大量时间，而这些活动能教会他们一些社交技巧。当孩子11岁时，他们将约33%的空余时间花在兄弟姐妹身上，比对朋友、父母、老师甚至自身花费的时间都要多。

兄弟姐妹朝夕相处能够产生无间的亲密，当然也难免有不和睦的时候。专门研究家庭的劳瑞·克莱默发现，3至7岁的兄妹之间平均每小时要发生3.5次冲突。

加拿大的一项研究表明，2至4岁年龄段的兄妹之间每十分钟就会有多于一次的摩擦，其频繁程度在所有年龄段中独占鳌头。

父母经常会为孩子们之间的吵闹头疼不已，但是孩子们却从中学到不少东西，尤其是学会如何平息与他人的冲突。"孩子们互相之间有一种社交效应，"一位美国匹兹堡大学的心理学家曾说，"和朋友不同，你总得和自己的同胞生活在一起。每一天你都要学习如何和别人商量。"

研究者相信，正是这种天长日久的学习，让兄弟姐妹如此富有价值，为孩子以后的生活提供了一个预演的工具。毕竟一个人成年后，总要和伙伴们建立各种关系，如在工作场所和婚姻中。

面对自己的兄弟姐妹，我们也许会板起面孔发火，但是事情过后我们总要回到同一个屋檐下。拿出一个玩具也许就能化解兄弟姐妹之间的紧张形势。这在将来也许就会变成办公室里扫除同事间的尴尬气氛的一个笑话，或者大吵一架之后丈夫向妻子的主动示好。

2. 不是妈妈最宠的孩子，怎样才能得到好处？

多子女的家庭类似充满明争暗斗的宫廷。在这样的家庭里，最需要小心在意的问题也许就是争宠。即使很少会承认自己偏心，父母也常会因为更宠爱某个孩子感到惭愧。如果偏心确实存在，或许并不是父母的错。

家庭是一个资源有限的地方。父母会不由自主地注意到看起来最值得投资的孩子。虽然父母还会经常把家庭的大量财富和精力投入照顾残疾孩子的过程中，可是为人父母者总是容易关心漂亮和有天分的孩子。

孩子们当然会察觉到父母偏心。一开始，受到偏爱的孩子好像很能适应父母的区别对待，常常会把父母的偏心转化成所有孩子都能享受到的好处。不受到父母偏心的孩子，往往显得更加沮丧，自尊心方面的问题也更多，他们会感到自己没有价值，他们努力要知道为什么。

成年的你是不是自以为早已摆脱了这种困境？在工作场所，雇员们本能地知道哪个倒霉蛋会被老板责备，这不是巧合。当一个同事得到老板的鼓掌，你会感觉受到伤害，心生妒忌，这也不是巧合。这种早已有过的感觉当初教会你，最聪明的办法不是去向老板争取支持，而是和老板的红人建立伙伴关系，使你自己也能从现在的形势中获利。这个主意绝不是你刚刚才知道的。

3. 兄弟姐妹，怎样拥有不同习惯？

兄弟姐妹之间互相模仿已经不是秘密。弟弟妹妹模仿大孩子的本事，大孩子也会急着尝试新鲜玩意，因为他们不想落在弟弟妹妹的后面。更复杂和重要的是，孩子们在某些环境下不再互相模仿，反而想要表现出不同。心理学家把这个现象称为去认同化。

去认同化帮助孩子形成自己的性格，除此之外还有一个重要得多的功能：让兄弟姐妹远离高风险行为。总的来看，孩子会把坏习惯传给另一个。大孩子酗酒，弟弟妹妹酗酒的可能性会增加一倍；如果大孩子抽烟，弟弟妹妹抽烟的可能性就翻四番。

有的孩子打破了这个规律，其中的原因却很惊人。研究发现，那些不学坏的弟弟妹妹并不是因为理智，可能只是因为不想和大孩子做一样的事情。

4. 兄妹或者姐弟，怎样互相影响对方的婚姻？

兄妹和姐弟之间去认同化的特征非常明显。在针对未成年男孩和女孩的研究中，男孩在独立性和竞争力方面的得分更高，而女孩在对他人的感受方面，比如敏感和乐于助人，做得更好。这些区别并不让人惊讶，不过研究者没料到，当孩子和异性手足一起长大，他们之间的接触并不会弥合上述和性别有关的区别，反而更加突出互相之间的不同。男孩和女孩都各自更加接近自己的性别特征，连他们的朋友都必须符合这些特征。心理学家解释说，姐弟、兄妹之间都争取做得和对方不一样。

可是等到他们渐渐长大，他们和异性之间的距离不得不接近。这时弟弟有一个姐姐，或者哥哥有一个妹妹，对他们来说是一种优势。有研究显示，来自异性同胞家庭的孩子更能和家庭外的异性自然交往。有姐姐的男孩和女孩更投机，也更容易被新结识的女孩喜欢；有哥哥的女孩更容易和陌生男孩开始交谈，脸上露出的微笑也会比男孩多。

5. 年龄的增长，怎样使手足亲情更牢固？

兄弟姐妹关系中，手足的亲情会随时间而增加，骨肉的冲突则会随时间而消失。确实，小时候打得最凶的兄弟成年后的关系也许会更加亲近。当他们回忆起当年大打出手的原因以及自己从中得到教训时，互相之间的感情就更深了。

如果兄弟姐妹在童年时共同经历过危机，那会促成他们之间毕生的牢固联系。父母去世会让一个家庭遭到沉重打击，但是当年长的孩子帮助抚养弟弟妹妹时，其扮演的双重角色能够为以后牢不可破的手足亲情打下基础。

这条强有力的纽带在兄弟姐妹各自步入晚年的时候显得更加重要。当一个人身染重病或不幸丧偶，他认识最久的兄弟姐妹是他最能依靠的人。中年离散的同胞也会在年老时重逢。"姐妹之间的联系尤其牢固，"心理学家朱迪·邓恩说，"当被问到是什么使她们之间的关系如此重要时，她们会说是共同度过的童年。"

名人故事3：威廉·西尔斯的多子女教育

《西尔斯亲密育儿法》自首印以来，就被数百万父母称为"育儿圣经"，这本书的作者是威廉·西尔斯博士及他的妻子玛莎。威廉·西尔斯是医学博士，美国儿科学会会员，全美最知名的儿科医生之一。他和妻子共育有8个孩子。他在心理学理论的基础上，创造了"亲密育儿法"，提倡通过母乳喂养、和宝宝同睡、用背巾背着宝宝等方式让父母和幼儿及早建立亲密关系。

他认为不必刻意观察，孩子就感受到我们太多的东西；不必刻意模仿，孩子就模仿了我们太多的态度。我们想怎样并不重要，孩子从我们的行为中看到了什么、学到了什么才重要。在孩子面前，我们不应该不加思考地生活和做事，我们必须小心，必须考虑自己这样做对孩子会意味着什么。我们唯一能做的就是处理好自己的事情，做好自己，不仅为孩子提供一种值得借鉴的经验，更传递给孩子一个积极的态度。

今天，已为人父母的我们，还记得自己小时候的梦与期待吗？我们一定曾希望有人能倾听、理解、包容自己。我们曾目光闪亮地跑去告诉大人一个个很神奇的想法，但常常会被告知"等你长大了之后，你就会知道了"。当偶尔发现有人愿意认真地倾听我们的想法时，我们会非常开心、非常快乐。现在我们也成了父母，我们将如何来陪伴孩子成长，让我们的孩子拥有一个快乐的童年与一个海阔天空的未来，这也是威廉·西尔斯博士和他的妻子玛莎·西尔斯在书中想要传达的东西。

孵爱视角一：如何管理愤怒

愤怒是人类的一种自然情绪，是一个红色警报，提醒你某个重要的需要没有得到满足，所以我们要学习将愤怒转化为感受和需要。其目的不是为了拒绝或者评判愤怒，而是化解它，让你听到生命传递给你的信息，采取有效的行为满足自己的需要。然后，让你处理愤怒的方式为孩子树立榜样，学会如何积极地控制愤怒。

如果你愿意，请为你的孩子做个好的示范，具体有以下几个步骤：

1. 当你感到愤怒的时候，稍事休息，去留意你自己身体的感受。

2. 帮助你的身体释放愤怒。做一次快速放松的活动，摆脱愤怒的心情，可以做3次深呼吸，甚至念几句"咒语"帮助你迅速平静。

3. 意识到其他人不能为你的感受负责，也不是引起你愤怒的原因。

4. 分辨出产生愤怒的想法，包括你认为其他人应该做什么的想法，因为这些是引起你愤怒的原因。比如：

我生气是因为我在想他/她应该_____。

我生气是因为我告诉自己某人正在对我做_____事（攻击、背叛、侮辱、操控等）。

5. 去分辨、感受愤怒背后的需要。

在这里，我的_____需要没有得到满足。

6. 当你跟自己未被满足的需要联结的时候，有什么感觉？

我感觉：_____。

7. 放松一下，带着你的感受和需要一起做深呼吸，看看是否有什么事是你想让自己或其他人去做，来满足你的需要的。

孵爱视角二：训练基本的情商技巧

作为父母可以做什么来帮助孩子们发展情商，使他们能够彼此融洽相处呢？

1. 谈谈感受

当父母每天能和孩子谈谈内心的感受和需要时，子女会变得更加敏感，在情感上更能慷慨相待，也更容易理解对方的观点。即使孩子很小，谈谈感受也很有用。

2. 询问孩子的感受、需求、愿望和选择

★ "你感觉如何？"

★ "你想要什么？"

★ "你做了什么？"

★ "你怎么解决的？"

★ "你得到你想要的东西了吗？"

★ "你弟弟/妹妹得到他/她想要的东西了吗？"

★ "你觉得他有什么感受？"

★ "你觉得你可以怎么做？"

★ "下次你会做同样的事情，还是会尝试不同的做法？"

倾听，点头，重复，确保你能理解。保持亲切和非主观。保持你的幽默感，当孩子说"下一次，我会弄死他/她"的时候，你可以简单地回答"嗯……那会怎么样呢"。尽量不要跳脚，避免粗暴干预或说教。反思是儿童发展判断力的渠道，良好的判断往往来自糟糕的经历。

3. 解释和榜样

当孩子们围绕某样东西的使用权争执不休时，家长可以说："大宝，你可以对二宝说'对不起，二宝，当你玩完了，轮到我玩，行吗'。"然后等大宝重复自己的话。接着家长转向二宝说："二宝，你可以说'当然，大宝'。"家长不停地重复这样做，直到有一天，你会偶然间发现，他们正在使用这些话自发地解决问题，这无疑是一个值得骄傲的时刻。

4. 实践发现双赢的解决方案

每个家庭尽量都要有机会给孩子指出其需求的差异，并确定可能适合每个人的解决方案。比如："嗯……你想去游泳，而弟弟想去公园……我们要如何找到

一个双赢的解决方案呢?"

5. 示范"我"的声明

这意味着要表达你的需要,而不是判断或攻击别人。举例来说,当你的女儿大叫"好了,你也是呆瓜"的时候,你可以教她这样说"我不喜欢你骂人"。

示范"我"的声明可套用一个公式,包括描述你的感觉,你有什么需要,以及你对情况的看法。你可以在后面加上一个孩子要采取的具体行动。"我觉得……,因为我想(或需要)……,我观察到……。"例如:"我觉得担心,因为我要准时到达那里,而我看到你还没有做好准备……请你赶快穿上鞋子。"

6. 做出亲社会行为的榜样

大人在家里处理彼此关系的方式为孩子树立了有力的榜样。让这一点为你所用,可以通过角色扮演教孩子们彼此相处之道。例如,你可以对你的伴侣说:"只剩下一根香蕉了,我们分着吃吧?"或者做出设定尊重性限制的榜样,比如说:"对不起,我正在用那个,我用完了你就可以用了。"再加上微笑和拥抱。

歌曲品味:《同手同脚》——温岚献给弟弟的歌

还记得小小年纪

松开我的手迷失的你

在人群里看见你一边哭泣

手还握着冰淇淋

有时候难过生气

你总有办法逗我开心

依然清晰回忆里那些曾经有笑有泪的光阴

我们的生命先后顺序在同个温室里

也是存在在这个世界唯一的唯一

未来的每一步一脚印踏着彼此梦想前进

路上偶尔风吹雨淋也要握紧你的手心

未来的每一步一脚印相知相惜相依为命

别忘记之间的约定

我会永远在你身边陪着你

……

现在我唱的这首歌曲给我最亲爱的弟弟

在我未来生命之旅

要和你同手同脚地走下去

■ 智慧父母课堂：创造一个没有责备的家庭

出现问题时，我们都会出现责备他人的欲望，以为责备可以阻止问题的再次发生。事实上，与纠正错误相比，责备只能让所有人精神紧张，更加小心谨慎，甚至导致攻击心理。当孩子受到责备以后，他们会找出各种理由，证明不是自己的错，至少他们在心里会这样想。因此，他们不会承担责任，问题也会更容易重复。更为糟糕的是，责备会促使孩子撒谎。责备只是寻找一个发泄愤怒的目标，永远无助于事件的解决。我们还可以说，责备是无条件的爱的对立面。

我们为什么要责备呢？为了缓解失去控制的感觉以及我们对事件也负有责任的愧疚心理——不论这种责任有多大。下次，当你准备责备他人时，请思考下列方法：

1. 马上停止

如有必要，可以在责备时立即停下来，深呼吸。我们应该接受现实，与责备相比，以接受现实的状态面对问题，才能想出更好的解决办法。对现实不再抱有抵触心理，才能消除责备他人背后的根本动因。

2. 尽可能接受责任

强调自身责任是一种好做法——但不能过分自责——甚至包括你的确没有过多参与的情况。例如，当蹒跚学步的弟弟将哥哥的城堡弄坏以后，你必须保护年幼的孩子。然后说："哦，宝贝，我刚没在这里帮忙，我感到很遗憾。"事实上，我们应该承担的责任始终要高于我们愿意承认的程度。你承担的责任越大，孩子的抵触情绪就越弱，他在内心愿意承担的责任也就越大。最终，他会明确表示愿意承担责任。（你是否还记得你的示范作用?）

3. 寻找解决方法

不要挑剔，而是要努力寻找解决办法。你的家庭氛围将会更加积极向上，因为你的注意力放在了如何解决问题，而不是指责他人的错误上。此外，你还要训练孩子解决问题的能力，使其采取更加积极的心态，勇于承担责任，改善现状。

■■ 智慧父母课堂：家庭会议，化家庭问题为家庭资源

家庭会议是创造良好家庭氛围和关系的方式，它能创造联结，给家长机会在大家心平气和的时候解决孩子之间的问题，而且帮助孩子学会解决问题，让他们感到自己是不可或缺的家庭成员，甚至有利于兄弟姐妹之间的互相欣赏。

那么如何组织家庭会议呢?

1. 告诉孩子们，你有一个有趣的想法

有这样一个有趣活动——家庭会议，全家人都相聚在一起，可以讨论某个家庭成员最关心的话题，可以讨论开心、喜悦的事情，可以在会议结束后提供各类零食。

2. 确定会议的具体时间和频次

将会议定于每周的固定时间进行开展，即使有人错过或遗漏了某一周的家庭会议，下一周的会议仍可照常举行。

3. 创建一个仪式，以示这不是普通的聚会

与会者可以手心搭着手背，由一位家长（或孩子）引导大家共同唱一首歌以作为会议的启动仪式。

4. 会议的首要环节

孩子们喜欢获得和给予赞赏，这是举行家庭会议的充分理由之一。关键在于要以此为契机，在解决问题之前创建积极的联结。这个环节不需特定的顺序，每个人都可以表达意见，直到全家人都获得了别人的感谢为止。

5. 接下来，询问大家是否有事情要说

任何涉及家庭生活的问题都可以说，但不能针对某个孩子的行为进行批判，不要让负面问题占据主导地位，否则孩子会厌烦家庭会议。

6. 根据基本规则进行讨论

每个人都有机会说话，而且不能被打断，每次只能听一个人讲，只允许提出建设性的反馈意见。可以找一根"接力棒"，只有拿到"接力棒"的人才有权说话。

7. 以"我们期待"结束

请每个人都描述一下他们期待在未来一周发生什么，要专注于家庭生活中的积极方面，例如你可以宣布自己对家庭生活的期望，从而提升家庭凝聚力。

8. 会议最后宣布即将到来的各种事件，让大家回到日常生活

提醒家人不要忘记各种安排、学习和娱乐等，确保家庭事务平稳运行，但不要让这些破坏了你已经创造出来的良好氛围。

9. 大家一起拥抱，共同说出你们的家训

■ 智慧父母课堂：介入多子女的争斗冲突

1. 干预孩子打架

当孩子们的脾气爆发，争吵变成口头或身体暴力，你该怎么办呢？

你需要伸出你的手，插到孩子之间，不让他们往前冲，把手放到孩子肚子上将他们分开；你要触摸每一个孩子，帮助他们觉得联结到你并且都感到更安全，使他们能够停止攻击。如果有孩子受到伤害了，你可以实事求是地与伤人者沟通，比如："你这样一定很伤人，快，小宝，去拿冰袋！"你会帮助他从"伤害了兄弟姐妹的坏小子"转换到"帮助医治兄弟姐妹的改正错误的好孩子"。实现了这个非常宝贵的转变，可以帮助你阻止未来发生更多的冲突。

接下来，你需要根据孩子的心情低落程度，制造一个冷却期。将孩子召集在一起，一只胳膊搂着一个，给每一个孩子说话的机会，去重复你听到的话，引导每个孩子说出对方的感受或需要是什么，另一个孩子重述其感觉。注意在这个过程中不要去偏袒任何一个孩子，还要重申家庭规则："不能打架!打人会疼。"你需要想尽一切办法去提高孩子们和好的可能性。

2. 帮助孩子学会自己解决问题

当孩子有争斗的时候，许多父母经常说这样的话："不要抢小宝的东西，快还回去!""你必须分享，你已经玩很久了。""你年龄大，你应该知道了。""不要吵，否则你们都得回自己的房间。"……我们会发现这些干涉并没有真正帮助孩子学习到如何满足自己的需求，同时尊重他人的需求。我们的干涉不会让孩子有任何收获，只会让他们依赖于我们去解决问题，自己却无法处理冲突。

我们需要干预，诀窍是规范我们的情绪，以使我们能够保持冷静。不偏袒任何一方，两个孩子的意见都要听取，让孩子感觉到被倾听，这将帮助孩子学习如何在彼此不伤害、怨恨的情况下，自行处理问题，获得双赢。

还有另外一种有益的父母干预的方式：父母重申家规，帮助孩子向其兄弟姐妹表达自己的需求，让孩子有信心通过满足双方需要的解决方式解决冲突，并借此发展出更好的解决问题的能力。

3. 指导孩子处理来自兄弟姐妹的侵略

大多数情况下，孩子会以父母为榜样。所以，父母若用平静的同理心回应心烦意乱的孩子，孩子也能学会这么做。那如何指导孩子应对来自兄弟姐妹的侵略呢?

父母要承认这件事情的发生，给孩子适当的示范和教导，以有趣的方式演绎各种场景，在这个过程中要设置一定的限制，让孩子之间保持一定的距离，确保孩子有足够的空间做自己的事情，而不受到兄弟姐妹的干扰。确保孩子知道自己在家里具有特殊的作用，知道自己仍然是你们的掌上明珠，他需要你爱他人的程度永远不会超过爱他，你们永远是他的后盾。

4. 鼓励孩子勇敢面对嘲笑

如果"嘲笑"是互惠或无害的，那它意味着欢笑和关系的拉近。如果嘲笑存在一定的不尊重，有了刻薄和争夺高下，父母就要注意了。

父母要鼓励孩子学会在受到糟糕对待时为自己辩护，鼓励孩子勇敢站起来为自己发声，如："小宝，你看上去挺伤心，难道哥哥说的话伤害了你吗？你可以告诉他，他那样说话伤害了你。"这对孩子来说是一个很好的练习，它可以让嘲笑停止。如果没有，你可以调用家庭规则："我们的家规是'要亲切对待彼此'。大宝，你听见小宝说话了吗？他说你的意见伤害了他。"通常情况下，我们应引导被嘲笑的孩子发声，同时提醒嘲笑者要有一定的规则意识，以结束嘲笑。

5. 修复孩子冲突后的关系

兄弟姐妹之间争吵过后，大多数家长会坚持让孩子马上向对方道歉，这也等同于强迫孩子道歉。此时，若孩子仍然生气，强制道歉就等同于在教他撒谎。因为孩子的道歉并非真心，所以无助于修复关系。

如何帮助孩子沟通，鼓励他与兄弟姐妹修复关系呢？首先要等孩子的愤怒平息；其次问他："你弟弟/妹妹爱你，也尊敬你，当你朝他/她吼叫时，真的伤害了他/她的感情。我想知道你可以做些什么与他/她和好呢？"再次，如果孩子有要求，请提供和好的建议，如：重建引起争吵的城堡、修理或更换损坏的东西、给予对方一个大大的拥抱、玩大家都想玩的游戏、帮助兄弟姐妹做家务、画一幅画、列出你爱兄弟姐妹的三条理由等。最后，两人达成协议并签字，承诺不再违规，并说明今后如何处理类似情况……

综上所述，父母介入多子女的争斗，需要极大的包容性，不批评，不指责，亲自做示范，选择合适而有效的方法引导孩子学习如何与兄弟姐妹友善相处。

■ 亲子游戏 1: 家庭游戏

这是查普曼博士介绍的两个适合家庭成员一起玩的游戏。目的是调动家庭成员一边玩，一边培养彼此服务对方的家庭氛围。

目的：

1. 及时肯定每个人用服务行动为爱他的家庭成员所做的事情。

2. 让家庭成员知道：爱是一种选择，每个人都有选择和拒绝的权力。我们每个人都在以自己的方式服务大家。

家庭游戏1："我欣赏你做的一切！"

游戏方式：大家围坐在一起，轮流叙述今天做了什么事来服务家人。服务的内容可以是做饭、洗碗、打扫卫生等。当其中一个人说完以后，其他人要发自内心地回应："我欣赏你做的一切！"

家庭游戏2："你知道我喜欢什么吗？"

游戏方式：每个家庭成员都可以向另一位成员提一个请求，这个请求可以是希望对方为自己做的事情。比如，妈妈可以对女儿说："你知道我喜欢什么吗？"或者："我希望这个星期六的早晨，你给我做荷包蛋。"女儿被点名了，就可以这样回应妈妈说："嗯，我会记住的。"

■■ 亲子游戏 2：感恩

目的：培养家庭成员的感恩之心。

活动类型：家庭讨论，家庭日志，个人日志。

材料：一个笔记本（作为家庭感恩日志），若干个人笔记本。

步骤：

1. 轮流回答问题："你要感恩什么？"

2. 共同制作一本家庭感恩日志，家庭成员在每一页写上一条想要感恩的经历，或者画出你们要感恩什么。

3. 制作个人感恩日志，每天晚上记录。可以用下面的格式作为你感恩日志的每一页：

日期：_____年_____月_____日

我的_____需要在今天_____时候得到了满足。

第七章　为人父母

结发为夫妻，恩爱两不疑。

——《别诗》

图7-1　为人父母

前段时间何洁离婚的话题一直占据热搜榜，而曾经与她同台竞演的叶一茜却早已从当年的"超级女生"蜕变为了"超级辣妈"。或许大家对叶一茜的印象还停留在2005年《超级女声》中那个"最美女孩"、奥运冠军田亮的妻子、《爸爸去哪儿》中"风一般的女子"森碟和小亮仔的妈妈。这10余年间，她不仅收获了美满婚姻、一双儿女，还成为"投资女王"拿下了十余家公司，独挑大梁主持节目等，以幸福百倍的姿态被娱乐圈公认为"人生赢家"。

在叶一茜身上我们不难看出她作为一名母亲和妻子的优秀表现，这也很好地证实了她与丈夫良好的夫妻关系。结婚十年，他们再一次"结婚"，儿女一同见证这浪漫温馨的时刻。田亮在微博上深情告白："世界上最美好的事，莫过于年少时遇见你，十年后还在一起……世界上最开心的事，莫过于明明已一把年纪，还可以为你而幼稚轻浮……人生并没有多少个十年，谢谢你，一路的温柔相待，从两个人的快乐变成四个人的幸福……余生，还请多关照。"

或许有人会质疑这是不是在作秀，那么看看孩子就知道了，如果不是父母足够恩爱和谐，孩子又怎么会这么健康自信呢？家庭氛围是对孩子最好的教育，看看森碟和小亮仔就能感觉出，两个孩子一定是在充满爱的家庭里成长的。

和谐的夫妻关系有多么重要？又该如何经营？发生冲突了怎么办？本章内容将解决你的这些疑惑。

什么是亲密关系

"亲密"这个词源于拉丁文intimus，意指"最内在、最深层、最深邃、最私密"。亲密是一种存有的状态，把自我最深处的部分向他人也向自己展现，没有任何伪装或防卫。所以，亲密是通过自我揭露而呈现的脆弱和了解状态，不是经由一般人际关系中的角色和义务而达到的状态。根据这个定义，一个人可能是亲密的（也就是坦露和脆弱的），而另一方可能并不以亲密回报。但在亲密关系中，这种坦露和脆弱是双向的。

亲密的伴侣彼此间有着广泛、私人的（且常常是私密的）了解。他们熟知彼此的经历、爱好、情感和心愿，而且一般不会将这些信息透露给他人。亲密的伴侣关心对方，彼此能从对方身上感受到更多的关爱。如果人们认为自己的伴侣了解、理解并欣赏自己，那么他们之间的亲密程度便会增加。

由于这种紧密的联系，亲密伴侣常认为他们是天造地设的一对，而不是两个完全分离的个体。他们表现出很高的相互一致性。这意味着他们认同双方在生活上的融合，自称为"我们"，而不是"我"和"他/她"。事实上，这种称谓上的变化（从"我"到"我们"）常常标志着人际关系发展到了微妙而又意义重大的阶段，此时新伙伴彼此间已产生了依恋。

最后，亲密伴侣通常会忠诚于他们的亲密关系，希望他们的亲密能持续到地老天荒，并不惜为此付出大量时间、人力和物力。这种忠诚一旦丧失，曾经的恩爱情侣、知心朋友也会日渐疏远、貌合神离。

亲密关系的重要性

曾有一对夫妻，结婚二十年，妻子温柔体贴、宽容大度，全力以赴支持丈夫的事业，而丈夫也很优秀，事业蒸蒸日上。在所有认识他们的人眼里，这就是幸福家庭、模范夫妻的典范，丈夫也自我感觉良好。直到妻子出轨的事情被爆出来，这个男人就懵了，不知道从什么时候开始，他们之间的夫妻关系早已出现问题，可他却浑然不知。

妻子常常抱怨他不够关心她，不愿意跟她交流，没有陪她度假，没有给她温暖，等等，可都未曾引起过他的注意。他只是单纯地认为妻子烦恼，过去就算了，从来没有想过要去重视他们彼此之间的问题和隔阂，更没有想过要为此改变些什么。

因为他认为，只要自己努力挣钱，给妻子、孩子提供一个稳定的生活环境，就足以抵消妻子所有的不满和抱怨。可他不了解的是，物质生活固然很重要，可对女人来讲，当物质需求得到满足后，要维系一段关系，让家庭幸福，还需要夫妻双方投注感情和注意力来连接彼此。

上述那对夫妻的状况，在很多人的婚姻里是常见的。男人提供了优渥的物质生活给女人，可女人却在那个黄金屋里枯萎、绝望。不是女人不懂得感恩，而是男人不明白，金钱绝对不是爱情的养料，唯有爱才是。

有无亲密关系

研究发现，如果我们要保持身心健康，并生活愉快，就需要在长久、关爱的亲密关系中经常与伴侣愉快地互动。人际关系建立后会令人轻松愉悦，而当我们珍视的人际关系出现危机时，我们就会魂不守舍，陷入癫狂痴迷，这充分表明亲密关系对我们的重要性。当人们长期处于极度孤单状态时，会表现出强烈的紧张应激反应，任何对亲密关系构成威胁的事物，都让人难以接受。

亲密关系丧失会损害人的身体健康。人们离婚后比婚姻关系美满时的血压更高、免疫系统更弱。当大学生孤独无伴时，免疫反应会变弱，更容易患上感冒或其他传染病。纵览人的一生，那些朋友和爱人都很少的人，比有充满关爱的亲密伴侣的人死亡率更高。另有一项历经九年的大规模纵向研究发现，缺乏亲密关系的人比正常人死亡的概率要高出两三倍。

亲密关系的质量

亲密关系的质量还会影响人们的心理健康。那些能与关心自己的人愉快相处的人与缺乏这种社会联系的人相比，往往对自己的生活满意度更高。在全世界，那些结婚并持续婚姻状态的人比缺乏亲密关系的人更加幸福。

为什么我们如此强烈地需要亲密关系？

由于早期人类生活在很小的部落里，生存环境恶劣，到处是长着獠牙利齿的猛兽。孤僻的人比合群的人在繁衍子女和养育后代上的成功率更低。这种环境下，能够与他人形成稳定持续充满关爱的人际关系的个性倾向，就具有演化学上的适应意义，有这些个性倾向的早期人类，其子女更可能生存、繁衍下来。

父母相爱是孩子幸福人生的"起跑线"

东子小时候是学校出了名的恶霸。东子他爸每天风里来雨里去，早出晚归做点小生意，就是为了给东子提供更好的物质条件。但东子他爸脾气火爆，有任何事不顺他的意，便会直接发火，音量提高好几个分贝的同时，还伴随着摔碗筷、摔杯子的声音。无论是私底下，还是在外人面前，他对妻子也毫不客气。东子的妈妈性情温和，自己开了个食杂铺，每天在自己的食杂铺里进货算账，再怎么忙也是笑脸迎人，只是偶尔偷偷抹眼泪。东子不爱说话，一说话就爆粗口，一言不合就跟人打架。后来，东子跟镇上一家饭店的老板起争执，最后大半夜的把人店给烧了，最终进了监狱。东子他老婆，带着孩子跑回了娘家，就再也没有回来过。

我们以为，孩子什么都不懂，给他吃，给他穿，给他钱，就足够了，却往往忽略了要跟爱人好好相处，跟孩子多说说话。

蒂莫西·凯勒的《婚姻的意义》提到，在过去二十年里，大量的研究证据表明，已婚者的生活满意度明显高于单身、离异和未婚同居者。这些证据也表明，那些在健全的家庭中长大的孩子，与其他不健全家庭中的孩子相比，前者的生活积极性高出两到三倍。父母相爱，是给孩子最好的爱。

为什么夫妻关系"先于"亲子关系？

父母和孩子之间的关系就像是一个三角形，父母的关系越稳定越牢固，孩子的安全感越强烈。父母是成人，能量场更为强大，他们的决策影响到一个家庭的运转。母亲和父亲，其中一方发怒，或者双方情绪都不好，整个家庭都将笼罩在坏情绪之中，孩子受到的冲击也更大。而孩子能量较小，许多事情不由他说了算，真正起决定性作用的是父母的关系。多少孩子，因为父母不合，过早地承受着成人世界的情绪。

孩子得到健康的爱，一定是父母双方共同参与的结果。父亲喜欢球类运动、跑步锻炼、竞技比赛，常常带给孩子勇敢精神、决断力等"阳刚品质"；而母亲也会带给孩子变通、忍耐、慈悲、包容等"柔美品质"。两者相互补充，不可替代。

当亲子关系凌驾于夫妻关系之上

当亲子关系凌驾于夫妻关系之上时，就是比较典型的"孩子中心"家庭。这样的家庭把孩子捧得很高，看似孩子得到了很多关注，实际上并不利于孩子发展。

孩子的成长本就是与父母分离的过程。孩子出生，是和妈妈身体进行的分离；断奶是第二次分离；进入幼儿园学习又是一次分离；直至大学，孩子基本已与整个家庭分离。如果在此过程中父母过多地"控制"孩子，他的独立性就得不到很好的发展。

"孩子中心"的家庭就是以孩子为中心的家庭

拥有两个不到3岁的孩子、一个深爱自己的丈夫，对家庭主妇的生活乐在其中，莉莉拥有自己梦寐以求的生活。然而，她发现自己最近越来越感到沮丧和焦虑，但不知究竟为何。

百思不得其解，最后莉莉向她的心理医生求助，她的医生建议她重新审视每天的日程安排。于是莉莉一一列出了自己每天要做的事，突然发现自己每天的时间都被孩子占据得满满当当，几乎没有属于自己的时间。甚至在孩子出生前坚持每晚阅读的习惯她也放弃了，她说："我希望有机会找回原来的那个自己。"

对很多妈妈来说，莉莉的故事就是她们自己的真实写照。抚养孩子是有意义和快乐的，但也必须承认，这需要消耗大量的时间和精力。2015皮尤研究中心调查发现，有59%的人表示愿意花时间陪伴孩子，但也有超过一半的家长表示，他们没有足够的时间离开孩子和朋友们聚会，或者坚持自己的爱好。

"孩子中心"的家庭，很大程度上是因为母亲将自我实现的一部分卷入孩子的世界，尤其是在夫妻关系中、在社会中没有得到成就感的妈妈，对孩子的成绩、成就尤为敏感，让孩子压力很大。帮助孩子树立正确的自我实现观念，实际上最好的方式，是父母自我实现。这样父母无论是在社会中，还是在家庭关系中，都能够获得相对的满足感。

世界小姐张梓琳曾发微博描述自己带孩子的风格，说道："平时出门办事、见朋友都喜欢带着胖妹一起，倒不是为了让她多见'世面'，更多是为了让她融入父母的生活而不是全家围着她转。怀孕之前就和聂哥达成共识：未来有了孩子，家庭也会是以我们两个为中心。胖妹好像深知这一点，出门在外，只要把她喂饱，就乖得像只洋娃娃。"虽然孩子是妈妈手中的宝，但生活却不是以孩子为中心打转的。

亲密关系中冲突的发生以及产生原因

1. 冲突的发生

爱人在你需要的时候，总会按着你的要求行事吗？当然不会。很难想象在夫妻关系中从来没有摩擦，也很难想象伴侣间的愿望、观点和行动不会有矛盾。无论两个人彼此多么关心，多么般配，总会发生分歧和争执。他们越是相互依赖，待在一块儿的时间越久，要协调的活动种类就越广泛，冲突也就越可能发生。

王先生的老友私下向王先生推销一款价格高昂的保险，王先生爽快答应了购买全家人份。王太太得知后很不高兴，埋怨和指责了王先生好几天，王先生被唠叨得也很不愉快，两个人就这件事吵了个天翻地覆……

其实这件事从内容层面上看，冲突就在于要不要买朋友推荐的高价保险，但是有个关系层面的点往往容易会被我们忽略，那就是这件事是由谁来拍板。

换言之，王先生有没有权力在没有和妻子商量的情况下，一个人做决定？

亲密关系中的任何一个冲突其实都包含内容和关系两个层面的冲突。内容层面是我们很容易看到的部分，我们也很容易就这个内容发生讨论和争执；可是我们看不见的是，往往在我们去讨论内容时，问题其实真正指向的是背后的关系。

假设同样的情况，王先生的朋友是当着夫妻俩的面开口的。王太太很可能转念一想，这款保险虽然价格高，但收益也很不错，而且这么多年的老友，不给面子也不太好。再说了，从朋友那购买也确实划算，自己还不如干脆答应好了。于是其乐融融，自然也就没了争吵。

那为什么同一件事，妻子的态度却会截然不同呢？其实恰恰是因为关系层面的变化。

所以，如果王太太能觉察到这件事折射的是关系层面的问题，她就不会为了要不要买高价保险这件事和王先生纠缠不休了，而是选择坦率地去和王先生沟通，真诚地表达自己内心的感受："亲爱的，买保险这件事关系到我们家庭，你一个人做决定让我很不舒服。"她会把她的感受和对这种权力不平等的现状的不满明确地向丈夫表达出来，让对方去理解导致冲突的原因真正在哪里。

在亲密关系中，个体一定要向对方传达出自身的需求。只有这样，两个人才能彼此调整、修剪和塑造，关系才会越来越加深和稳固。当以后在亲密关系中发生冲突时，千万不要死抓住内容层面的东西不放，而是要多去思考一下它背后关系层面的东西。我们最好多去想一想：对方说这话真的只是在表达这个内容吗？对方潜意识里其实是想表达什么呢？是不是在借这个内容表达对我之前某个举动或言语的不满？而不是一味地被情绪所左右，非要和对方争个对错。如果亲密关系中的任何一方有这个能力，即可以跳出内容的表面去觉察背后的关系层面的问题，而不是一遇到问题，就快速地进入情绪的泥沼和情感的反射区。那么，这段关系中的双方在解决矛盾和冲突时会非常有效率。

2. 冲突发生的原因

由于伴侣双方的年龄、性别、个性以及文化背景、家庭背景和社会经历等方面可能存在的差异，双方不可避免地在生活、交友、思维和处理问题的方式等方面出现不一致，冲突的产生在所难免。总的来说，亲密关系的冲突是两个个体为了获得各自的利益所面临的一种两难情境。

导致亲密关系中冲突产生的因素有很多，既有情绪情感、人格特征、认知、态度和信念等内因的作用，也有社会环境和文化背景等外因的作用。

(1) **不健全的婚姻动机**。有的夫妻的结合，并不是由于两人相爱。例如，有的人刚经历失恋，心里很空虚或气愤，盲目草率地找个人结婚；还有一些人或为了经济利益，与人结合，这种盲目情绪化的或毫无感情基础的婚姻，易诱发婚姻问题。

(2) **夫妻性格不协调**。如两个人的个性相当悬殊，丈夫以公事为第一，不太注意感情生活，生活方式较为呆板；而妻子喜欢变化，惯于游乐，结果两人格格不入。另一种情况则是夫妻两人性格极为相似，即两个人均个性强、不认输，结果两人总是争吵不休，或是两人性格都属于被动型，都依赖他人，结果也会出现婚姻矛盾。

(3) **对夫妻角色的不同期待**。假如夫妻二人，来自不相同的社会文化家庭背景，很可能带来极不相同的对夫妻角色的期待，如在家谁做家务、谁掌管经济大权这样的问题上，两人会闹得不愉快。

(4) **父母的影响和干扰**。如父母对儿女婚姻的不支持甚至反对，或父母过于关心，干预过度，使子女失去了自己设想的婚姻生活的自主权。

(5) **夫妻缺乏沟通和投入**。有的夫妻出于各种理由，将他们的精力放在工作、养育孩子或其他事情上，而无心维护自己的夫妻生活。

(6) **婚外关系的发生**。或出于"围城心理"，对其他异性产生幻想，或喜新厌旧，追求新的刺激与变化，或因工作、生活不顺心，而寻求婚外的另一段关系。

我们可直接感受到自己和某个人之间，隔着某种看不见的隔阂。我们的眼睛可以与对方相望，但中间就是有一堵无形的墙，以至于我们都感到彼此疏远了。有时，家庭中的其他成员也能感受到那堵空气墙的存在。所以当夫妻之间产生了隔阂，家庭中的气氛会因此改变，进而影响其他成员。这个能形成墙的空气，就是所谓的家庭气氛，而夫妻关系是家庭气氛的核心部分。

夫妻关系不是一路走到头，而是不断面对各种问题的过程。冲突是问题，彼此之间的冷漠也是问题。并且这些问题扩及两人之外，还包括双方的父母、孩子等角色，包含亲密关系以外的教养、工作、生活质量等难题。婚姻研究专家戈特曼指出，夫妻之间出现争吵和冲突很正常，只要他们争吵的目的是为了维系关系，达到彼此理解与共情，这些争吵是有益的。最怕的是采取"敌对型"的态度，即他们已经将对方视为生活中不必要的存在，他们的争吵往往不是针对具体问题，而是针对对方的各个层面进行人格羞辱，使关系陷入危险以及危机。

可见冲突不是关系的死刑，重要的是我们怎么面对冲突。

克里斯托弗·穆恩——冲突时愤怒的三种表现形式

克里斯托弗·穆恩提出伴侣在面对冲突时愤怒的三种表现形式：主动攻击、情绪抽离和被动攻击。

所谓主动攻击，就是用批评、指责、怪罪、威胁、谩骂甚至暴力等方式直接表现情绪。上文案例中提到的王先生的妻子就是使用这种方式。

而情绪抽离，是指以沉默、冷淡或者叛逆的态度来表达情绪。比如用冷冰冰的表情与肢体语言表示"滚开，去死吧"这样的感受。这种表现形式相对隐蔽一些，但是危害却并不亚于主动攻击。婚姻关系中，很多人使用这样的方式，这种态度看似回避争吵，其实是火上浇油。因为这会让对方看起来更像"坏人"，而自己则扮演无辜的受害者，以致让对方更加愤怒。

而被动攻击，则是通过装可怜，甚至自伤自残让对方有负罪感，从而达到控制对方的目的。这是最为隐蔽的攻击方式，但是杀伤力有时也不亚于前两种，而且因为更隐蔽，有时解决起来更麻烦。

一个例子，一对夫妇结婚三年以来，丈夫因为太忙第二次忘记了妻子的生日，妻子当然很生气，但是她的表现手法却很有特点，她等丈夫回来后一直用纸巾擦着红红的眼睛，不论丈夫怎么问，都轻描淡写地说没事，丈夫反复询问下才淡淡说了一句："只是今天是我生日，本来以为可以一起出去吃晚餐的。"这个时候丈夫意识到了问题，马上道歉，然后提出各种补救措施，但是妻子都给一一否决了，并且理由都是为丈夫考虑，自己的事情一点都不重要什么的。

用今天的话讲就是"比较作"，通过"苦肉计"，让对方有罪恶感，并为她内心的痛苦负责。并且这种负罪感越强烈，被动攻击的一方就越有"快感"。但是这样的关系往往会让产生负罪感的一方身心疲惫，而关系也会陷入一种有气撒不出来的怪圈而使对方选择逃离。

卡里尔·鲁斯布特——应对冲突的四种方式

学者卡里尔·鲁斯布特提出在亲密关系中应对冲突和不满的四种方式。这四种不同方式在主动或被动的维度、建设性或破坏性的维度上存在差异：

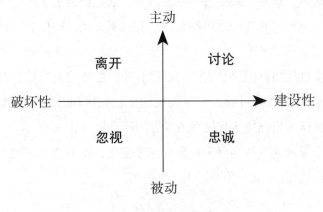

图7-2　应对冲突的方式

1. **讨论**。以主动、建设性的方式来行动，通过与伴侣讨论问题、改变自己的行为、获取朋友等人的建议改善交往情景。

2. **忠诚**。以被动但建设性的方式来行动，通过乐观地等待条件改善而表现。

3. **离开**。以主动、破坏性的方式来行动，通过离开伴侣、威胁要结束亲密关系或者施虐行为如大喊大叫、大打出手而得以表现。

4. **忽视**。以被动、消极的方式处理关系，通过避免讨论关键性问题、减少与伴侣相互依赖而表现。当个体选择忽视，就会袖手旁观，眼睁睁地看着情势恶化。

如果亲密关系越令人满意，人们的投入也较高，就越有可能以建设性的讨论和忠诚做出反应，而不是选择忽视或离开亲密关系。当伴侣双方都选择破坏性的冲突反应，亲密关系就很危险，所以在面对爱人暂时蔑视的情况下，能够维持建设性的态度就是很可贵的。当伴侣做出破坏性的行动时，应该避免做出以眼还眼、以牙还牙的冲动行为，努力以建设性的态度做出讨论或忠诚反应。

明白夫妻关系的首要概念，就是认识到两个人永远都不可能成为一个人，所以对于家庭的付出与所有的决策，都是一种合作关系的结果。合作需要沟通，需要谈判，从来都不是谁说了算。面对关系中的冲突，一般常见的夫妻反应会是"接近"或"逃避"的模式。也就是一方扮演接近者，不断批评、唠叨、提要求；另一方扮演逃避者，逃避正面接触、冷漠以对。这里也点出了另外一个常见的观念误区，即并非只有火花四溅才叫冲突，冷漠与不交流，同样是一种冲突，更是一种会使整个家庭战栗的冷暴力。多数情况下，女性扮演接近者，男性扮演逃避者。主要在于女性比男性更愿意表达内心的感受，希望修复与重建亲密关系；而男性受制于社会价值观的引导，在感情表达上比较压抑。此外，接纳女性的意见，会影响男性认为自己应该是关系主导者的固有认知。

唯有不断学习沟通，体会到未来会有许多变化，而不是"从此王子与公主过着幸福快乐的生活"，才能避免对婚姻产生失望。

离婚

尽管人们喜欢与他人建立并维持亲密关系，但实际上并非所有的亲密关系都以圆满结束，在我们的周围有许多亲密关系在发展的不同阶段出现破裂。

离婚，是婚约的解除，同时还包括财产分割和子女的未来养育等。

图7-3 离婚

为什么离婚率会增加？

与我们祖辈的年代相比，现代人的离婚率增加了，可能的原因有：

●我们渴望从婚姻中得到更多，对婚姻持有更高的期望标准。

● 上班的女性在经济上更为自由，有更多的机会接近有吸引力的替代伴侣，在工作和家庭之间面临的冲突日益严峻。

● 兴起的个人主义和社会流动性使我们与阻遏离婚的社区规范联系更少，也更少受到它的影响。

● 新制定的法律使得离婚更为大众所接受，离婚的程序也更容易。

● 随意的同居削弱了婚姻的忠诚。

● 离婚家庭的孩子在他们长大后更可能离婚。

这些都是可能促进离婚的因素，而不一定是造成离婚的原因。

离婚的心理调适

亲密关系的破裂往往会给双方造成情感上的伤害，心理学家发现在这种情况出现的时候，女性比男性更可能希望赶快终止与异性的关系。对男女双方来说，当爱与友情一旦成为往事的时候，他们都要经历情感上的伤痛。

婚姻的结束比恋爱分手更为复杂。要分割财产、抚养小孩、遵从法律程序，离婚会改变人的生活，有时是变好，但更多的情况是变差。它可能会给你的身心造成影响，会带给你情绪、行为、认知上的重大转变，常见的反应有悲伤、抑郁、焦虑、愤怒、哀伤等情绪体验，以及行为退缩、认识失调等。

离婚的人终要面对现实，走出不幸的婚姻，照顾好自己的人生和孩子的未来。

1. **要与人保持接触**。千万不能因为痛苦，就把自己封闭起来。摆脱悲伤，回到社交活动中去，甚至扩大社交活动的圈子，依赖自己的社会支持系统，如朋友、家人、专业的心理咨询师和婚姻家庭咨询师等，就可能在他们的关心帮助下，很快地抚平精神创伤。

2. **要合理宣泄情绪**。想到伤心处情不自禁时，要容许自己尽情地哭出来。伤心流泪不是弱者的表现，尽情大哭也不会让人感到丢脸。能够在情绪宣泄过后站起来继续奋斗的人，才是勇敢者。

3. **要保持规律的生活**。面对离婚的事实，努力保持生活规律，建立生活秩序，可以有效地减轻自己的痛苦。最好能够继续原来的工作，减轻个人的经济压力，稳定个人的自尊心，增加价值感，保持生活的规律与秩序。

4. 认知矫正。 你们已离婚，对方也再婚，夫妻间的感情已经破裂，也就无须对过去太过纠缠。但对男女双方而言，你是孩子的父亲/母亲，是孩子的法定监护人，应该对孩子负责，如果孩子不由自己抚养，就应该支付孩子的生活费、保姆费和孩子学费，直到孩子成年。

■■ 拓展阅读：父母不和及离婚影响儿童的主观幸福感

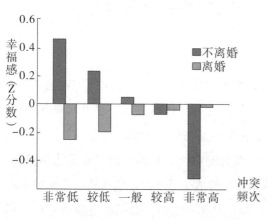

图7-4　父母不和

如左图，正如所预期的，当儿童生活在很少发生冲突和矛盾的完整家庭时，他们最幸福；而当离婚发生在低冲突的家庭中时，他们的幸福感更低。但是如果儿童生活在持续发生冲突的家庭里，当父母不离婚时他们的情况更糟糕；当离婚能结束愤怒、矛盾重重的家庭时，儿童的幸福感只是略低于正常水平。所以，痛苦的夫妻是否应该"为了孩子而在一起"这个问题，看来取决于他们能否彼此以礼相待，当平静的婚姻破裂时儿童就会受到伤害，但如果他们的家庭充满冲突，那么离婚反而会让孩子的境况变得更好。

如果孩子能在父母离婚后维持和父母的高质量的亲子关系，那么毫无疑问他们不太会受到离婚的影响。不管是因为什么原因，只要孩子能继续与父母保持有意义的、充满爱心的接触，那么离婚家庭的儿童通常要承受的更糟糕的后果在他们身上就会很大程度地消失。当父母一起合作变成体贴、挚爱的监护人时，儿童依然能保持与他们以及其他亲人的良好的关系。另外，离婚家庭的孩子体验的许多糟糕的感受会随着时间逐渐消退。人是有弹性的，如果能给儿童提供充分的爱心和支持，他们就能慢慢"康复"。

离婚或者再婚的父母记住:如果子女能享受到免于贫困的自由,得到慈爱、可靠和持续的养育,免受双亲冲突的危害,他们就能幸福长大。

智慧父母:亲密关系中的 10 种行为

我们每个人在每一段长期的亲密关系中,都会为了维持关系做出一系列的行为决策,其中有一些是经过深思熟虑而做出的;而有一些在我们的感受中是出于"本能"做出的;甚至有一些好像是一种破坏行为但其实却也有着维持关系的功能。

为了一段关系的继续发展,人们会做出哪些举动?维持关系的行为可以分为积极与消极两个大类,我们一起来了解。

1. 5种维持关系的积极行为

(1) 肯定

肯定,指的不仅仅是对对方所取得的成就的肯定,还包括对对方情绪与感受的肯定。例如,当对方回到家中,抱怨自己在工作中遭遇的困难或不公平待遇时,一个积极的维护关系的行为是肯定和接纳对方难过、愤怒的情绪,让对方感受到支持与依靠。不仅如此,肯定,还包含了对于伴侣在关系中的作用与重要性的肯定。我们通过语言和行动持续让对方感受到"你对我来说很重要""我感受到你在关系中的付出"等。这种"肯定",还通过我们向对方做出承诺以及对于两人共同未来的规划来表达和实现。

(2) 坦诚

坦诚是增进彼此之间的信任与亲密感的重要途径,但是,对于伴侣的坦诚也需要根据双方感情的阶段来决定其程度。与另一半谈论自己的过去以及内心的秘密,需要有足够的勇气。尤其当我们试图谈论的内容,可能涉及我们痛苦的经历与负面的情绪(如羞耻的、内疚的事)时,不仅需要我们有勇气再度回顾这些事,也需要有勇气面对坦诚之后的结果。

(3) 积极

积极，指的是一种积极看待彼此感情的态度，积极对待两个人在一起生活的态度，并且在与对方相处时，能够表现出自己乐在其中。例如，有些伴侣非常擅长一起把普通的日子过得趣味盎然，"我和你在一起做普通的事也很愉快"，这是一个非常好的信息传递。

(4) 共享社交

在亲密关系中，有些人也会与伴侣"共享"自己的社交网络，和对方一同参加自己亲人、朋友的聚会。但是，这种社交共享并非强迫式地使自己或对方失去私人空间（例如，要求对方交出自己的社交网络账号与密码），而是通过参与彼此的社交圈而建立双方之间更紧密的联结。

(5) 共担责任

有些人在亲密关系中，愿意与对方共同分担生活中的责任，也会在对方需要的时候，给予适当的建议与协助。在日常生活中的分工协作，是增进信任、促进感情最实际的方式，是最有利于双方关系持久的方式。

2. 5种维持关系的消极行为

消极行为，主要指那些迫使对方在某些方面做出改变的、消极的、强迫性的行为。但人们做出这些消极举动的目的，仍然是希望能够将两人的感情维持在自己想要的状态或是试图修复已经破损的感情。

(1) 引起妒忌或不忠

有时，人们会通过做一些容易引起对方妒忌的举动，试图引起对方的注意或迫使对方做出改变。例如，面对伴侣的漠不关心，有些人会通过不断在对方面前提起"某某某很有魅力""谁谁谁跟我告白了"或者通过肉体出轨，来试图引起对方的醋意，以获得对方对自己哪怕只是一星半点的在乎，甚至幻想对方会因此产生危机感——感觉到可能会失去"我"，而做出一些改变。然而，这种做法在多数情况下都仅仅是徒劳。它非但不能改变或修复既有的感情，还会让对方感到大量的负面情绪，也使得双方陷入无休止的拉锯和相互指责之中。

(2) 逃避

有些人在关系中习惯性逃避——意见不合时逃避、对于可能引起争议的话题也逃避等。这种逃避可能是一种自我保护的途径，避免在争吵过程中受到羞辱；同时也是因为他们认为，逃避能够减少两个人的分歧，从而避免对感情造成伤害。只不过，往往这种逃避却更容易引起对方的不满，认为逃避的一方不但不愿努力，甚至连沟通的勇气都丧失了——这种指责令选择逃避的一方内心也满腹委屈。

从以上两点我们已经可以看到，消极维持关系的方式有一个显著的常见后果，就是让两个人陷入对对方不满的恶性循环里，如果没有一方愿意首先跳出这个循环，这种消极的模式可能彼此激发，愈演愈烈。

(3) 监视

也有一些人希望自己能掌握与对方有关的一切信息，对对方的电子邮件、手机短信、社交账号等都进行了严密的监控，认为这样才能增进对对方的了解（并且往往不允许伴侣对自己进行同等的监视）。

(4) 破坏性冲突

人们也会通过主动挑起双方的冲突来引起对方的注意，或者通过贬损对方以获得为对方提供建议的机会。通常在亲密关系中，制造"破坏性冲突"的人，通常希望自己在关系中获得更多的控制权。例如，贬损伴侣工作能力差的人，有可能是希望自己能借机给予对方职业发展方面的建议。

(5) 允许被控制

有些时候，人们也会通过将自己生活的选择权与决定权交给对方的方式，试图换取对方的信任与关心。我们让对方决定我们的穿着、交友，甚至人生大方向，只为了对方能够满意。然而，这种行为不但有可能使人产生一种自我的剥夺感，也有可能使两人的关系最终陷入"依赖共生"的深渊。

婚姻治疗

婚姻治疗是一种新兴的心理治疗模式，其主要特点是把治疗焦点放在一对夫妻身上，以人际关系的观点来了解夫妻的心理与行为，解释他们的婚姻问题，并协助他们改善不良的关系与适应方式。一般来说，婚姻治疗针对的是那些尚可正常运转的家庭中的关系问题，如依赖性与自主性的冲突，可通过建立夫妻间亲密的情感交流与和谐的生活方式，使双方有各自的活动空间，对家庭决策及角色分工采取灵活变通的态度，确立夫妻在生活中的平等地位等。

转负为正，改变气氛与取向

当一对夫妻感情不和，充满怨气和不满，一开口就你责怪我、我批评你，无法相互协助解决彼此的问题时，尽快化解不悦、怨恨的负性气氛，恢复原有的正性感情，是婚姻治疗的先决条件。

1. 让夫妻赞扬对方的优点

最简单的方法就是问他们当初认识的时候为什么会喜欢上对方，要他们述说当时对方的优点。医生可以提问："当初你为什么选中了他（她）呢？"这时医生以听取婚姻史为借口，询问他们当初为什么相互喜爱而结婚，事实上是让他们诉说对方的优点，相互夸奖，实行情感的负正转换。

2. 适当地"重构"

重构是指每件事情都可从不同的角度去认识，换一种角度就会有不同的感受。如妻子怨丈夫只管工作不顾家，医生可重构为："丈夫对家庭很负责任，辛苦工作是想多挣钱改善家里的生活。"丈夫怨妻子太啰唆，医生可解释为："妻子对丈夫真关心，随时随地都想着丈夫的事。"重构的目的是帮助夫妻以另一种角度来了解、评价对方，把事情往好的方面想，把"他不关心我"重构成"我需要他更多、更好的关心"，也就是把负性的责备变成正性的期望，使对方能够接受并改进。

3. 替一方传些好话

有些人不太会讲话，特别是表达感情时更显得冰冷僵硬，这时医生可以乘机替他（她）讲话，传递其心意。比如说："不知对不对，依我看来，先生对妻子还是蛮关心的，也很喜欢，是有感情的，先生你说对不对？"传话时要征求被传话人的意见。不过这种方式不能随意用，以免传达情感有误，或导致被传话人没有机会开口表达心意，转变了治疗的最终目的。

4. 当场演示亲热程度

医生询问夫妻是如何表现亲密关系的，请他们当场示范，如两人握手不放，把手围放在配偶的肩膀上，甚至相互拥抱。这样，医生便有机会观察到夫妻亲热时谁先主动表示，另一人如何接受等细节。有的妻子怪丈夫对自己不亲热，但实际上当丈夫真的表示亲热时她又拒绝。当场演示使医生能观察到真实情况。体肤的接触能使夫妻重温旧情，靠实际行动来表现正性的关系，有时候原有的怨气或不满会因此而马上消除。但如果两人的感情坏到不想亲近的程度，最好不要勉强他们做不愿做的事，以免适得其反。

纠正夫妻关系中存在的问题

婚姻治疗的主要任务是协助夫妻发现他们的关系特点和问题所在，并设法纠正和改善。最常见的夫妻沟通困难在于，彼此认为有些话用不着说对方就应该明白。特别是两人性格一强一弱，性格弱的一方一开口就被强的一方压住，久而久之就不想说话了。这时应鼓励少说话的人多开口，训练多说话的人学会倾听对方讲话，这样才能使夫妻变成平衡沟通的一对。夫妻间谈话困难的另一个原因是一方刚开口，另一方就给予批评，谈话马上变成带火气的争论，这常常与夫妻角色的混乱有关。

由于夫妻来自不同的家庭，文化背景、社会环境、生活习惯各不相同，对同一件事会有不同的看法、态度和价值观，医生要帮助他们了解彼此的差异。如一位丈夫原来的家庭中是父亲说了算，母亲只管做家务，他便认为男子汉是干事业的，不应该做家务。妻子原来的家庭中父母比较平等，父亲常帮助母亲做家务，她便认为丈夫也应该做家务，因此为丈夫不干活而闹离婚。医生应帮助他们分析产生分歧的原因，并说服丈夫帮妻子做些家务，同时让妻子认识到丈夫事业的成功，从而使两人互相理解，互相体贴。

促进"夫妻联盟"与"婚姻认同"

"夫妻联盟"是指一对夫妻在心理上要建立一种概念，认为他们是统一体，必要时能联合起来对付外人。"婚姻认同"是指心理上建立夫妻共同的观念、态度取向，不会以各自的取向来对待生活。当医生发现两人形成的"夫妻联盟"尚不健全，缺少"婚姻认同"时，其治疗重点应放在此方面。

例如丈夫的妹妹与妻子闹矛盾时，做丈夫的首先袒护妻子，或者丈夫被妻子的哥哥批评时，做妻子的能马上为丈夫辩护，这是能以"夫妻联盟"的立场来应付家族矛盾的例子。如果做丈夫的只会替自己的亲友着想，而轻视妻子的意见，宁可让妻子生气也不愿得罪亲友，这是"婚姻认同"不够强的表现。一对缺乏"婚姻认同"的夫妻在谈话中经常说"你母亲""我爸""你们家"，却很少提到"我们"的称呼，这可证实他们的婚姻在心理层面上不够健全，需要辅导、纠正。通常需要让这样的夫妻了解他们婚姻心理上的缺陷，并指导他们改正，使其建立以婚姻为主、夫妻为上的观念和态度。

认知取向：以情绪为中心的夫妻治疗

以情绪为中心的夫妻治疗（EFCT）起源于依恋理论。EFCT试图重新建立夫妻交往的理想模式，但它关注的重点是伴侣们在试图满足依恋需要时体验到的情绪。EFCT认为人们需要情绪安全，并会向他们的配偶寻求情绪安全，但如果伴侣一方不能有效得到认同和接纳，并且伴侣另一方以负面方式反应，沮丧和苦恼就相伴而生。最普遍现象是想要得到更多注意和关爱的伴侣以一种挑剔和责备别人的方式来索求，对方的反应当然是躲避得越远越好。双方都得不到安慰，也没有人快乐幸福，并且这种可憎的索求和退避的循环可能会不断加剧。EFCT试图识别出这类情感沟通适应不良的循环，并代之以重新建构的交往，从而使伴侣们感到安心、爱恋，彼此能安全地交往。EFCT包括三个阶段，在第一个阶段，要识别出沟通中存在问题的冲突模式，鼓励夫妻们把自己视为团结在一起与共同敌人战斗的合作者；治疗师还要帮助夫妻们探察没有得到满足的接纳和安全需要，正是它们激起了夫妻冲突。在第二个阶段，伴侣们开始建立有建设性的交往新模式，承认对方的需要并提供更多的保证和安慰。最后，在第三个阶段，伴侣们排演和加强他们对彼此的应答性，依靠新建立的安全感无畏地寻找解决老问题的新方法。整个过程包括9个步骤：

表7-1 以情绪为中心的情侣/夫妻治疗的步骤

阶段1：评价问题
步骤1：伴侣们描述他们的问题，常常要详尽地描述最近的冲突。
步骤2：伴侣们要辨识出他们冲突背后的情感恐惧和内在需求。
步骤3：伴侣们要用言语表达他们的情绪，以便对方准确地理解。
步骤4：伴侣们认识到双方都受到了伤害，不应单独责备任何一方。
阶段2：建立能培育夫妻情侣之爱的新交往风格
步骤5：伴侣们辨识并承认他们最深处的情感，包括对承诺、接纳和安抚的需求。
步骤6：伴侣们承认并开始接纳对方的情感，考察自己对习得的内容的新反应。
步骤7：伴侣们在开放和理解的基础上开始新的交往模式。
阶段3：练习和维持理想的新交往风格
步骤8：伴侣们一起努力探索解决老问题的新方法。
步骤9：伴侣们仔细地练习并巩固他们彼此重新接纳对方的新行为。

对于为婚姻问题而苦恼的夫妻，EFCT非常有效，在治疗完成时，70%的夫妻解决了他们的问题。

趣味心理：测一测你和伴侣之间的冲突类型

了解夫妻冲突类型对有效解决问题很有帮助，如果你和你的另一半发生冲突，不妨对照下面的测试题，看看自己属于哪一类。

A. 我们关系中的冲突是最小化的。我们认为最好"认同彼此间的分歧"，而不是要去加以讨论，以免双方陷于僵局，生气是于事无补的。事实上，对分歧的过多讨论会使事情更糟。我们觉得出现问题时只要放松，问题自然会解决。

B. 我们的冲突发生得比较频繁，这没有什么太大的关系，因为我们的弥补修复范围会更大。我们会发生火山爆发似的争论，不过这仅仅是我们温暖关爱关系的一小部分。尽管我们会发生争论，我们仍能解决我们之间的分歧。事实上，激烈冲突后会有许多修复、欢笑和温情，反而使我们的关系更好。

C. 我们经常激烈争吵。彼此间互有侮辱性的语言，如骂人、压制和讽刺。我们不能真正倾听对方在说什么，也不会常常看着对方。即使偶尔会有短暂的攻击和自卫，我们中的一方常常是超然的、不含感情的。我们关系中的负面情况显然多于正面积极的情况。

D. 当发生冲突时，即使存在分歧，我们也会让彼此知道对方的意见是受到重视的，感情是有效的。即使在讨论最激烈的话题时，我们也会更多地进行自我控制，表现平静。在争执的时候，我们将许多时间花费在认可对方上，也会努力说服配偶或者找到妥协之道。

说明：这一测试是根据美国著名心理学家约翰·戈特曼的伴侣冲突类型设计的。不同选项对应不同的冲突类型。A：逃避型。B：波动型。C：对立型。D：认可型。

1. 波动型、认可型、逃避型伴侣在冲突的讨论中，积极行为大于消极行为，其交流过程主要是积极的，婚姻满意度也高。

2. 波动型和认可型伴侣都会公开地面对冲突，愿意面对不同意见的存在，并努力去说服对方，彼此投入的程度大于逃避型。

3. 对立型伴侣的积极行为少，消极行为多，更可能互相批评、蔑视、自我保护或退缩，这些交往形式往往损害了关系的稳定，伴侣婚姻满意度很低。

夫妻练习：画里读心——警察抓小偷

材料：白纸一张（可以是素描纸或A4白纸），水彩笔或油画棒一盒。

规则：

夫妻二人分别扮演警察和小偷两个角色，各人分别选择自己喜欢颜色的彩笔一支。

两支彩笔集中到纸的正中间，警察抓小偷游戏开始的时候，小偷先画，小偷的画笔就要在纸张上一直跑。

警察的画笔就要沿着小偷的轨迹一直追，线条不能断掉，要沿着对方的轨迹一直去追去跑。

角色互换，刚刚是警察的人，现在是小偷；刚刚是小偷的人，现在是警察。小偷要跑得快一些，不要变成小偷抓警察了。

在乱七八糟的线条里面去找线条图形像什么，找出5样，把它描出来。比如帽子，就描画出帽子的样子，一定是要有意义的东西。

第三篇 "我该怎样与别人相处?"

——父母如何支持孩子的人际关系（社会化）发展

篇首语

托尔斯泰说："在一个家庭里，只有父亲能自己教育自己时，在那里才能产生孩子的自我教育。没有父亲的先锋榜样，一切有关孩子进行自我教育的谈话都将变成空谈。"同样，在中国也有一句古语："其身正，不令则行；其身不正，虽令不从。"可见父母对孩子的影响之大，父母是孩子日常生活中进行模仿学习的重要对象之一。但随着孩子接触面和知识面的增广，他们的模仿对象已由最初的父母，逐步发展到身边的其他亲人、学校老师、同学以及电视、电影、文学作品里他们心中崇拜的人物。

"一声呼唤，儿时的伙伴，梦已离开，一切又回来；一声呼唤，儿时的伙伴，云儿散开，笑容又回来……"不知道这些流行歌词能否让你回忆起自己童年时与同伴在一起的情景呢？一说到同伴，浮现在你脑海中的词汇会是什么，同学、朋友、死党、闺蜜？……

有的孩子同伴关系好，属于受欢迎型，同伴之间不仅可以说真心话，还可以互相开玩笑；有的孩子同伴关系很一般，属于不进则退型，与大部分同伴都是比较表面的关系，不能深入；有的孩子同伴关系很透明，属于被忽视型，孩子在同伴面前讲话、做事得不到回应；而有的孩子同伴关系属于被拒绝型，他们渴望与同伴建立友谊，渴望融入不同的集体，但由于种种原因而被"拒之门外"了……

那么作为父母，又该如何给孩子一个正确的引导方向呢？我们该如何引导孩子建立良好的友谊关系，如何帮助孩子发展同伴关系呢？本篇我们将带您了解并解决这些问题。

第八章　同伴关系

世间最美好的东西，莫过于有几个头脑和心地都很正直的朋友。

——爱因斯坦

图8-1　同伴关系

八岁的小菲无论去哪里总是一个人,没有小伙伴和她一起玩耍。她独自一人走在校园那宽阔的道路上,看着同学成群结队一起蹦蹦跳跳地去教室时,她在心里默默哭泣;她一个人坐在教室的角落里,看着班上的同学你追我赶、说说笑笑,玩着各种各样的游戏,她心里非常羡慕,却不知道该怎么融入他们;回到小区时,她看到邻居家小孩儿在欢乐地玩滑滑梯、跳绳、荡秋千,她多想加入他们一起玩啊!因为她是独生女,没有其他兄弟姐妹,也不知道该怎么去交朋友,所以每天上学、放学,小菲基本上是一个人,她觉得自己就像是繁华热闹城市里一盏被遗弃的灯,没人问候也没人在乎。小小年纪的她似乎体会到了什么是孤独。

同伴关系

同伴关系,是指年龄相同或相近的儿童之间的一种共同活动并相互协作的关系,或者主要指同龄人间或心理发展水平相当的个体间在交往过程中所建立和发展起来的一种人际关系。

美国学者哈吐普(Hartup)将儿童的人际关系分为两种:垂直关系和水平关系。垂直关系是指儿童与比儿童拥有更多知识和权利的成人的关系,如儿童与父母或老师之间的关系。水平关系是指儿童与具有相同社会权利的同伴之间的关系。在水平关系中,双方的权利和地位更加平等,能力也相当,彼此拥有更大的自主权,在游戏的过程中,他们可以互相协商,分工协作,比如:在游戏中,他们约定一个扮演妈妈,一个扮演孩子,一个做饭,一个洗衣服,共同商量游戏的内容和形式。水平关系可以为孩子创造一种与垂直关系完全不同的感受和体验,有利于孩子学会如何正确地与他人平等交流、沟通,锻炼他们解决问题的能力,提升他们的合作意识。

同伴关系对孩子成长的意义

同伴关系对孩子成长影响重大,主要体现在以下几个方面:

1. 提升孩子的社会交往能力

孩子在与同伴的相处过程中，可以学习如何与他人建立良好的关系，如何保持友谊，怎样解决冲突，怎样处理个人与集体的关系，这些有助于孩子社会交往能力的发展。如果一个孩子从小没有学会与同伴相处，或者在集体中被孤立，那么他很有可能会出现一些社交上的障碍，如社交焦虑、社交恐惧等，最终影响孩子的身心健康发展。

2. 提供相互学习和交流的机会

在与同伴的相处过程中，孩子会从对方身上学习到不同的生活经验以及从不同的角度看待问题。每个孩子都是不一样的，他们对待同一个事物也许会有不同的看法和意见，处理方式也会不一样。同伴关系为孩子提供了分享和学习的机会，一些表现出色的同伴还可以成为其他孩子的学习榜样，比如一个自卑、内向的孩子与一个外向、乐观的孩子交往，将有利于引导内向的孩子表达自己，向外向的孩子学习更多的社交技巧。

3. 促进孩子自我概念形成

孩子的自我概念发展与同伴交往密切相关。同伴为孩子的自我评价提供了参照，孩子从同伴的眼中逐渐认识到自己的形象和地位，比如有的孩子在同伴中是受欢迎的，他在自我概念发展中便会把受欢迎的特质进行强化，内化那些受欢迎的品质。

4. 满足孩子的归属感和情感交流的需要

同伴可以满足孩子的归属感和情感交流的需要。当孩子感受到自己被同伴接纳、认可或欣赏的时候，他会产生归属感。归属感是我们人类的基本需要之一。同时，同伴之间的交流不仅局限于游戏、知识、经验的分享，还可以分享彼此的心声，为对方提供情感支持。特别是对年龄大一些的孩子而言，他们在交往中相互聆听、相互倾诉、相互理解、相互支持，帮助彼此宣泄不良的情绪，从而获得良好的情感发展。

5. 培养孩子良好的个性品质

同伴之间的交往以及共同游戏等活动，要求大家遵守规则、分工协作、承担责任，这有助于孩子们养成团结互助、勇于担当的优秀个性品质。

童年人际关系对成年后的影响

图8-2 美国的哲学家和社会学家舒茨

"童年期的人际需要是否得到满足以及由此形成的行为方式,对个体成年后的人际关系有决定性的影响。"这是美国的哲学家和社会学家舒茨提出的重要观点。童年的人际关系与父母对待孩子的方式息息相关。

舒茨认为,根据父母对待孩子的不同方式,孩子将表现出不同的人际交往模式:

如果童年时,孩子与父母交往少,孩子被冷淡对待或者经常面对父母的训斥,那么孩子就会出现低社会行为。孩子可能会与他人保持距离,不愿意参加集体活动,喜欢一个人自言自语,或者表面上与人友好,但情感距离大,常常担心自己不受欢迎,不被喜爱,避免与人有亲密的关系。

如果孩子对父母表现得过分依赖,独立自主能力差,或者孩子从小生活在溺爱的环境中,那么他长大后容易形成超社会行为,即在人际关系中总是要求别人给予注意,寻求接触,容易以自我为中心,人际关系处理不好。

如果孩子与父母在生活中能够适当沟通,彼此理解,孩子能够得到父母适当的关心和爱护,父母对孩子既有要求,又能给予他一定的自由,那么孩子就会形成民主式的人际交往关系。将来孩子无论是独处还是在集体生活中,都能感受到满足感,不会有爱的缺失,能恰当地处理各种人际关系。长大后也不会轻易感到受宠若惊。

■ 拓展阅读：格兰特研究——人际关系与幸福

古希腊哲学家亚里士多德曾这样描述："幸福是生活的意义和目的所在，是整个人类存在的全部目标与最终归宿。"但怎么样才能收获快乐与幸福呢？

在这个飞速发展的社会，人们对生活最深切的感受也许就是两个字：变化。为了获得更多的金钱、名誉、地位和成功，每个人都被推动着向前飞奔，但我们所追求的幸福似乎并没有跟上物质发展的节奏，这是为什么呢？什么才是决定幸福最重要的因素呢？

在哈佛大学历史上，曾经有一项非常著名的研究，这个研究长达76年，名为"格兰特研究"。这项研究就是为了找到幸福的真谛。格兰特研究是由哈佛大学的阿列·博克（Arlie Bock）教授于1938年提出。博克教授当时组建了一支涵盖医药学、生理学、人类学、精神病学、心理学和社会学在内的研究团队，并从哈佛大学找来了268名身体健康、适应良好的新生作为研究对象。

研究团队通过定期追踪这些被试者，记录他们从青少年到人生终结的所有境遇，试图发现影响人们幸福生活的秘密。每隔两年，这些研究对象会收到调查问卷，他们需要回答自己身体是否健康，精神是否正常，婚姻质量如何，事业成功与否，退休后是否幸福等问题。研究者根据他们交还的问卷给他们分级：A是情形最好，E是情形最糟。每隔五年，会有专业的医师去评估他们的身心健康指标。每隔五到十年，研究者还会亲自去拜访这批人，通过面谈采访，更深入地了解他们目前的亲密关系、事业收入、人生满意度，以及他们在人生每个阶段的适应情况。经过长达76年的追踪，格兰特研究最终得出这样的结论：决定幸福的最重要因素并非富有、成功，而是健康的身心以及温暖、和谐、良好的人际关系。格兰特研究发现：一个活在爱里的人最有可能成为最后的人生赢家。而一个懂得爱的人便是一个懂得与人建立良好人际关系的人。可见，人际关系与幸福是息息相关的。

不同年龄段孩子的同伴关系

同伴关系不是突然之间就产生的，从婴儿时期开始，孩子就有了最初的社会互动，直至青少年期，基于同伴关系的社会互动逐渐展开，变得日益丰富。

1. 0—3岁孩子的同伴关系

从生命最初的几个月起，孩子对同伴表现出的兴趣会比对没有生命的物体的兴趣大得多。孩子不单会注视他们，还会试图吸引他们注意并进行互动，但彼此接触的时间并不会很长。

当孩子到了9~12个月时，他们与同伴在一起时会分享玩具。但彼此的交流形式还是比较简单的。当孩子过了一岁，他们与同伴之间的交往形式更加丰富，在交流上更突显互动性，如模仿、用身体动作交流以及用语言表达自己。

2. 3—6岁孩子的同伴关系

这个阶段他们的同伴关系存在随机性，固定的同伴关系比较少。随着年龄增长，孩子之间的交往不仅具有主动性，两两之间的同伴关系也会增加，但他们对友谊的理解还不够深入，只会觉得"他能跟我一起玩""我们住得近"等。这些都会帮助他们后期与人建立更稳固、更长期的友谊。

3. 6—11岁孩子的同伴关系

这个阶段的孩子对朋友的重要性更加敏感，交往时会出现地位分化的现象，有受欢迎的孩子、受到忽视或被拒绝的孩子，也有既不太受欢迎也不太被拒绝的孩子。作为父母，要帮助孩子培养一定的社交技能，这有利于孩子更好地融入学校生活。

这个阶段的友谊是在"基于信任"的基础上建立的，所以这个阶段孩子的友谊会更加稳定、持久。

4. 11—18岁青少年的同伴关系

对青少年而言，与朋友交流显得日益重要，这甚至已经成为他们日常生活中不可或缺的一部分。

这张图清晰地呈现了儿童人际关系发展和变化的规律。随着年龄增长，儿童与父母的交往在其人际交往中的比例逐渐下降，而与同伴的交往则逐渐提升。

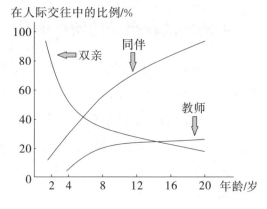

在人际交往中的比例/%

图8-3　人际交往关系变化

为什么会这样呢？一方面，这是因为青春期显著的生理和心理变化，孩子希望通过与同伴交流，寻求心理上的认同感。另一方面，有些父母因无法理解孩子而导致亲子沟通出现问题，这促使孩子注意力转向同伴。

根据发展心理学家威廉·戴蒙的观点，幼儿园阶段孩子的友谊注重于外在行为，小学阶段孩子的友谊呈现出更多内在特质，而青春期青少年友谊的标准则逐渐转向亲密和忠诚。青少年阶段孩子友谊的基本特征是具有心理上的亲密感，具有排他性。

事实上，父母与同伴的作用是互补的，父母对青少年的影响将持续存在，如果父母能够给予青少年力量，并引导孩子建立正确价值观，那他的同伴关系也会发展得更加顺利。

青少年同伴压力

青少年除了渴望与同伴建立良好的关系外，他们可能还会面临来自同伴的压力。服从同伴压力的现象在青春期比较突出，青少年可能因为来自他人的真实的压力或自身想象的压力而决定顺从、迎合别人，包括迎合他人的兴趣、爱好、价值观及行为等。对青少年来说，被同伴拒绝是一种非常痛苦的体验，所以他们有时宁愿放弃自己的立场。同时，因为青少年还处于自我同一性的探索阶段，还未完全成长为一个自主和独立的个体，所以会出现服从同伴压力的现象。

事实上，对同伴压力的服从与青少年从小的家庭教养方式也有关。如果父母严格控制孩子的思想和行为，没有培养孩子自主和独立的精神，以致孩子一味顺从父母，那么到了青春期，他们更有可能在外界给予压力的时候选择服从。

拓展阅读：人际关系的四个阶段

奥尔特曼和泰勒对人际关系进行系统研究后提出，良好人际关系的形成和发展一般要经过以下四个阶段：

1. 定向阶段

在这个阶段，主要是初步确定要交往并建立关系的对象，包含对交往对象的注意、抉择和初步沟通等。人们对人际关系具有高度的选择性。生活中，人自然而然地特别关注那些在某些方面能够吸引自己的人。但究竟把谁作为自己人际关系的对象，常常还要根据自己的价值观做理性的抉择。选定交往对象后，人们就会利用各种机会和途径去接触对方，了解对方。通过初步沟通，人们可以明确双方进一步交往并建立关系的可能与方向。定向阶段通常是个渐进的过程，但也不缺乏戏剧性的发展。比如两个邂逅相遇却一见如故的人，其关系的定向阶段就一次性完成了。

2. 情感探索阶段

在这个阶段，双方主要是探索彼此在哪些方面可以建立真实的情感联系。尽管双方已经有了一定的情感卷入，但为了避免触及私密性领域，表露出的自我信息比较表面，因此仍然具有很强的正式性。

3. 情感交流阶段

在此阶段，双方的人际关系开始出现由正式交往转向非正式交往的实质性变化，表现在彼此形成了相当程度的信任感、安全感、依赖感，可以在私密性领域进行交流，能够相互提供诸如赞赏、批评、建议等真实的互动信息，情感卷入较深。

4. 稳定交往阶段

这是人际关系发展的最高水平。双方在心理上高度相容，彼此允许对方进入自己绝大部分的私密性领域，分享自己的生活，成为"生死之交"。但是实际上，能够达到这一层次人际关系的人很少，人们与自己的亲朋好友的关系大多处于第三阶段。

智慧父母课堂：父母如何引导孩子发展同伴关系

良好的同伴关系是孩子身心健康发展的保证，也是孩子将来适应社会的重要条件。作为家长，要从孩子小时候开始，积极引导孩子创建良好的同伴关系。

1. 为孩子创造共同活动的条件

生活中，有些父母很少带孩子外出，认为孩子待在家里比较安全，这会让孩子失去许多与同伴交流的机会。长此以往孩子怕见生人，容易害羞，自信心不足，这都是太少与人接触和交往造成的。

家长要为孩子多创造一些与同伴交流、共同游戏的机会，特别是独生子女家庭。独生子女家庭中的孩子与同伴交往的机会较少，有赖于父母作为中间人或引导者，带他们去寻找别的玩伴，鼓励他们参与到集体活动中去。

父母作为引导者，意味着对孩子的同伴交往不应过分控制，在孩子交流的时候，应该为他们创造一个自由、宽松的环境，尽量不去打扰他们。

2. 教给孩子一些有用的社交技巧

心理学家莱金·菲利普斯认为，许多孩子不能与他人正常交往，是因为他们没有学会基本的人际交往技能，因此不能以正常的方式和别人交往。在生活中，父母可以教给孩子一些增进人际关系的社交技巧，比如：学习社交礼仪和礼貌，学习换位思考，学会表达感受和需求，明白他人需求，感恩他人付出，欣赏他人优点等。这些人际交往的技巧可以通过各种方式教给孩子。对于年龄较小的孩子，当他们无法理解时，家长不妨以亲身示范、讲故事、角色扮演等方式让其领会。对于青春期的孩子，因为同伴交往的范围更广，所以他们更需要长辈的指导。

3. 尊重孩子的个性

生活中，有些孩子的性格是比较安静的，与活泼型的孩子比起来，他们对人际交往的渴求会更弱一些，也不会表现得那么主动，甚至有时还喜欢独处。这是很正常的，家长要尊重孩子自己的方式。安静的孩子通常观察和思考能力比较强，他们的学习能力也不会比活泼型的孩子差，在人际交往方面即使朋友不多，也不会影响友谊的质量。

对于青春期的孩子，父母更要学会尊重孩子的心理特点和个性，用尊重、平等的态度去跟他们交流，多聆听他们的心声，将心比心，才能帮助青少年建立更加良好的人际关系。

父母如何支持孩子人际交往

1. 鼓励孩子多表达

语言表达能力是人际沟通中很重要的能力，作为父母，要学会倾听孩子，鼓励孩子多说出自己的想法，表达自己内心的感受。这样，孩子在与其他同伴交流时更懂得如何向同伴表达出自己的感受以及如何倾听和理解同伴。

2. 给孩子自由探索的空间

有些父母喜欢过分干涉孩子的人际交往，比如有的父母会认为：孩子一定要和学习好的人交往；不能和大孩子在一起玩；只有孩子变得活泼外向，才能交到朋友；人际交往不重要，只要把学习成绩提上去就行了。父母的这些信念不仅压抑了孩子的人际交往需求，而且会限制孩子的人际交往视野，不利于提升孩子的人际交往能力。

3. 帮助孩子改善交往中的不当行为

孩子在与同伴的交往过程中不可能一帆风顺，有时会遇到令他头疼的人际关系问题。当孩子遇到人际关系问题时，情绪往往比较低落，作为父母，要更敏锐地觉察到这一点，及时给予孩子情感上的支持，首先体会孩子的感受，然后引导孩子用合理的方式去处理问题。

智慧父母课堂：当孩子之间发生冲突了，父母应该怎么办？

孩子一起玩时发生冲突在所难免，处理孩子的冲突时，父母应该注意些什么？

1. 把握冲突"三原则"

(1) 能不干涉就不干涉，让孩子自己解决问题

对孩子来说，磕磕碰碰很正常，父母不要第一时间介入其中，心疼的心情可以理解，但这样的做法未必可取。孩子的世界没有那么复杂，孩子的游戏有孩子自己的规则。所以，如果孩子发生冲突，一开始父母最好静观其变，先不要干涉，或许在观察过程中你会有其他发现。

(2) 具体情况具体分析，不能想当然处理

在孩子打闹时，你可能会发现有的孩子比较被动，有的讲道理，有的攻击性很强。当孩子间的冲突"升级"时，大人就不得不干涉了。家长首先要了解情况，然后具体分析，再跟孩子讲道理。如果处理得不妥当，不仅会破坏大家心情，还会伤害孩子。

(3) 日常教育很重要，父母言行要注意

对成长中的孩子来说，父母的言行举止有着很大的影响力。如果父母言行不一致，很容易让孩子混淆是非，从而失去正确的判断力。

爱孩子，就应该让他明事理，让他学会如何与人交往。所以，无论是日常的正确导向教育，还是家长的榜样作用，都很重要。

那么，当孩子之间发生冲突后，作为家长应该怎样有效地引导孩子化解矛盾，并让孩子不断增强处理问题的能力呢？

2. 处理冲突"六步骤"

步骤1：认同并接受孩子对冲突的感受和不同的看法。在孩子的冲突中，常常没有绝对的对与错。从每一个孩子的角度来说，他的感受和看法都有自己的道理；作为成人，我们也应该尊重孩子表达自己感受和看法的权利。我们要做的是协调两个孩子看问题和解决问题的角度，而不是去做仲裁。

步骤2：协助孩子表达自己的感受和想法，并且倾听对方的诉说，帮助孩子澄清和说明问题。家长可以让孩子复述事情发生的过程，说清楚自己的观点、感受，同时倾听对方，比较小的孩子可以让成人辅助和引导表达。通过这个过程，家长可以帮助孩子相互了解对方的观点和感受，体会对方的心情，这样有利于他们想出解决问题的办法。

步骤3：协助孩子认清他们的责任。让孩子清楚地知道自己在冲突中所扮演的角色。

步骤4：让孩子对如何解决冲突提出自己的建议。当孩子想不出有效的解决办法时，给他们提供一些线索和提示。孩子通常会有自己的解决办法。也许我们会觉得这些办法不合适，但不要简单地否决孩子的建议，让他们对如何解决问题提出建议，会让他们感到满足。如果孩子的讨论陷入僵局，毫无解决思路，家长不妨给一些提示，为孩子提供思考的方向。

步骤5：如果孩子觉得别人提出的办法不合适，要给他们拒绝的权利。当然，他们可以接受自己觉得合适的建议。在这过程中家长要协调不同的意见，引导他们用互利的合作方式解决问题。而当孩子就解决冲突达成一致协议时，家长要支持他们的决定。

步骤6：在适当的时机，帮助孩子和好和恢复友谊。孩子会用自己的方式来修复他们之间的友谊关系。如果孩子因为觉得自己做错了什么，做出了补救的举动时，家长要问问另一个孩子是不是感觉好一点。这样，受伤害的孩子心中还能保持着对对方的良好印象，他们之间的友谊关系还能维持一个良好的状态。

小花絮：是否要让孩子们相互道歉?

心甘情愿说出来的"对不起"是有意义的，而让孩子迫于成人的压力言不由衷地道歉却往往难以达到教育孩子的目的。所以让孩子走出自我中心、发展同情心是最根本的目的，而道歉，则应该是水到渠成的事情。

智慧父母课堂：父母如何指导青少年的人际交往？

青少年的人际关系主要包括以下三个方面：与父母的关系、与同学的关系、与老师的关系。青少年在处理人际关系时，父母要注意以下原则：

1. 学会换位思考

青少年由于其心理特点，容易出现自我中心、理想化的认知方式，这会给人际交往造成障碍。作为父母，要充分了解青少年的心理特点，引导孩子倾诉，然后用尊重、平等的态度跟他们交流，多聆听他们的心声。在这个过程中父母应适时教授一些人际关系的技巧，让青少年的人际交往更加顺利。

2. 父母的"八不要"

不虚荣、不对比。父母不要拿自己家孩子跟别人对比，尤其不能当着孩子的面说——攀比只是在满足自己的虚荣心。

不评判、不指责。父母不要因为孩子的某个行为而轻易横加指责——指责是在扼杀他的社交探索能力。

不主观、不强制。父母不要因为孩子的朋友不是自己喜欢的类型就强制要求孩子与这个伙伴断绝关系——否则这是在用自己的社交经验剥夺孩子的社交权利。

不功利、不主导。父母不要为了满足自己的功利需求，要求孩子跟某个人玩。父母不应将自己的主导思想强加在孩子身上。

3. 做示范，给体验

带孩子外出游玩时，父母可以亲身示范自己的人际交往过程，给孩子直观的感受。

4. 引导孩子克服害羞，坦然大方

害羞是青少年普遍存在的一种心理现象，家长在帮助孩子克服害羞感时应多鼓励，少批评，提高害羞孩子的自信心，并引导他们参加班级和社会的集体活动，让他们多做力所能及的事情。这能让孩子"我和他人"的关系意识得到充分体现。

5. 引导孩子区分爱情与友情

由于青少年性意识的觉醒,他们对异性产生好奇、关心、爱慕和愿意接近的心理与行为,这都属于正常现象,家长不必大惊小怪或进行粗暴干涉。因此,当孩子进入青春期,家长就应开始给孩子慢慢灌输一些性知识、爱情婚姻的常识,帮助孩子提高自我保护意识,树立健康的爱情观、婚姻观。

趣味心理:测测你的好人缘

好的人缘往往是成功的基础。建立了牢固的人脉,你就等于拥有了一笔无形的巨额资产。请你根据自己的实际情况,如实回答下列问题,然后对照后面的分数统计表计算分数,再看分数评语,你就会知道自己是否善于交朋友以及人缘如何。

1. 你和朋友们在一起时过得很愉快,是因为:
   A. 你发现他们很有趣,既爱玩又会玩。
   B. 朋友们都很喜欢你。
   C. 你认为你不得不这样做。
2. 当你休假的时候,你:
   A. 很容易交上朋友。
   B. 比较喜欢自己一个人消磨时间。
   C. 想交朋友,但发现这不是一件容易的事。
3. 当你安排好见一个朋友,但你又感到很疲倦,却不能让朋友知道你的这种状况时,你:
   A. 希望他会谅解你,尽管你没有到朋友那儿去。
   B. 还是尽力去赴约,并试图让自己过得愉快。
   C. 到朋友那儿去了,并且问他如果你想早回家,他是否会介意。

4. 你和朋友的关系一般能维持多长时间?

A. 一般情况下有很多年。

B. 有共同感兴趣的东西时,也可能一起待几年。

C. 一般时间都不长,有时是因为迁居别处。

5. 一位朋友向你吐露了一个非常个人的问题,你会:

A. 尽自己最大努力不让别人知道它。

B. 根本没有想过把它传给别人听。

C. 当朋友刚离开,你就马上找别人来议论这个问题。

6. 当你有问题的时候,你:

A. 通常感到自己完全能够应付这个问题。

B. 向你所能依靠的朋友请求帮助。

C. 只有问题十分严重时,才找朋友。

7. 当你的朋友有困难时,你发现:

A. 他们马上来找你帮助。

B. 只有那些和你关系密切的朋友才来找你。

C. 通常朋友们都不会麻烦你。

8. 你要交朋友时,是:

A. 通过你已经熟识的人。

B. 在各种场合都可以。

C. 仅仅是在一段较长时间的观察、考虑后,甚至可能经历了某种困难之后才交朋友。

9. 在下面三种要素中,哪一种你认为是你的朋友该具备的?

A. 使你感到快乐和幸福的能力。

B. 为人可靠、值得信赖。

C. 对你感兴趣。

10. 下面哪一种情况对你最为合适,或者接近你的实际情况?

   A. 我通常让朋友们高兴地大笑。

   B. 我经常让朋友们认真地思考。

   C. 只要有我在场,朋友们都会感到很舒服、愉快。

11. 假如让你应邀参加一次活动,或者在聚会中唱歌,你:

   A. 找借口不去。

   B. 饶有兴趣地参加。

   C. 当场就直率地谢绝邀请。

12. 对你来说,下面哪个是真实的?

   A. 我喜欢称赞和夸奖我的朋友。

   B. 我认为诚实是最重要的,所以我常常不得不持有与众不同的看法,我
      讨厌鹦鹉学舌。

   C. 我不奉承但也不批评我的朋友。

13. 你发现:

   A. 你只是同那些能够与你分担忧愁和欢乐的朋友们相处得很好。

   B. 一般来说,你几乎和所有人都能相处得比较融洽。

   C. 有时候你甚至和对你漠不关心、不负责任的人都能相处下去。

14. 假如朋友对你做恶作剧,你:

   A. 跟他们一起大笑。

   B. 感到气恼,但不溢于言表。

   C. 可能大笑,也可能发火,这取决于你的情绪。

15. 假如朋友想依赖你,你有什么想法?

   A. 在某种程度上不在乎,但还是希望能和朋友保持距离,有一定的独
      立性。

   B. 很不错,我喜欢让别人依赖,认为我是一个可靠的人。

   C. 我对此持谨慎的态度,比较倾向于避开可能要我承担的某些责任。

表8-1　测试分数统计表

题号＼选项	A	B	C
1	3	2	1
2	3	2	1
3	1	3	2
4	3	2	1
5	2	3	1
6	1	2	3
7	3	2	1
8	2	3	1
9	3	2	1
10	2	1	3
11	2	3	1
12	3	1	2
13	1	3	2
14	3	1	2
15	2	3	1

测试结束，请看结果：

36~45分：你对周围的朋友都很好，你们相处得不错，而且你能够从平凡生活中得到很多乐趣。你的生活是比较丰富多彩而且充实的，你很有可能在朋友中有一定的威信，他们很信任你。总之，你擅长交友之道，你的人缘很好。

26~35分：你的人缘一般，你和朋友们的关系不牢固，时好时坏，经常处于一种起伏波动的状态中。这就表明，你确实想让别人喜欢你，想多交一些朋友，尽管你做出很大努力，但是别人并不一定喜欢你，朋友跟你在一起可能不会感到轻松愉快。你只有认真坚持自己的言行，虚心听取那些逆耳忠言，真诚对待朋友，学会正确地待人接物，你的处境才会改变。

15~25分：你可能是一个享受孤独的人，思想不活跃，不开朗，喜欢独来独往。但是，这并不意味着你不会交朋友，更不能武断地说你人缘差，其主要原因在于，你对于社交活动、对人和人之间的关系不感兴趣。但是，请你记住，一个人生活在社会中，不可能不和人交往，认识到这一点，你就会积极地改善自己的交友方式。

亲子游戏 1: 蒙眼画画

在人际交往中，语言表达是一项非常重要的技能，孩子的语言表达能力是可以通过绘画游戏来提高的。

材料：A4纸若干，水彩笔或蜡笔一盒。

规则：由一人在画纸上先画一个景物的大概轮廓，然后在其语言指示下，由另一人闭眼完成细节部分。

步骤：

1. 取出一张白纸，先由家长开始在画面上画一个人的外形轮廓（注意要尽量大些），然后在家长的指导下，孩子闭着眼睛给人物画上眼睛、鼻子、耳朵、嘴巴、纽扣等，画好后孩子睁开眼睛。

2. 双方一起欣赏画面，讨论完成得怎么样，过程中有什么感受，家长的指导语言是否说得明白，孩子有没有听清楚。尽量鼓励孩子多表达。

3. 取出另一张白纸，由孩子画一棵大树的外形，然后家长闭上眼睛，在孩子的语言提示下，在画面的适当位置画上树枝、果实、小鸟。画好后睁开眼睛。

4. 双方一起讨论第二幅画完成得怎么样，孩子的指导语言说得是否清楚。家长要培养较小的孩子清楚表达方位名词（上下左右）的能力。

5. 如果双方不想画了，游戏可以结束。如果孩子还想继续画，可以双方交换或更换主题，继续画画。

6. 游戏结束，标注日期，收藏保存，作为孩子的成长记录。

注意事项：绘画过程中，家长不要急躁，不要指责孩子。图画添加笔画的位置不准确不要紧，主要目的是培养孩子清楚表达和良好沟通的能力。

■■■ 亲子游戏 2：有效沟通，说出心里话

很多时候，我们并不知道如何沟通，不仅是孩子，家长也是如此，所以我们要从小培养孩子不带指责性的有效沟通。

步骤1：家长和孩子（可以两个人，也可以全家一起）每人想3~5件日常生活中对方做的让自己觉得很满意的事情或行为，相互看着对方的眼睛说出来，家长先做示范。例如：妈妈说"亮亮（家长对孩子常用的称呼），妈妈看到你昨天主动把玩过的玩具放到玩具箱里，妈妈很满意"。

相互分享：听了对方的话以后，心情怎么样，有什么想法？让彼此知道，自己哪些行为是能够得到对方肯定的，家长引导孩子学会表达欣赏和赞美，每个人都需要肯定和鼓励。正确的行为被肯定、强化后，人们才会愿意多做，尤其是小孩子，他的一次偶然性行为，经过家长的肯定和强化，也许就会变成一种经常性行为，他会愿意重复去做。家长也可以从孩子的表述中知道自己的哪些做法让孩子感觉到温暖，什么是孩子需要的、在乎的。

步骤2：家长和孩子每人想1件日常生活中对方让自己不太满意的事情或行为，按照下面的方式说出来，家长先做示范。先说"我看到……"（只陈述事件和行为），然后说"我感觉到……"（说出自己的想法和担心），再说"我希望……"（表达对对方的期待），最后说"我相信……"（给孩子以信任和支持）。

例如，妈妈说："亮亮，我看到这星期你有两天晚上看电视到很晚，到睡觉时才想起作业还没有写，我感觉这样很不好，我担心你没有及时复习上课内容，可能会影响到你的学习成绩，也担心你如果经常熬夜写作业，会影响到你的身体健康。我希望你以后能够自己做好规划，放学后先看看当天的几门功课作业一共有多少，大约需要多长时间能够完成，先写哪一门，自己对整体作业做到心中有数，然后按照计划安排好时间去写。我相信，你一定会在这方面有所改进。你觉得怎么样？"

家长对孩子表明希望对方改进的方面，接受孩子的反馈，给孩子平等发言的

机会，允许孩子表达意见和看法，做自己人生的主人。

　　孩子按照家长说话的方式，"我看到……""我感觉到……""我希望……""我相信……"，对家长说出一件自己不太满意的事，也让家长知道自身有哪些做法让孩子不太舒服。同样，孩子表达完以后，家长也要给予孩子反馈，说出自己的观点。最后，双方相互对对方说："谢谢你今天的表达，让我知道我哪里做得好，哪里做得不好。也谢谢你给了我表达的机会，让我说出我的想法和希望，让我们的关系越来越和谐。"彼此给对方一个大大的拥抱，结束。

第九章　榜样

孩子们的眼睛是照相机，脑子是录音机，您的一言一行都刻在他们的心上。

——孙敬修

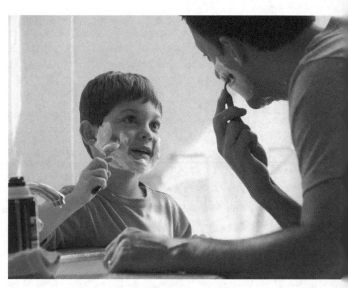

图9-1　模仿

慷慷一岁多的时候，自己捧着一本《婴儿画报》，一边用小手指着字，一边用小嘴咿咿呀呀地读着，模仿妈妈平常给他读书的样子。字，他肯定是不认识的。说话？他还只会简单地叫"爸爸妈妈"而已。妈妈忍不住笑起来："慷慷，你在学妈妈讲故事的样子啊！"慷慷听到妈妈的声音，不好意思地放下书，扑到妈妈怀里。

你的孩子是否也有类似的模仿行为呢？

模仿，是指一个人自觉或不自觉地重复别人的行为，是社会学习的重要形式之一。对孩子来说，语言、技能、行为习惯以及品质等的形成和发展都离不开模仿。作为成人的我们，也同样会模仿，比如模仿成功人士的生活习惯，模仿明星的穿衣打扮，模仿父母的婚姻之道等。孩子的模仿是什么时候开始的呢？模仿对孩子来说意味着什么呢？

模仿的开端

发展心理学家蒂法尼·费尔德及其同事让成人向新生儿展示高兴、悲伤或者吃惊的表情，发现新生儿能够精确地模仿成人的这些表情。一系列研究结果证明：婴儿可以区分高兴、悲伤、吃惊等基本的面部表情。

事实上，每个人和他人之间有效的社会互动依赖于能够以恰当的方式回应他人，并且能够了解他人情绪状态的含义。因此，新生儿的模仿能力为将来和他人的社会互动打下了基础。

婴儿期的孩子可能不理解父母说出的词语的含义，但是他们会对父母的声调做出回应。这个时期，父母和孩子一起阅读能帮助孩子养成良好的阅读习惯，建议在孩子半岁后坚持每日阅读。

随着孩子不断长大，婴儿在9～12个月时，会互相展示和接受玩具，特别是在和别的孩子彼此认识的情况下，他们会玩一些社交游戏，比如躲猫猫。这些行为是未来社会交换的基础。在社会交换中，儿童会试着引发别人的回应，然后对这些回应做出反应。孩子14个月大的时候，他们开始彼此模仿，他们复制彼此行为，这样的模仿提供了社交功能，而且能成为一个有力的教学工具。

拓展阅读：班杜拉及其社会学习论

阿尔伯特·班杜拉，新行为主义的主要代表人物之一，社会学习理论的创始人，美国当代著名心理学家。

观察学习是指个体通过观察榜样在处理刺激时的反应及其受到的强化，从而完成学习的过程。观察学习在人类学习中占有十分重要的

图9-2　社会学习理论创始人——阿尔伯特·班杜拉

地位，尤其在青少年儿童的学习中，观察学习的地位更为重要。因此，班杜拉对观察学习进行了比较系统的研究，积累了较丰富的实证资料。

他的社会学习理论是以观察学习为核心而建立的。

他把观察学习过程分为注意、保持、动作复现、动机四个阶段，简单地说就是观察学习需先注意榜样的行为，然后将其记在脑子里，经过练习，最后在适当的动机出现的时候再一次表现出来。他认为以往的学习理论家一般都忽视了社会变量。他们通常是用物理方法来进行动物实验，以此来创建他们的理论体系，这种研究方法对作为社会一员的人的行为来说，没有多大的运用价值。因为人是生活在一定的社会条件下，所以班杜拉主张在自然的社会情境中来研究人的行为。事实上，人们在社会情境中通过观察和模仿，学到了许多行为。这四个过程是紧密联系、不可分割的。在任何特定的情境中，如果一个观察者不能重复一个示范原型的行为，很可能是由于下列原因：没有注意有关活动，记忆中无动作观念，没有能力去操作或没有足够的动力。

榜样示范的类型

班杜拉的社会学习理论十分强调榜样的示范作用，整个观察学习过程就是学习者通过观察榜样的不同示范而进行的。班杜拉把示范分成如下五类：

表9-1　榜样示范类型

行为示范	即榜样通过行为来传递行为，此方式在对榜样的观察学习中占重要地位。行为示范无论是对动作技能的习得，还是对行为方式习惯的形成，都有不可忽视的作用。比如：开篇中慷慷对妈妈给自己读故事行为的模仿
言语示范	即榜样通过言语活动传递行为、技能。言语示范在人的学习中应用范围广，具有特殊而重要的意义。比如：一岁多的慷慷不会发"姥姥"这个音，听到姐姐这么叫后，他学会了这个发音
象征示范	即通过幻灯片、电视、电影、戏剧、画册等象征性中介物呈现榜样的行为方式。其优点在于可将同一榜样反复呈现给许多人，并加入放大、停顿等技术，从而提高感染力，扩大教育范围。比如：慷慷喜欢喜羊羊，他说喜羊羊聪明勇敢，对于一些片段会反复观看
抽象示范	即榜样通过各种行为事例，传递隐藏在行为事例背后的道理或规范。榜样遵照一定的道理和规范做出反应，观察者按榜样的行为倾向进行类似但不完全一样的活动。例如：妈妈教一岁多的慷慷学说话，妈妈说"我爱喝水"，慷慷说"我也爱喝水"；妈妈说"我爱看书"，慷慷说"我也爱看书"
参照示范	即为了传授抽象的概念和操作，而附加呈现具体参考事物和动作。比如：妈妈给慷慷讲怎么洗袜子，一边说一边附加搓洗的动作。这种示范方式是对抽象示范的补充和强化，它对低年龄儿童的指导是特别重要的

模仿学习的三种类型

表9-2　模仿学习类型

参与性模仿	即把观察和模仿结合起来以提高学习效果的模仿学习方式。观察者先观察榜样的示范，并立即进行实际的尝试性模仿操作，这种"观察—模仿—再观察—再模仿"的学习形式，可以使观察学习与直接学习有机地结合起来，从而提高学习效果
创造性模仿	在许多榜样示范的基础上，观察者产生一种新的行为模式。观察者由于受不同模范的影响，在大脑建立若干暂时神经联系，这些暂时神经联系通过大脑的整合作用出现了不同于任何榜样示范的新的行为模式
延迟性模仿	在观察榜样之后，观察者并没有立即出现模仿行为，经过一段时间后，模仿行为才出现

小学生作文《假如我是爸爸》

某小学四年级的一个小男孩在题为《假如我是爸爸》的作文中这样写道："我爸爸和同学们的爸爸一样，很关心我的学习。我考得好，他奖我五元钱；我考得不好，他就罚我。每天放学回家，他把我锁在房里，规定不做完作业不许吃饭，不许睡觉，他自己却到隔壁打麻将。我做完一科作业，多么想玩一下，可是门锁着；我遇到难题，多么想问问爸爸，可他不理我……我几次同爸爸讲理，他总是说：'你是我们全家人的希望。如果你考不上大学，就不是好孩子！'像我爸爸这样的爸爸，不够资格当爸爸，不是好爸爸！假如我是爸爸，在下班后，我一定辅导孩子做作业，帮助孩子解难题。孩子做完作业，就领他做游戏，给他讲故事，或者让他打开电视机看少儿节目，听'小喇叭'广播……假如我是爸爸，我绝不打孩子，骂孩子。孩子考得不好，也不罚他，而是向老师了解情况，回家辅导，帮孩子把成绩赶上去。我希望爸爸像我这样做一个好爸爸。"做父亲的自己玩乐,却要求儿子用功读书,儿子怎能服气?!父母自己没有好的德行,要想以道德伦理去规范子女的行为,恐怕也未必奏效。当子女明白事理后,对于父母的不当言行自然不会赞同。

关于道德的社会学习观点

社会学习理论关注学前儿童所处的环境如何使他们产生亲社会行为,即有利于帮助他人的行为。社会学习理论认为儿童表现出某些亲社会行为,是因为他们以道德适宜的方式做出的行为得到了正强化。比如,当小朋友给别的孩子分享饼干,妈妈夸他是个"大方的孩子"时,他的行为就会得到强化,结果就是孩子以后更愿意做出与人分享的行为。

通过进一步的探讨,社会学习理论发现,儿童还可以通过观察他人的行为间接地学习道德行为,这些人会成为榜样。儿童会因模仿行为获得强化,最终自己学会这些行为。比如,当一个小朋友看到另一个小朋友因为分享饼干受到称赞时,这个小朋友更有可能在以后某个时刻自己也做出分享的行为。

很多研究证实了榜样的力量,社会学习在学前儿童的亲社会行为中更为常见。比如,儿童看到别人表现的慷慨无私之后,倾向于模仿榜样的行为,后来把他们放入一个相似的情境中,他们也表现得慷慨无私;反之亦然,如果榜样行为非常自私,观察到这些行为的儿童很有可能也会表现得很自私。

并不是所有的榜样对于亲社会行为都有相同的效力。学前儿童更有可能模仿那些温暖、有责任感的成人的行为,而且能干的、有威望的榜样也比其他人更有效。

关于攻击行为的社会学习观点

关于攻击行为的社会学习理论强调社会和环境条件如何教会个体攻击性。这一想法来自攻击行为是通过直接的强化而习得的行为主义观点。比如,学前儿童可能会习得:通过带有攻击性地拒绝同伴分享的要求,他们就能够一直独占最喜欢的玩具。用传统的学习理论解释,他们因为做出攻击行为而受到强化(持续地占有玩具），所以日后更有可能表现出攻击行为。

但是，社会学习理论认为强化可能是间接的。很多研究提出，与攻击性较强榜样的接触导致了攻击性行为的增加，尤其是当观察者本身处于生气、受辱或者挫败的状态下。班杜拉及其同事做过很有名的实验——"波比娃娃"研究，让我们看到了孩子是怎样习得攻击性行为的。

"波比娃娃"研究

班杜拉所做的"波比娃娃"（Bobo doll）实验很好地说明了孩子是怎样习得攻击性行为的。班杜拉认为，儿童攻击性行为的获得并不一定要以其亲身获得奖励或惩罚为前提，儿童可以通过观察他人进行此类行为之后受到奖励或惩罚而学会这类行为。在研究中，班杜拉把儿童带到一间屋子里完成一些项目，在同一个屋子的另一头，一个大人正在悄悄地与一些玩具玩，其中有一个大木槌和一个波比娃娃。儿童被分为实验组和控制组：实验组的儿童看到大人叫喊着用大木槌击打假人，控制组的儿童看到的是大人悄悄地自己玩玩具。在孩子们看了约十分钟之后，班杜拉把他们带到另一间放着各种各样孩子们喜欢的玩具的屋子，告诉他们说这些玩具是留给其他人玩的，以此激起他们的挫折感。之后他把孩子们带到第三间屋子，屋子里有一些玩具，包括波比娃娃。结果正如人们所预料的：实验组的儿童比控制组的儿童表现出了更多的攻击性行为。

实验表明，攻击性行为是可以通过观察和模仿而学习的。因此我们常常说，如果你的孩子有攻击性行为，你要先从你自己身上找原因，家庭成员间的行为、言语、相处模式会逐渐传递给孩子，进而深深地影响孩子。

电视暴力对儿童的影响

实际生活中，很多儿童可能不会亲身经历暴力事件，但是他们会通过电视媒体接触到攻击性行为。源源不断的研究证据表明接触电视暴力的确会导致攻击行为，纵向研究也发现，偏好暴力电视节目的8岁儿童会影响他们到30岁时犯罪行为的严重程度。观看暴力的媒体节目将导致儿童更轻易做出攻击行为、欺凌行为,而且对暴力受害者遭受到的伤害不敏感。

根据班杜拉的实验结果,儿童可以通过观察暴力或攻击行为而学会新的攻击行为,或者从中得到"暴力行为也不错"的印象。不管怎样,他们的行为都会变得更加具有攻击性。因为孩子体会不出电视情节中的细微差别。孩子会简单地记住,电视上的英雄和坏蛋一样粗暴,而英雄们常常因为使用了暴力而获得赞扬。毫无疑问,电视和电子游戏中暴力的泛滥,对儿童的攻击行为有重要影响。

电视暴力容易降低人们对暴力行为的敏感性。尽管有时电视暴力看起来鲜明生动,但观众是在惬意和熟悉的家庭环境中观看的,这样的环境与内容的联系会降低他们对暴力场面的情绪性反应。研究者发现,当一群男孩在观看血淋淋的战争片时,那些不常看或不看电视的孩子表现出很强的情绪反应,那些经常看电视的孩子的情绪反应要弱很多,可见看电视使人对暴力行为脱敏。

电视不是媒体暴力的唯一来源,许多游戏也包含大量的攻击行为,而很多儿童都会玩这些游戏。研究表明,玩暴力电子游戏的儿童将更可能表现出攻击性。搜狐新闻网有一篇报道:

2009年3月,年仅17岁的少年蒂姆·克雷奇默持枪在其母校——位于德国斯图加特附近小镇温嫩登的一所中学行凶,先后打死15人,他本人在与警方交火中受伤后自杀。

根据德国媒体报道,克雷奇默性格孤僻,热衷于暴力内容的电子游戏。就在其行凶的前一天晚上,他还沉迷于一款名叫Far Cry2的枪战电子游戏。而他次日行凶时的场景竟然与他喜爱的一款电子游戏有着惊人的相似之处。他行凶当天穿着与电子游戏中主人公相似的黑色衣服,作案后也如电子游戏设定的场景一样,劫持一辆汽车逃跑。

奥地利维也纳大学心理学系的3名心理学家公布了他们刚刚完成的一项研究,指出经常玩暴力内容电子游戏的青少年具有更明显的攻击性和侵略性。根据3名专家的调查,那些经常玩暴力内容电子游戏的青少年,在日常生活中的侵略性明显高于那些爱玩不那么暴力或无暴力内容电子游戏的孩子。专家们解释说:"玩暴力内容电子游戏的孩子,会由于恼火、不满或意识上的愤怒而表现出侵略性行为。"

父母如何减少学龄前儿童的攻击行为？

1. 鼓励孩子和同伴共同玩耍，增加互动，让孩子在合作中明白与人合作以及帮助他人的重要性和可取性。

2. 看到孩子有攻击行为时，进行干预，明确说明攻击是不可接受的行为。

3. 监控孩子看电视的内容，尤其是看暴力节目的情况。教导孩子用怀疑和批判的眼光看待暴力，告诉他暴力不是真实世界的表征，暴力会带来负面影响，不应该模仿。

4. 当孩子生气的时候，帮助孩子了解自己的感受，告诉孩子怎样用建设性的方式处理自己的情绪。告诉他一些具体的事情可以改善这种情况，比如："我知道你因为小伙伴不让你玩小飞机非常生气，不要打他，你可以告诉他你也想玩小飞机。"

5. 明确教会孩子推理和自制。孩子可以理解道德推理的基本原则，告诉他为什么某些行为是适当的。比如，明确地对他说"如果你吃掉了所有的开心果，爸爸妈妈就吃不到了"，好过说"好孩子不会吃独食"。

父母怎样指导孩子看电视？

因为儿童会模仿父母看电视的习惯，受父母看电视偏好的影响，所以，父母可以参考以下建议指导孩子看电视：

1. 看电视的时间不要过长。每天控制在1~1.5个小时，告诉孩子世界不是电视中演的那个样子。

2. 监控孩子看的电视节目。如果不想让孩子看某个节目，调换频道或关掉电视，陪孩子做做游戏或者出去亲近大自然。

3. 帮孩子寻找适合的电视节目。特别是引导孩子多看表现积极社会行为和社会态度的节目。

4. 陪孩子一起看电视。这样能够帮助孩子区别现实世界和虚构世界，对电视中出现的被歪曲的事实及时予以回应。

5. 和孩子一起讨论电视中的冲突和暴力解决方式。引导孩子思考：电视中哪些内容是不真实的？为什么暴力在生活中行不通？……鼓励孩子提出更成熟、现实和积极的见解。

6. 明确告诉孩子，暴力电视中节目的"英雄"不是人们学习的榜样。

校园暴力的危险信号和干预措施

倾向于使用暴力的学生在日常生活中有以下表现：

1. 一味对抗权威。

2. 学习成绩差，性格暴躁，爱逃课。

3. 经常打架，可能会拉帮结派，偷窃或毁坏公物。

4. 对批评的反应是极端愤怒或失望。

5. 感觉生活不公平，责怪他人或寻机报复。

6. 喜欢看暴力节目，或者玩暴力游戏。

7. 结交行为不端或攻击性强的朋友。

8. 对宠物或小动物残忍，使用暴力。

9. 抽烟、喝酒或吸毒。

家庭功能受损通常会滋生绝望、痛苦、仇恨和暴力，所以父母不仅要给孩子一个温暖有爱的家，还要做到以下几点：

1. 加强对孩子的监督管理。

2. 用优秀事例作为孩子行为的榜样。

3. 指导孩子使用非暴力手段解决冲突。

4. 不要打孩子。

5. 制定的规则和纪律要前后一致。

6. 不要让孩子接触凶器和坏朋友。

7. 帮助孩子结交友邻，鼓励孩子参与公益活动。

趣味心理：你是不是称职的"好父母"？

请你快速完成下面的题目，要根据实际情况填写。注意，你选择的是"我实际上是这样的"，而不是"父母应该是这样的"。在每个句子后面的横线内写上你认为符合的答案，然后加上对应的分数得出总分。

1. 很爱自己的宝贝，会通过语言和行动让孩子知道这一点。＿＿＿

2. 允许孩子在某一方面有另类之处。＿＿＿

3. 对孩子的教育在公平和适当的原则上进行。＿＿＿

4. 当孩子遇到困难，你会是他的坚强后盾。＿＿＿

5. 希望通过自己的努力，让孩子成为出类拔萃的人。＿＿＿

6. 相信自己的孩子有独立的能力。＿＿＿

7. 愿意参加到孩子的活动中去。＿＿＿

8. 会想方设法让孩子的生活充实起来。＿＿＿

9. 能常常拥抱自己的孩子，不以忙为借口去推脱对孩子的爱。＿＿＿

10. 允许孩子有自己的看法，并且认真聆听孩子的观点。＿＿＿

总分 ＿＿＿

评分标准：

总是=4　　经常=3　　偶尔=2　　从不=1

结论：

15分以下：你对自己的孩子没有平等交流的想法，不够了解孩子的内心世界，日常生活中给孩子冷冰冰的感觉。

15~25分：你对孩子的态度有些冷淡，并且不重视孩子自己的想法。事实上你也想好好地教育孩子，与孩子交流。但是你缺乏一定的技巧，要多学习一下。

26~35分：你是一位很优秀的家长，你和孩子的关系非常融洽，孩子从中受益匪浅。实施这样的教育方式在刚开始时会有些难度，注意要真正尊重孩子。

35分以上：你差不多是个完美的家长了，温和体贴、善解人意，应继续保持。

做完了以上的小测试，你对自己是否有了初步了解呢？如果你认为自己做得非常好，请你继续保持。如果测试结果不尽如人意，没关系，从现在开始试着改变吧！你的孩子正期待着接受到更优秀的教育方式。

▧ 智慧父母课堂：孩子需要什么样的家长

表9-3 0—18岁孩子所需的心理营养和满足方法

年龄段		所需心理营养	父母做法
婴儿阶段	0—3个月	无条件的接纳	以孩子为中心
	3个月—1.5岁	安全感	允许孩子自然爬来爬去
幼儿阶段	1.5—3岁	安全感和稳定自我的建立	让爱随时都在
	3—6岁	自我认识、自我价值感，建立自信心	肯定和嘉许
青少年阶段	6—12岁	得到尊重	有规矩，无情绪
	12—18岁	自由、榜样、归属感	以身作则、平等、尊重

例如：

1. 孩子不喜欢父母大事小事都包办，喜欢父母给他足够的锻炼机会。

2. 孩子不喜欢看到父母吵架，喜欢父母经常陪他。

3. 孩子不喜欢父母经常用伤人的语气打击他，喜欢父母经常及时地表扬他。

4. 孩子不喜欢父母拿自己与其他人进行比较，喜欢父母总是无条件地接纳、包容他。

5. 孩子不喜欢父母给他报一堆的补习班，喜欢父母给自己足够空间做自己喜欢做的事。

6. 孩子不喜欢父母不讲信用，喜欢父母说到做到。

智慧父母课堂：父母如何成为孩子成长路上的榜样

中国有一句俗语"身教重于言教"，指的就是父母要成为孩子成长路上的榜样。"教"，《说文解字》解释为："上所施，下所效也。"通俗地说，"教"就是上行下效。在家庭教育中，作为教育者的父母与被教育者——子女之间，这种上行下效的作用尤其明显。"身教"胜于"言教"，原因有三点：

第一，孩子对父母有崇拜心理。孩子对父母有着天生的崇拜心理，总是喜欢效仿父母。这个年纪的孩子，大人讲的道理不一定听得懂，但大人怎么做，都能看得懂。在孩子处于三四岁的第一反抗期时，父母以身作则的做法会更大限度地影响孩子。

第二，青春期反抗心理。孩子到了青春期时，自己的思考能力逐渐加强，对于是非也开始有了自己的判断，不再愿意人云亦云，期望和成人一样得到公平对待。

第三，可接近的榜样，可复制的成功。媒体上的榜样仿佛高不可攀，但是挑战父母却容易得多。因为多数父母只是比孩子强一点点，挑战起来难度不太高；而且，父母就在身边，没有距离感，有些孩子亲眼见证了父母成功的历程，会觉得"你这样可以，我又不比你差，那我一定也可以"。

那么，父母应该怎么做呢？

1. 不在孩子面前争吵

有时候夫妻争吵是在所难免的，但是我们一定要明确一点，那就是一定不能在孩子面前争吵，在孩子面前争吵会对孩子的心理造成一定负面影响。父母吵架给孩子提供了一个学习攻击性行为的坏榜样，父母吵架使孩子的情绪受到强烈的冲击，容易让他产生恐惧、悲伤、无助等消极情绪。父母吵架是对孩子社交技能的一次错误训练，可能让孩子误以为吵架、谩骂乃至打架都是解决冲突的办法。如果夫妻双方的关系的确难以调和，也应该尽量为孩子着想，理智地对待冲突，尽量对孩子解释清楚，向孩子保证不会不管他。既不能对孩子数落另一方的不是，借机把恨意和报复的种子撒进孩子幼小的心灵，也不能因觉得对不起孩子而溺爱孩子。

2. 家庭教育中夫妻应做到一致

在对孩子的教育上，夫妻双方应在认识和行动上保持高度一致性。夫妻双方应及时沟通，并达成共识。当批评孩子时，双方应态度一致，不应该一方讲原则，严格管教，而另一方则纵容溺爱；在承担教育孩子的义务和责任上，双方不应互相推诿，而应尽己所能，给孩子以最大的帮助，不存在以谁为辅的问题。夫妻双方还应十分注意，避免在孩子面前争论，尤其是事关孩子的是非争论。因为父母之间的不一致会让孩子难以建立明确的是非标准。如果成了习惯，孩子就极有可能养成虚伪等不良习惯，有时还可能导致对父母某一方的仇视与对立，为家庭的幸福埋下祸患。

因此，父母双方一定要重视培养孩子的责任感，共同承担教育孩子的任务，主动走进孩子的生活中，让孩子在父母的双重教育下健康成长。

3. 要正确对待孩子的"离心"倾向

随着青春期的到来，孩子生理日渐成熟，视野也逐渐拓宽，自主意识逐渐形成，童年时代的百依百顺已不复存在。这时，孩子对人生和社会开始形成自己的认识，萌生出世界观中的"自我"价值，与父母的主观臆断、传统家教发生碰撞，产生冲突。作为家长如果不注意孩子这种独立人格的形成，不重视他们向成人过渡的新变化，仍按儿童时期的习惯要求他们，孩子会很不适应，甚至产生强烈的逆反心理。

父母对孩子的这种"距离感"和"离心"倾向，必须给予充分的理解，同时进行积极的"协调"和正确引导。要尊重孩子的这种独立意识，充分信任他们能把握好自己的行为，要创造与之交流谈心的良好氛围，让他们在和谐的气氛中自觉流露出心中秘密。父母要允许孩子有自己的一个生活空间，应注意把握这一阶段孩子的心理变化，采取正确的处理方法，让家庭洋溢着宽松、民主的气氛。

智慧父母课堂：父母如何对待孩子的偶像崇拜

现在很多孩子都会追星，他们会收集偶像的相关海报、杂志，去他们的演唱会。无论明星们是来往于片场，还是出现在车站、机场，只要有偶像的一丝信息，孩子都会在第一时间掌握。为了防止孩子因为追星而影响学习生活，家长们想了不少办法：没收手机、给电脑加密、少给零用钱。但孩子却想出了更多的应对方法：让同学代收海报、去网吧搜索相关消息、借钱追星……

其实，偶像崇拜是一种特殊的社会心理现象，它特指由于"光环效应"而形成夸大的社会认知和社会印象，认为自己喜欢的人物完美无缺，从而高度认同、崇拜并伴有情感依恋的一种心理行为。偶像崇拜大多从四五年级开始的，对孩子偶像崇拜的现象，家长不必大惊小怪，因为偶像崇拜是一种正常的心理现象，是道德水平发展到一定程度的反映，是长大成人必经的过程。

青少年偶像崇拜是其特定年龄阶段心理发展的"附属品"，是心理由不成熟向成熟转变过程中的伴随现象。在埃里克森的人格发展理论中，青春期（12—18岁）是建立自我同一性的时期，他们需要通过对一些成年或同龄人中偶像人物的认同来确认自我的价值。偶像崇拜的对象主要包括明星、英雄、杰出人物、父母、师长等。

研究发现，孩子对明星和英雄的偶像崇拜一般会在14～16岁达到峰值，并随着年龄增长而呈下降趋势；孩子对杰出人物的崇拜会随着年龄的增长、批判性思维的日臻成熟而呈上升趋势，并在20～22岁达到峰值；孩子对父母长辈等身边人物的崇拜，会随着他们年龄增长、独立性增强而呈现明显的下降趋势，并要求摆脱对父母的情感依附。

人类文明诞生之初，人类会崇拜大自然；少年时代，人们会崇拜明星和英雄。这是人由自然人走向社会人的社会化过程中所必须经历的阶段。人在社会化过程中，需要找一个鲜活的人物作为参照物进行仿效。因此，偶像崇拜是人成长中的一种正常现象。对于青少年的偶像崇拜，我们应持尊重、理解、宽容的态度，允许他们需要心理认同和情感依附的过程来整合自我、发展自我。

有一些孩子从自己所崇拜的偶像身上汲取积极的人生经验，获得成长的正能量。偶像成了孩子的榜样，成了孩子进步的动力，明星的榜样效应有了很好的教育效果。这样的追星方式对孩子的成长颇有助益。

当然，有一些青少年只是肤浅地崇拜着明星们表现出的外在形象，追求个性张扬。家长要引导孩子看清，明星光鲜奇异的着装、标新立异的发型都是舞台表演的需要，他们在荧屏上所展现的性格与才能只是剧情的塑造，并不一定是真正的生活写照。家长应多鼓励孩子把对偶像的表层欣赏转化为实质欣赏，学习偶像们的拼搏精神、坚毅性格和对事业的不懈追求，了解偶像成功背后的种种艰辛，真正把偶像变成自己学习的榜样，把偶像崇拜变成自己奋斗的动力。

孩子面临的诱惑很多，有一个正面的偶像作为励志的坐标去引导他的人生，未尝不是一件好事。家长要注意的是引导孩子去选择有激励价值的偶像。家长如果只是一味担心孩子会因为追星影响生活，却不予以有效的引导，是根本无法阻挡各种媒介对孩子的诱惑的，因为青少年时期的孩子内心有归属的需求，闪耀的公众人物会让他们暂时找到心理归宿，从而纷纷追崇和模仿。

为了正确引导孩子，家长和老师可以多给孩子提供做事的机会，比如让孩子参与各种社会活动，让孩子在实践中不断尝试。当孩子取得成功时多给予认可、肯定和欣赏，让孩子在亲身践行中体验到自我满足感，这时他们内心的需求就会被满足。同时，在不断尝试和体验的过程中，孩子会找到自己真正喜爱和愿意做的事情，树立正确的人生理想，这样，孩子便能真正做自己，而不是从偶像身上去找寻价值了。这也就是为什么有一些孩子并不追星，因为他们自己要做的事情还忙不过来，更无暇去关注别人在做什么。

偶像崇拜是孩子寻找自我的过程，家长明确了这是孩子的正常心理需求后，换堵为疏，积极引导，与孩子一块交流，了解各自的看法。一方面，这是一个亲子沟通的过程；另一方面，家长可以逐步为孩子树立正确的是非观、正向的道德观，把偶像崇拜打造成孩子人生的课程，以合理的方式陪伴孩子走过这一段人生的迷茫期。

智慧父母课堂：当孩子模仿不良榜样时，父母应该怎么做？

生活中，孩子常常会出现模仿不良榜样的行为，为了防止这样的行为出现，家长可以试试以下做法：

1. **尽可能避免使自己的小环境出现坏榜样的因素**。小环境就是自己的家庭。就小环境而言，父母要为孩子树立良好的榜样，比如不用不文明、不健康的语言，不欺骗和哄骗孩子，说到做到，言行一致。

2. **分析孩子模仿坏榜样的心理动机，给孩子灌输正确的"好坏"观念**。孩子并不知道自己所模仿的行为的负面影响。比如他跟其他孩子一块骂人，当他看见别人气急败坏时，他也许觉得很有趣。这时候家长应告诉孩子，这种行为是不好的，这是一种不尊重他人的行为。

3. **让孩子远离坏榜样**。为孩子选择一些诚实可信、有礼貌的孩子作为玩伴。孩子在这样积极的氛围中很容易模仿好的行为，对此，父母应及时给予表扬。

4. **必要时家长应该加以处罚**。这种处罚应剥夺他取得某些实际利益的权利，比如不带他去动物园、不给他买玩具。在这一点上父母必须坚持原则，让孩子明确行为的界限在哪里。父母与孩子一起制定的规则也不能朝令夕改，随父母情绪好坏而变化，那只会令孩子无所适从。

5. **及时纠正孩子的不良模仿行为**。对孩子已有的不良模仿行为，父母应积极加以纠正。比如，当孩子模仿电影中的坏人做坏事时，父母应及时予以制止，告诉孩子，这样的行为是被禁止的或是令人讨厌的，并告诉他正确的做法。

亲子游戏：和孩子一起画"理想中的爸爸妈妈"

目的：加深父母与孩子之间的感情，增进孩子对父母的认识。

适合年龄段：5岁以上的孩子。

工具：A4纸4张，2B铅笔2支，彩色笔数支，橡皮1块。

步骤一：爸爸妈妈和孩子一起坐在桌子前面，把准备好的工具放在桌子上，把A4纸竖着放平，开始用铅笔在纸上画画。爸爸妈妈分别画自己的自画像，孩子画"我眼中的爸爸妈妈"。在绘画的时候，不要求画得很像，只需要根据感觉画出自己心目中的样子就可以了。在画画的过程中，如果孩子不知道怎么画，爸爸妈妈可以用语言引导孩子。

图9-3 理想中的爸爸妈妈

步骤二：完成后，爸爸妈妈和孩子分别给画像涂上颜色。

步骤三：爸爸妈妈和孩子互相分享画的内容。妈妈可以向孩子提出类似下面的问题："你画了怎样的爸爸妈妈呢？" "你给妈妈涂了什么样的头发呢？" "为什么你给爸爸的手涂这个颜色呢？"……爸爸妈妈多提一些开放性的问题，鼓励孩子积极思考，锻炼孩子的沟通和表达能力。同时爸爸妈妈也要鼓励孩子多提问题。

步骤四：爸爸妈妈和孩子轮流用语言描述画像，并把评价写在纸张的空白处，如妈妈描述自己的画像"我是一个亲切的妈妈"，然后用铅笔在自己的自画像旁边写上"我是一个亲切的妈妈"。接着，爸爸妈妈引导孩子对自己画的爸爸妈妈的画像进行评价，如果孩子不懂得表达，爸爸妈妈可以适当提示孩子，最后鼓励孩子在爸爸妈妈的画像旁边写上对爸爸妈妈的评价，如果孩子还小，不懂得写字，爸爸妈妈可以帮助孩子写下评价。

步骤五：分享结束后，父母可以感觉到孩子画中的父母和自己画出来的父母之间存在差距，这时可以问孩子："你画中的爸爸妈妈和爸爸妈妈画出来的有一些不一样，你觉得爸爸妈妈怎么做，才是你理想中的爸爸妈妈呢？"孩子描述的时候，家长可以把建议写在画像旁，等孩子说完，读给孩子听。

本章小结

通过本章的学习，作为父母的你，是否已经了解了模仿在孩子成长过程中的重要性？是否知道该如何帮助孩子找到模仿的对象呢？模仿是社会学习的重要形式之一。学前儿童更有可能模仿那些温暖、有责任感的成人的行为，而且能干的、有威望的榜样也比其他人更有教育意义。儿童很容易通过观察暴力和攻击行为而模仿暴力、攻击等不良行为，所以家长要指导孩子正确地看电视、交朋友和玩游戏。当孩子进入青春期，父母不仅要以身作则，更要注意和孩子的交流和沟通，指引孩子如何交朋友，如何崇拜偶像，如何防止校园暴力等。

本章中，我们为你准备的智慧父母课堂和有趣的亲子游戏，希望能为你在孩子的教育上提供一定的引导。正如心理学大师希尔曼所言："父母的责任，并非为孩子铺就一条现成的人生之路，而应给他们提供一张人生之旅的地图。"

第四篇 "我该学习哪些能力?"

——父母如何支持孩子的能力发展

篇首语

　　一颗优良的种子，如果没有适宜的生长条件（如土壤、阳光、水分等），是无法生根发芽、开花结果的，培养人才亦同此理。王安石在《伤仲永》里讲述了一个名叫"方仲永"的神童的故事：方仲永天资聪颖，5岁就能作诗，无论什么样的题目都能立刻写出诗来，而且内容、文采都有可取之处，一时被乡人传为奇事，但因后天父亲没让他读书学习，并把他当作赚钱工具，他渐渐由神童沦为一个普通人。而"钢琴诗人"肖邦的人生则完全不同，他的父母都是音乐爱好者，在肖邦六七岁时，父母就让他师从名家学习钢琴，经过不断地学习，肖邦20岁时，就因创作《E小调第一钢琴协奏曲》而一鸣惊人。可见，天资并不是儿童能力发展的唯一决定性因素，后天的引导、培养教育和学习对儿童能力发展的作用也是不可忽视的。

　　各种史书、文学作品中出现过很多"学霸"的事迹，他们都拥有着非凡的学习能力。如：《后汉书》中记载张衡"通五经贯六艺"；《射雕英雄传》里黄蓉的母亲拥有"过目不忘"的能力；《三国演义》的张松，过目成诵……家长都希望孩子能拥有优秀的学习能力，那么学习能力是什么呢？孩子能力的发展究竟是怎么样的？什么因素影响孩子能力的发展？家长又该如何帮助孩子提高学习能力呢？对于孩子的能力培养，我们又能做些什么？

让我们带着这些问题，一起进入本篇的学习！

第十章　能力

　　如果没有系统的知识的帮助，先天的才能是无力的。直观能解决很多事，但不是一切。天才和科学结合后才能得到最高的成功。

——斯宾塞

图10-1　能力

11岁的乐乐在学校的活动课上做了一道菜，得到了老师和同学的一致赞扬。回到家后，她非常开心地把这件事告诉了自己的爸爸妈妈："我会做菜了！老师和同学都说我做得好吃，以后家里的菜让我来做吧！"爸爸听到后，没好气地说："考试会考这些吗？别把时间浪费在没用的事情上！"这番话让乐乐非常沮丧。妈妈却笑着对她说："别听你爸的，以后来做妈妈的小帮厨吧。"乐乐重重地点了点头，开心地答应了。在母亲的指导和鼓励下，乐乐的厨艺进步得非常快，从帮妈妈做菜到自己一个人做菜，从只能做一道菜到做出一桌子的菜。多年后，乐乐并没有成为大厨，也没有因为这项技能收获到多少名利，她只是在忙碌的工作之余会通过一顿美味的佳肴来享受一下生活，她的家人和朋友总是在吃到她的菜之后感到心情愉悦。用她自己的话来说："做菜是所有我学过的知识和技能中带给我幸福感最多的一项。"

能力的定义

哲学上将能力定义为"人的内在素质的外化力量"。心理学中将能力定义为人顺利完成或实现某种活动所必需的心理条件，是个性心理特征的重要方面。人们在活动中表现出来的能力有所不同。能力是直接影响活动效率，并使活动顺利完成的个性心理特征。

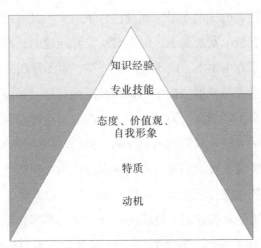

图10-2 能力素质理论

关于能力，心理学家也有过很多研究，提出过很多理论。美国著名的心理学家戴维·麦克莱兰提出了"能力素质"理论。他认为一个人的能力素质好像一座冰山：水面以上的部分是知识经验和专业技能，属于智力素质；水面以下是价值观、自我形象、动机、特质和态度，属于非智力素质部分。

看了这个理论，我们似乎对能力的概念清楚了一些。能力实际上是一个人的综合素质，不仅包括智力因素，也包括非智力因素。根据"能力素质"理论模型，水面之上的智力因素是通用素质，而藏在水面之下的非智力因素是鉴别素质。也就是说非智力因素对评判一个人的能力更为重要。

其实，我国史学家司马光早在近千年前就说过："才者，德之资也；德者，才之帅也……德胜才谓之君子，才胜德谓之小人。"

因此，作为家长，我们不要光把眼睛盯在孩子的学习上，而应该把教育孩子的重点放在非智力因素的培养上。非智力因素不但对孩子的学习有着巨大的促进作用，而且对一个人事业的发展起着举足轻重的作用。

知识、技能和能力的关系

知识、技能与能力有着密切的关系。首先，知识和技能是能力的基础，但只有那些能够被广泛应用与迁移的知识和技能，才能转化成为能力。能力不仅包含了一个人现在已经达到的成就水平，而且包含了一个人具有的潜力。例如，一个读书很多的人可能有较丰富的知识，但在解决实际问题时，却显得能力低下，这说明他的知识只停留在书本上，既不能广泛迁移，也不能用来解决实际问题。

其次，能力的形成与发展依赖于知识和技能的获得。随着人的知识、技能的积累，人的能力也会不断提高。同时，能力的高低又会影响到知识、技能的掌握水平。一个能力强的人较易获得知识和技能，他们付出的代价也比较小；而一个能力较弱的人可能要付出更大的努力才能掌握同样的知识和技能。所以，从一个人掌握知识、技能的速度与质量上，可以看出其能力的高低。

综上所述，能力是掌握知识、技能的前提，又是掌握知识、技能的结果。两者是互相转化、互相促进的。因为能力是学习者对学到的知识和技能内化的产物，所以我们只能传授孩子知识和技能，而不能传授能力，但孩子可以通过家长、老师的引导形成能力。

正确认识孩子的能力

在知识经济时代，学习能力固然重要，但是个人能力是一个多因素、多形态、多层次的结构。心理学家从不同的角度对能力进行了分类：

1. 按倾向性可分为一般能力和特殊能力

一般能力是指在不同种类的活动中表现出来的能力。它是有效掌握知识和顺利完成活动所必需的心理条件，又称为普通能力。一般能力主要包括观察力、想象力、言语能力、记忆力和思维能力。其中思维能力起着核心的作用。一般能力多和认识活动紧密联系，所以，一般能力又称为智力。

特殊能力是指顺利完成某种专业活动所必备的能力，它又称为专门能力。如数学能力、音乐能力、绘画能力、文学能力、教育能力等。

2. 按创造性大小可分为模仿能力和创造能力

模仿能力是指仿效他人的言行举止而引起的与之相类似的行为活动的能力。模仿是人们彼此之间相互影响的重要方式，是实现个体行为社会化的基本历程之一。通过模仿，人们使原有的行为得到巩固或改变，习得新的行为。孩子是最喜欢模仿大人的，模仿大人的行为，模仿大人的言语……孩子可以通过很多途径进行模仿，如日常生活、表演、影视等，孩子模仿能力强其实是聪明的一种体现。

创造能力是指在创造活动中能产生出具有社会价值的、独特的、新颖的思想和事物的能力，如作家、科学家、教育家的活动经常表现出创造能力。心理学家认为，创造能力的基本特征是独特性和有价值性。人们正是由于有了创造能力，才能在模仿的基础上有所突破，有所发展，社会才能得以发展。孩子自发地运用实验检验自己的想法就是创造力的体现，如"曹冲称象"的故事就是孩子创造力的体现。

模仿能力和创造能力二者是相互联系的。模仿能力一般都含有创造因素，而创造能力的发展又需要模仿能力。

3. 根据在人生中的发展趋势及多维性可分为流体能力和晶体能力

流体能力也称流体智力，是指在信息加工和问题解决过程中所表现出来的能力。如对关系的认识、类比、演绎推理能力，形成抽象概念的能力等，它取决于个人天赋。流体能力的发展与年龄有密切关系。一般人在20岁以后，流体能力的发展达到顶峰，30岁以后将随年龄的增长而降低。晶体能力也称晶体智力，晶体智力是通过掌握社会文化经验而获得的智力，如词汇概念、言语理解、常识记忆、储存信息等能力，它取决于后天的学习，与社会文化有密切的关系。晶体智力受后天的经验影响较大，主要表现为运用已有知识和技能去吸收新知识和解决新问题的能力。晶体能力在人的一生中一直在发展，它与教育、文化有关，并不因年龄增长而降低，只是到25岁以后，发展的速度渐趋平缓，并保持稳定。

■■ 拓展阅读：加德纳多元智力理论

图10-3　霍华德·加德纳

加德纳以他的多元智能理论而闻名全球教育界，这一理论在1983年出版的《智力的结构：多元智能理论》一书中第一次作了详细阐述。在书中，作者首次提出人类有着完整的智能"光谱"。这一论断突破了传统智力理论的假设：人类的认知是一元的，可采用单一的、量化的智力检测手段来测量人的智能。经过多年的研究，加德纳逐渐完善了自己的理论，明确提出人类存在多种不同的思维方式，他将人类的智能类型分成8种，分别是：

1. **言语语言智能**（Verbal-linguistic intelligence）指听、说、读和写的能力，表现为个人能够顺利而高效地利用语言描述事件、表达思想并与人交流。

2. **音乐节奏智能**（Musical-rhythmic intelligence）指感受、辨别、记忆、改变和表达音乐的能力，表现为个人对音乐包括节奏、音调、音色和旋律敏感以及可通过作曲、演奏和歌唱等表达音乐。

3. **逻辑数理智能**（Logical-mathematical intelligence）指运算和推理的能力，表现为对事物间各种关系如类比、对比、因果和逻辑等关系敏感以及通过数理运算和逻辑推理等进行思维活动。

4. **视觉空间智能**（Visual-spatial intelligence）指感受、辨别、记忆和改变物体的空间关系并借此表达思想和感情的能力，表现为对线条、形状、结构、色彩和空间关系敏感以及可通过平面图形和立体造型将它们表现出来。

5. **身体动觉智能**（Bodily-kinesthetic intelligence）指运用四肢和躯干的能力，表现为能够较好地控制自己的身体，对事件能够做出恰当的身体反应以及善于利用身体语言来表达自己的思想和情感。

6. **自知自省智能**（Intrapersonal intelligence）指认识、洞察和反省自身的能力，表现为能够正确地意识和评价自身的情绪、动机、欲望、个性、意志，并在正确的自我意识和自我评价的基础上形成自尊、自律和自制。

7. **人际交流智能**（Interpersonal intelligence）指与人相处和交往的能力，表现为可觉察、体验他人的情绪、情感和意图，并据此做出适宜反应。

8. **自然观察智能**（Naturalist intelligence）指个体辨别环境（不仅是自然环境，还包括人造环境）的特征并加以分类和利用的能力。（加德纳之后又补充了第9种智能类型：存在智能。指对生命、死亡和终极现实提出问题并加以思考的能力。）

加德纳打破了传统智力理论所信奉的两个基本假设：人类的认知是一元化的；只要用单一、可量化的智力测试就可描述每个人的智能。我们每个人在这八种智慧上所拥有的量参差不齐，组合和运用他们的方式亦各有特色，所以每个人都有其长处。相对于许多只能测量狭小范围的人类能力的标准化智力测验，加德纳的理论对"人何以为人"，提供了一个更开阔的图像，且让我们深信"天生我才必有用""行行出状元"不再只是理想。

拓展阅读：曹冲称象的故事

有一次，吴国孙权送给曹操一头大象，曹操十分高兴。大象运到许昌那天，曹操带领文武百官和小儿子曹冲，一同去看。

曹操的人都没有见过大象。这大象又高又大，光说腿就有大殿的柱子那么粗，人走近去比一比，还够不到它的肚子。曹操对大家说："这头大象真是大，可是到底有多重呢？你们谁有办法称它一称？"嘿！这么大个家伙，可怎么称呢？大臣们纷纷议论开了。一个说："只有造一杆顶大顶大的秤来称。"另一个说："这可要造多大的一杆秤呀？再说，大象是活的，也没办法称呀！我看只有把它宰了，切成块儿称。"他的话刚说完，所有的人都哈哈大笑起来。大家说："你这个办法呀，真是笨极啦！为了称重量，就把大象活活地宰了，不可惜吗？"大臣们想了许多办法，可是都行不通。这时，从人群里走出一个小孩，对曹操说："父亲，我有个法儿，可以称大象。"曹操一看，正是他最心爱的儿子曹冲，就笑着说："你小小年纪，有什么法子？你倒说说，看有没有道理。"曹冲把办法说了。曹操一听连连叫好，吩咐左右立刻准备称象，然后对大臣们说："走！咱们到河边看称象去！"众大臣跟随曹操来到河边。河里停着一只大船，曹冲叫人把象牵到船上，等船身稳定了，在船舷上齐水面的地方，刻了一条道道。再叫人把象牵到岸上来，把大大小小的石头，一块一块地往船上装，船身就一点儿一点儿往下沉。等船身沉到刚才刻的那条道道和水面一样齐了，曹冲就叫人停止装石头。大臣们睁大了眼睛，起先还不清楚是怎么回事，看到这里不由得连声称赞："好办法！好办法！"现在谁都明白，只要把船里的石头称一下，把重量加起来，就知道象有多重了。

这个故事一直作为反映"年纪小智慧大"的典型例子流传至今。面对"大象体重"这样一个问题，曹冲并不是把自己的思维仅仅集中在大象身上，而是想到了借助船、石块以及水的浮力等这些外界事物及原理来达到称象的目的。他这种考虑事情的思维模式就是创造性思维和多元思维的体现。

影响孩子能力发展的因素：遗传还是环境？

在心理学的发展历程中，有着遗传决定论和环境决定论两种理论之争。这两种理论代表着被人们所认同的影响儿童发展的最重要的两大因素——遗传和环境。

遗传决定论者认为，儿童心理的发展是由先天的、不变的遗传所决定的，儿童心理发展过程就是这些先天遗传自我发展和自我暴露的过程，与外界影响、教育无关。外界的影响和教育即使对儿童心理发展起作用，也是微乎其微的。心理学家桑代克说过，"人的智慧80%取决于基因，17%取决于训练，3%取决于偶然因素"。心理学家霍尔认为"一两的遗传胜过一吨的教育"。

而环境决定论者重视教育和环境对儿童心理发展的作用，强调且机械地看待环境或教育的作用，认为儿童心理的发展完全是由环境决定的。著名的行为主义心理学家华生在书中写道："给我一打健康的婴儿，一个由我支配的特殊环境，让我在这个环境里养育他们，我可以担保，任意选择一个，不论他父母的才干、倾向、爱好如何，他父母的职业及种族如何，我都可以按照我的意愿把他们训练成为任何一种人物——医生、律师、艺术家、大商人，甚至乞丐或强盗。"

遗传和环境究竟哪个更重要，我们无法直接给出结论，但是两者在孩子的毕生发展中都有着重要意义。

一方面，我们应当承认，遗传确实是儿童心理发展的生理前提、必然条件，没有这个条件是不行的，例如，无脑畸形儿生来不具有正常脑髓，因而不能产生思维；一个生来就是全色盲的孩子，就无法辨别颜色，更不能成为彩绘师。儿童自出生的时候起高级神经活动类型就表现出天然的差别：在产房中我们可以观察到那些刚出生几天的孩子，有的安静些，容易入睡；有的则手脚乱动，大哭大喊。

另一方面，我们只能说遗传为人的发展提供的是必要的生理前提和发展的潜在可能性，而要把这种可能性转为现实，还要依靠后天的环境。研究发现，富裕家庭儿童的自控能力发展速度高于贫困家庭儿童，低收入家庭的儿童不仅出现较多的内隐和外显问题，社交能力也相对较低。

父母的教养方式也是影响孩子能力发展的一个重要因素。研究发现，母亲的鼓励支持可以为青少年提供有效机会，并促进其社会能力的发展；父母对孩子消极情绪的反应方式与儿童自我控制等社会能力发展高度相关；根据父母解决问题的方式，能够较好地预测儿童的责任感、合作能力等；适度的鼓励表达有利于儿童社会能力的发展。

拓展阅读：儿童的认知能力是如何发展的？

关于儿童认知能力发展的研究起源于瑞士心理学家让·皮亚杰。

皮亚杰提出儿童认知能力发展的实质是适应。儿童的认知是在已有图式的基础上，通过同化、顺应和平衡，不断从低级向高级发展。其中图式是指儿童对环境进行适应的认知结构。同化是指个体利用已有的图式把新的刺激纳入已有的认知结构中去的过程。顺应是指儿童改变已有的图式或形成新的图式适应新刺激的认知过程。通过顺应，个体的认知能力达到新水平。平衡是指同化和顺应间的均衡。同化是图式发生量变的过程，顺应是图式发生质变的过程。

图10-4　皮亚杰

我们举一个简单的例子来说明。比如一位妈妈在床边放了一个玩具，当她的孩子看到时想伸手去抓它，多次尝试之后，孩子最终拿到玩具。这就是同化的过程，即孩子采用他大脑中以往的图式来应对这个新的刺激。如果将玩具放入靠近床中心的位置，这时小孩看到时仍然会用手去抓（这是他原有的认知结构），但多次抓取之后他未能拿到玩具，这时他发现把床单拽着抖动时，玩具会往床边移动（这促使他开始形成新的认知结构），这时他便拿到了玩具。这就是顺应的过程，即孩子改变了以往的图式来适应新环境。经历过这样的探索后，孩子自然会想到：如果玩具在床边，我只需伸手去抓就可得到；如果玩具在床中间，我就需要通过抖动床单来获得玩具。当孩子有了这样的想法后，便建立起了同化和顺应之间的平衡。

了解了儿童认知能力发展的实质后，我们就可以设计一些与儿童认知发展相匹配的刺激，诱导儿童不断生成新的认知结构。

儿童认知发展阶段

皮亚杰提出儿童的认知能力发展可以分成四个阶段：感觉运动阶段、前运算阶段、具体运算阶段和形式运算阶段。每个阶段的特点都是不一样的：

表10-1　皮亚杰儿童认知发展阶段

年龄	阶段	身体特点	认知特点
0—2岁	感觉运动阶段	身体成长和动作技能的发展非常快。各种感觉和身体系统会在不同程度上发挥作用。大脑的复杂性不断增加，对环境刺激非常敏感	孩子对外部世界的认识是基于他们的感觉和运动技能而获得的，如孩子会通过眼睛、耳朵、手和嘴巴等肢体或感官来与外界互动，通过这样的互动来构建自己对外界事物的认识
2—7岁	前运算阶段	孩子的身体成长速度趋于稳定，身体外形变得细长，身体比例更接近于成人的比例。精细运动和粗大运动的技能以及力量感不断增强。这个阶段，孩子可能会出现食欲减退的现象，睡眠问题也比较常见	孩子学会如何通过语言符号来与外界沟通、交流，而不仅仅是通过肢体和感官。这个阶段的孩子会出现"自我中心"的意识，即很难从别人的视角来看世界，觉得别人看到的世界和他们自己看到的是一样的，所以，有时他们会坚持认为自己的观点是正确的。同时，他们会相信"泛灵论"，认为一切物体都是有生命的，比如太阳公公会生气，月亮婆婆会哭泣

续表

年龄	阶段	身体特点	认知特点
7—11岁	具体运算阶段	与前一阶段相比，孩子的力量感和运动技能明显提升。孩子进行粗大运动，如奔跑、跳跃和球类等活动时更加灵活，同时在精细运动技能方面（对手和手指的控制技能）也得到了很好的发展，如孩子很会玩溜溜球、做编织等	这个阶段的孩子处于学龄期，推理变得有逻辑性，他们也会把物体组织到各种类别中。但是具体运算思维一般还离不开具体事物的支持，而且这些运算还是零散的，还不能组成一个整体的结构或一个完整的系统
11—18岁	形式运算阶段	青春期是人生发育的第二个高峰。青少年的身体迅速增高、体重迅速增加。性激素促成了第二性征的发育和成熟	这个阶段被称为青少年期。相比前一阶段，此阶段的青少年逻辑思维能力明显提升。抽象、系统的思维能力使得青少年在面对问题时能够先提出假设，演绎出可供检验的推理，并进行分类和综合，得出哪一种推理是最可行的

感觉运动阶段(0—2岁)

儿童仅靠感觉和动作适应外部环境，应付外界事物，语言能力和思维能力尚未完全形成。此阶段主要表现为以下特点：

1. 通过探索感知与运动之间的关系来获得动作经验。

2. 获得了客体的永恒性（9—12个月）。客体永恒性就是指当事物不在眼前时，依然能够认识到事物是存在的。举例说明：爸爸离开了，没有获得客体永恒性的儿童，不能认识到爸爸依然存在，以为爸爸从此消失，不会有寻找的行为；

获得客体永恒性的儿童能够认识到爸爸是存在的，就会去寻找。

3. 理解原则和规则，但只能刻板遵守规则，不敢改变。

前运算阶段(2—7岁)

在这个阶段，儿童通过语言、模仿、想象、符号游戏和符号绘画来发展符号化的表征图式。此阶段主要表现为以下特点：

1. "万物有灵论"(也叫泛灵论)。比如3岁的小孩会在自己吃饭的时候，喂洋娃娃吃饭，认为洋娃娃不吃饭就会和自己一样觉得饿。

2. 一切以自我为中心，只会站在自己的角度思考问题。如4岁的小孩子给妈妈送礼物，会送自己喜欢的奥特曼玩具，但是不会考虑妈妈的喜好，认为自己喜欢的就是妈妈喜欢的。

3. 思维具有不可逆性、刻板性。比如孩子知道2+3=5，却不知道3+2等于几。

4. 没有守恒概念。比如当一块饼干被掰开后，有的孩子会觉得饼干增多了。孩子在做出判断时往往只能运用一个标准或维度。

具体运算阶段(7—11岁)

在这个阶段，儿童开始领会特定因果关系的逻辑基础。他们能够领会类别、归类系统和团体中的等级结构。此阶段主要表现为以下特点：

1. 这个阶段的标志是守恒观念的形成。比如将相同大小的橡皮泥做成圆饼状、柱状或球状等，该阶段的孩子可以辨别出它们其实是相等的。

2. 思维运算一般需要有具体事物的支持，但可以进行简单的抽象思维运算，比如A、B、C三人比高低，孩子可以通过具体表象推理得出结论。

形式运算阶段(11—18岁)

这一时期儿童的思维水平可同时加工多个相互作用的变量。个体能够创建一套解决问题的法则，此阶段主要表现为以下特点：

1. 能够根据逻辑推理、归纳或演绎方式来解决问题。

2. 能够理解符号意义、隐喻和直喻，有一定的概括能力。

3. 思维具有可逆性和灵活性。比如孩子知道5+3=8的同时也知道3+5等于多少。

认知发展观对培养孩子能力的启示

1. 能力培养要适应儿童的认知发展顺序

皮亚杰认为，所有儿童的智力都会按照同样的顺序发展，每一阶段的发展都是建立在前一阶段完成的基础之上。家庭教育要适应儿童的认知发展顺序，符合儿童的年龄特征。家长应时刻清楚自己的孩子处在什么发展阶段，应实施什么样的教育。

2. 有意识地培养儿童主动探索的精神

主动探索不仅是认知发展的一个关键因素，还是人格发展中一个至关重要的品质。中国人传统的家教观念会把"顺从""听话"作为"好孩子"的标准，这样会很大程度阻碍孩子自主性的发展。

3. 不要过分保护儿童，让他们多参与实践活动

皮亚杰认为，通过活动和具体事物进行学习是儿童主动学习的前提，儿童是从自身经历中建构知识的。皮亚杰认为动作是心理发展的源泉，是主客体相互作用的中介。所以家长应该多鼓励孩子积极参与生活实践活动。

4. 积极培养儿童的社会交往能力

皮亚杰认为儿童心理发展与他们的社会交往有着非常密切的联系。儿童在与同伴交往的过程中，会感受到平等的相互关系，他们敢于表达自己的观点和看法。由于每个孩子的看法各有不同，在交往的过程中他们就会考虑其他人的观点，这样有助于孩子尽早摆脱自我中心，促进思维能力的发展。

■■ 智慧父母课堂：成绩不是检验孩子能力的唯一标准

很多父母认为，孩子的幸福，无非是通过成功来获得的，而成功，则是依靠

成绩来获得。通过成绩来检验孩子，通过孩子成人后所获得成就的大小来检验自己的教育是否正确，这是很多家长一贯的作风。

几年前，"清华教师被骗千万"的新闻闹得沸沸扬扬，自此延伸出来的一个育儿话题是："让孩子读了那么多书，门门功课第一，最后是否一定能换来一个好人生？"细想下，这个问题其实不难回答。试问，如果孩子缺乏对成功最起码的认知能力（一遇挫折就消极），没有梦想规划的能力（以后从事什么工作都不懂），无法保护自己（读了研究生依然被骗），没有与别人分享的能力（腰缠万贯却快乐不起来）……那么，即便这个孩子读书多如恒河沙数，门门功课第一，那又怎样？

成绩检验的只有学习能力，而学习能力只是个体所有能力中的一部分，只用成绩来要求孩子，就相当于牺牲别的能力来提升学习能力，这显然不是我们的初衷。孩子的能力可以选择性地培养，但有两种能力是不可或缺的，那就是生活自理能力和人际交往能力。这两种能力是孩子能够正常学习生活的基础，是孩子将来适应新环境、融入社会的保障。

做家务是提升孩子生活能力的一个重要方法，同时也能使孩子更有责任心。外国有研究表明，爱做家务的孩子与不爱做家务的孩子就业率之比为15∶1，前者收入比后者高20%，而且前者婚姻更幸福。国内研究机构对全国2万个小学生家庭进行的调查也表明，孩子做家务的家庭与孩子不做家务的家庭相比，孩子成绩优秀的比例高了27倍。其实从孩子3岁开始，父母就可以有意识地培养孩子做家务了。对照下面的家务年龄表，父母可以更好地把握不同年龄的孩子该做哪些家务。

表10-2 家务年龄表

上幼儿园前	3～4岁	·丢垃圾 ·收拾玩具 ·开始叠衣服、铺床 ·学习摆桌子 ·学习擦灰 ·选择要穿的衣服

续表

幼儿园	4～7岁	·准备第二天要穿的衣服 ·饭前摆好碗筷 ·按颜色把要洗的衣服分类 ·给自己穿衣服 ·学习清洗瓜果蔬菜
一年级	6～8岁	·把要洗和要穿的衣服整理好 ·整理书包 ·自己整理穿戴 ·独自准备好去上学 ·丢垃圾并学习垃圾分类 ·每周打扫一次房间 ·饭后收拾碗筷，并放入水槽 ·摆桌子和椅子 ·在家长指导下把衣服放到衣柜里
二年级	7～9岁	·上学前整理好书包和穿戴 ·学习使用电饭煲煮饭 ·学习洗碗 ·会用吸尘器 ·会使用微波炉 ·收拾自己的房间 ·在妈妈的帮助下做简单的早饭
三年级	8～10岁	·准备菜单 ·写购物清单 ·和爸妈一起做出行计划 ·会煮饭和做简单的菜 ·把衣服分类放进洗衣机清洗 ·叠衣服 ·把衣服放到衣柜里 ·帮助妈妈进行大扫除

教育误区：当孩子出现以下情况时，不一定是能力的问题

当孩子时不时发呆、反应慢或者多动爱闹时，很多家长会认为孩子不够聪明或是出现了行为问题，其实家长所看到的这些"问题"有时候是孩子其他能力的反映。

误区1：孩子发呆就是有问题

孩子放学回家后就进了房间，父母以为他在做作业，谁知道推开他的房门却发现孩子坐在房里发呆。这让父母感觉很奇怪：难道这孩子有什么问题？

有时候，发呆也是一种学习，这时候的孩子可能在想象某些场景，或者在思考一些有趣的事情。喜欢发呆的孩子通常有着丰富的想象力。发呆时孩子可能没有意识到自己在干什么，但是他的大脑仍处于活跃的状态之中。学习分为"外显性学习"和"内隐性学习"，前者表现为学习课本知识、学习某种技能等，后者则是一种无意识学习。其实，在我们觉得什么都没想的时候，大脑也在储存、整理和加工一些信息，我们仍处于内隐性学习的过程中。

误区2：慢孩子就是笨孩子

孩子学习比别人慢，到新环境里适应过程也慢……当孩子出现这样的情况时，常常会被父母和老师认为是"笨孩子"。实际上，慢并不代表孩子的能力不行，这种"慢"的适应性恰恰是孩子的一种行为模式。比如"慢孩子"可能背一篇课文的速度比较慢，但他们通常也会记得更加牢固。而且这些"慢孩子"很可能具备其他"快孩子"所没有的优势，比如他们会花更多的时间去处理问题，因而思考问题时也会更加全面和细致。

误区3：爱动的孩子都是"多动症"

课堂上总会有一些孩子喜欢找同桌说话，或是小动作不断，似乎很难安静下来，而这些孩子通常都会被老师和父母认为是有多动症。

多动行为与多动症是有很大的区别的，不要轻易给孩子下结语。注意力不集中的现象在低年级的孩子中十分常见，这时候需要的是对孩子进行注意力训练，而不是随意贴标签。另外孩子静不下来，爱动爱说话，可能是因为他比较聪明，

听老师讲了一半课程，就已经掌握了基本要领，接下来要讲的东西他也已经知道了，于是注意力开始分散，转向其他吸引他注意的新鲜事物。

智慧父母课堂：父母如何发掘孩子的天赋与才能？

如何发掘孩子的天赋与才能是很多父母关心的问题，想要发掘孩子的天赋可以从以下三个问题入手。

1. 孩子是否具有持久的兴趣和坚持精神？

如果孩子在某方面具有天赋，首先他会对此表现出一种长久的兴趣，这种兴趣不是三分钟热度的新鲜感，而是即使碰到困难他也会自觉克服并坚持下去的一种爱好。从孩子对待不同兴趣爱好的坚持程度和付出的努力来看，家长可以推断出孩子是否真的想要在这个领域更深入地发展。

2. 孩子是否具有领悟力？

孩子在他的天赋领域里往往会表现出很高的悟性。悟性是指对事物深入理解和体会的能力，也就是说在付出同样努力的情况下，在这一领域所取得的成绩会相对优于孩子的其他领域，与同龄人相比也具有一定的优势。比如说孩子坐在一旁看别人下棋，不用别人给他讲解，他看着看着就学会了，这就说明他在下棋这一领域具有很高的领悟力。家长就可以着重培养孩子这方面的才能。

3. 孩子是否具有创造力？

对于擅长的领域，孩子往往表现出很强的创造力。比如孩子平时喜欢注意看房屋、商店和办公大楼；喜欢玩积木，每次都搭建一些新奇的东西；在胡乱涂鸦时，常画一些房屋建筑。这就是孩子在建筑设计方面所体现出来的创造力，也许他将来能成为一名优秀的建筑师。

趣味心理：找找孩子的天赋和潜能

看看你的孩子有以下哪些特征。

1. 他能精彩地讲故事。

2. 他会纠正你的错误用词。

3. 他在背诗和有韵律的句子时很出色。

4. 他唱歌时音阶很准。

5. 他对不同的声音发表评论。

6. 他喜欢听各种乐器演奏，并能辨别它们发出的声音。

7. 他善于把杂乱的东西分类整理。

8. 他经常会问"打雷、闪电和下雨是怎么回事"。

9. 他常常问诸如"时间可以停止吗""宇宙有多大"这样的问题。

10. 他画地图画得很好，路线清楚。

11. 凡是他走过一遍的地方，他很少迷路。

12. 外出时，他能记住沿途标识，说："我们曾到过这里。"

13. 他很早就会系鞋带，会骑自行车。

14. 他善于模仿各种肢体动作及面部表情。

15. 他走路的姿势很协调，随着音乐所做的动作很优美。

16. 他常说某某像某某。

17. 他特别喜欢扮演角色或构想剧情。

18. 对别人能完成与不能完成的事他能做出准确的评价。

19. 他很注意你在忧愁或高兴时的情绪变化，并做出反应。

20. 他善于把动作和情感联系起来，譬如他说："我在兴高采烈地做某事。"

解析：

1、2、3代表有语言天赋；

4、5、6表现的是音乐才能；

7、8、9代表在数学、逻辑方面有天赋；

10、11、12是空间方面的才能；

13、14、15表现的是身体动觉才能；

16、17、18、19、20是自我认识和认识他人的才能。

■ 亲子游戏：角色扮演小游戏

　　家长鼓励孩子充分发挥想象力，构想出一个有趣的情境，孩子来扮演情境中所需要的角色。如果孩子暂时想不到，家长可以提供一些情境和道具，让孩子选择自己喜欢的角色进行扮演。同时，家长可以扮演相对应的角色来配合孩子，就像和孩子玩过家家一样。通过让孩子扮演不同角色，去应对发生的不同事件，可以达到锻炼孩子各方面能力的目的。

　　角色扮演游戏的益处体现在以下几个方面：

　　1. 换位思考。角色扮演游戏能让孩子学会"换位思考"，这对孩子的想象力、观察力、思维能力和解决问题能力都大有好处。

　　2. 认识自我。在游戏中，孩子能从与周围人和事物的比较中逐渐认识自我，他手中的玩具往往就是他自己。儿童做游戏时喜爱扮演各种角色，它含有浓厚的戏剧性。孩子扮演的角色并不拘泥于一个人，有时在一个游戏中他甚至可以不断出演多种角色。

　　3. 左右脑开发。对孩子来说，现实与想象并没有太大的区别，角色扮演能进一步激发他们的想象力，促进右脑发展；模拟对话不仅能加深与父母的情感交流，还可以刺激孩子左脑的语言中枢；孩子的想象力如果能通过语言自然表达，将极大促进左右脑开发。

　　下面为大家列举几种不同的角色扮演游戏：

　　(1) 司机与乘客

　　几个小板凳就可以成为孩子的公共汽车，孩子是司机，父母扮演乘客，整个游戏会涉及"去哪儿""刷卡付车费""哪一站下车""沿途经过哪些站"等。

（2）商人与顾客

把玩具摆在桌子上，作为孩子的店铺。孩子来卖玩具，父母来讨价还价，看看孩子的经商头脑怎么样，之后还可以换过来，让孩子当顾客，父母当商人。

（3）医生与病人

父母装作不舒服去找"医生"看病，"医生"要给予建议、开药等。

（4）老师与学生

让孩子来当当老师，上一堂课。父母在上课中要多提一些问题，小老师还可以给"学生"布置作业。

第十一章　学习

玉不琢，不成器；人不学，不知道。

——《礼记》

图11-1　学习

乐乐从小就是个人见人爱的小姑娘，长得像个洋娃娃，爸爸妈妈都是高学历、高收入、高颜值。乐乐平时很懂事，抢着帮妈妈做家务，给爸爸捶背按摩，小小年纪就知道孝顺爷爷奶奶、外公外婆。在幼儿园里也乐于助人，和其他小朋友相处融洽，并且是老师的得力小助手！但是她对于学习就是提不上兴趣，从上小学开始，成绩就一直不太理想，爸爸妈妈很是着急。为了提高乐乐的学习成绩，爸爸妈妈给她买了很多学习资料，但乐乐的成绩不仅没有提高，反而越到期末成绩越差。老师对爸爸妈妈说，"乐乐这孩子挺聪明的，各方面表现也很优秀，就是学习能力不太好……"在这样的情况下，随着学习内容和深度的增加，乐乐越来越不爱说话，笑容也越来越少，一看到有关于学习的东西她就忍不住想逃避，甚至感到厌恶、恐惧……

乐乐这样的情况其实十分常见，对于这些普遍存在的问题，我们不禁深思：学习究竟是什么？学习是为了什么？我们该如何培养孩子的学习能力？作为家长我们又该如何陪伴孩子学习呢？

学习的定义

《论语》曰："学而时习之，不亦说乎！"《礼记·月令》"季夏之月……鹰乃学习……"，指夏季雏鹰开始学习飞翔。这便是"学习"一词的由来。那究竟什么是学习呢？一般意义上的学习，往往限于知识、技能的学习，如学生上课听讲、做作业，工人参加技术培训等。而心理学中所研究的学习，其内涵远远超过了知识、技能的范畴。尽管对于"学习"这个词的定义不同流派各执一词，但目前广为接受的说法是："学习是由于经验所引起的行为或思维的比较持久的变化。"

学习从模仿开始

根据班杜拉的观点，许多技能都是通过观察学习或模仿习得的。人类以及其他哺乳动物都具有观察学习的能力。班杜拉认为，凡是通过直接经验学到的东西，都能通过观察间接学到，比如系鞋带、走舞步、弹奏吉他等。那么儿童是盲目地模仿成人吗？并不是。模仿行为取决于榜样的行为是获得强化还是被惩罚。比如你和你的朋友在聊天，两家的孩子在一起玩。不知道因为什么事情两个孩子产生了矛盾，自家孩子突然开始使用暴力，打朋友家的孩子。你非常恼火，过去打了他的屁股，并且告诉他："以后不许打人。"这时候你给孩子留下的信息不是打人会受到惩罚，而是"谁敢惹我，我就打谁"。下一次孩子被惹恼的时候就会模仿你之前的做法，用暴力手段解决问题。

不同年龄阶段的学习目标

人的一生是一个不断学习的过程，学习伴随着我们的成长。人有学习的天性，从牙牙学语到能言善辩，从懵懂儿童到明理少年，都经历了一个不断学习和发展的过程。学习没有终点，我们一生都在学习，一生都需要学习。俗话说，活到老学到老。学无止境，而不同的年龄阶段会有不同的学习目标。

1. 婴儿期和学步期（出生至3岁）

这一阶段的孩子发展出深度知觉以及对模式、面孔、形状和颜色的识别能力，开始使用表征和符号，语言得以快速发展，基本掌握了语言能力。婴儿能够理解他人的面部表情，学步期的儿童开始体验共情，对他人的依恋风格开始形成。这一阶段主要的学习目标是通过模仿、条件反射学习和探究世界，理解客体永存。比如手的抓握技能、直立行走、言语交流等。

2. 学前期（3—6岁）

这个时期的孩子处于幼儿园阶段。这一阶段，他们的身体、心理快速发展，这时，他们主要的学习内容是：提高粗大和精细运动技能，例如投球、接球、跑步，使用叉子和勺子、系鞋带；提高记忆力、注意力的广度，发展符号思维；提高语言能力（句子的长度、词汇量、句法和语法）；发展自我概念，建立道德感，学会同伴交往、合作，建立友谊。

3. 儿童中期（6—12岁）

这个时期的孩子处于小学阶段，这一阶段儿童成长过程变得缓慢而稳定。这个阶段也是培养孩子想象力、创造力、思维能力的关键时期，是为孩子一生的学习活动奠定基础知识的时期。学习是小学儿童的社会义务，是在教师的指导下有目的、系统地掌握知识、技能和行为规范的活动。儿童在这个学习过程中习得知识、技能，培养社会责任感和义务感。这一阶段由学习直接经验逐渐转向为以掌握间接经验为主，"学会学习"是小学生最基本的学习目标。莱辛说："如果上帝一手拿着真理，一手拿着寻找真理的能力，任凭选择一个的话，我宁要选择寻找真理的能力。"家长给孩子最好的礼物是教他学会学习。孩子在这一阶段的学习目标主要是：继续提高粗大运动技能（骑车、游泳、溜冰、控制球）和精细运动技能（书写、打字、系纽扣）；使用逻辑运算解决问题；提高语言的运用能力（社会习俗）和元语言意识（自我监控）；发展自尊、自我效能感（对自己能做什么和不能做什么的评估）；发展友谊，和同伴交往。

4. 青春期（12—20岁）

初高中阶段，人的身体发育迅速，该阶段儿童的生理、心理和社会性发展都出现显著变化，其主要特点是身心发展迅速而又不平衡，是复杂发展又充满矛盾的时期，因此也被称为困难期或危机期。孩子在这一时期的主要学习目标是获取知识和培养能力。例如，学会运用所学知识思考、处理生活中遇到的问题，学习如何与不同个性的人相处等。

影响孩子学习效果的两大因素

很多人发现，相同的老师，相同的方法，孩子的成绩却千差万别。那究竟是什么影响了孩子的学习效果呢？经研究发现，影响学习效果主要有两方面的因素：学习能力和学习动力。

1. 学习能力

学习能力是获得和运用知识的能力，它是感知、认知、自控、理解、记忆、操作等诸多能力的综合体现。它包括：

感知—动作综合能力。能够将外界传入大脑的信息进行正确的综合分析，并做出相应行动的能力。例如，能够全神贯注地听讲，听写字词时，看、听与文字书写内容相一致，而不是偏旁颠倒、写一半忘一半等。

理解与记忆能力。不是机械地学习课本内容，而是能将所学知识储存在大脑中，有序回忆。

学习计划和控制能力。能够安排自己的学习计划，有自控力和自觉性，不是拖拖拉拉不完成作业。

学习操作能力。写作业时能手、眼、脑相协调，专心致志，而不是边写边玩，或极易受外界干扰。

马瑟博士提出了认识儿童学习能力的"学习积木金字塔"，它把影响孩子学业成绩的学习技能用十块积木表示，这些积木分成三组，组合起来成为一个"金字塔"。最底层的四个基本要素是：注意力/自控力、情绪/行为、自信心和学习环境（学校和家庭）。第二层的信息加工技能包括三个：视觉信息、听觉信息、运动信息。第三层包括两个思维技能：语言思维、形象思维。顶层为学习策略。

我们经常会听到这样的话："这个孩子聪明，学习能力强，就是不想学习，不喜欢学习。""这个孩子不是很聪明，但是特别勤奋，学习认真、刻苦，从来不需要别人督促。"这两句话说明了学习动力对学习效果的影响。

2. 学习动力

学习动力即学习动机，是指引发与维持学生的学习行为，并使之指向一定学业目标的一种动力倾向。

根据学习动机的动力来源，可以分为内部学习动机和外部学习动机。内部动机又称内部动机作用，是指由个体内在的需要引起的动机。例如，学生的求知欲、学习兴趣、改善和提高自己能力的愿望等内部动机因素，会促使学生积极主动地学习。外部动机又称外部动机作用，是指个体由外部诱因所引起的动机。例如，某些学生为了得到教师和家长的奖励或避免受到教师和家长的惩罚而努力学习，他们从事学习活动的动机不在学习任务本身，而是在学习活动之外。

"兴趣是最好的老师"，它会使大脑释放"内啡肽"，让孩子处于一种极为放松的无压力状态，并且想重复这种体验，因此孩子能够自动自觉地学习。当孩子得到肯定或嘉奖时，大脑又会释放出"多巴胺"，这是大脑奖励机制的主要元素，也是动力的来源。因此，要让孩子对学习感兴趣，必须创造、增大或移入学习里孩子在乎的价值，比如让孩子感到开心。从"要我学"变成"我要学"，最有效的方法就是在学习里加入神秘、新奇、节奏快、变化多、意想不到、挑战、比赛、证明有能力、可以帮助人、可以得到肯定十种最容易用到的价值。

如何发现孩子的学习类型

根据学习能力特点的不同，学习的类型可分为三大类：视觉学习型，听觉学习型，触觉学习型。及时了解孩子属于哪一种学习类型，有助于帮助孩子达到最佳的学习效果。那么，如何判断孩子属于哪种学习类型呢？如果你的孩子喜欢听故事，听音乐，与别人聊天、交流；擅长辨别声音，对广告、歌曲等听一两遍即能重复；口头表达能力强，特别会讲故事；能通过听别人的解释或谈论得到最大的刺激，获得最多的知识，达到最好的学习效果……那么他就是一个听觉学习型的人。如果你的孩子最喜欢在阅读中理解文字含义，对细节有相当敏锐的洞察力，善于用记忆图来记住事情，爱玩电子游戏、拼装玩具，擅长用自己的眼睛阅读、观察，以获取最佳的学习效果，那么他就属于视觉学习型的人。如果你的孩子以上两种都不是，他喜欢体育运动，精力充沛，不太容易安静地坐着听或写；喜欢触摸感知事物，善于领会到身体触摸所传达的关爱与鼓励，也常用身体语言表达情感；喜欢做实验，通过亲身体验而学习到更多的知识……那么他就属于触觉学习型的人。

当我们破解了孩子学习类型的密码后，家长要如何帮助孩子利用自身的长处，协调其他途径更好地面对学习呢？

以下是三种学习类型的分析：

1. 听觉型。对于听觉型的孩子来说，由于其自身特点，在上小学后，他们的语言理解能力强，喜欢听老师讲，在课堂上善于举手发言，但有时上课会比较爱和同学讲话，注意力容易被一些无关声音吸引而分散。所以家长可以有意识地培养孩子听的指向性、目的性，如家长在讲故事给孩子听时，可以在讲一段之后让孩子复述刚才都讲了什么，吸引他的注意力，并随时提示他听的目的。家长可以运用孩子的听觉优势，帮助他解决理解类的问题，如通过让孩子大声朗读、和家长讨论的办法，帮助孩子在头脑中形成鲜明印象，达到理解记忆；同时，家长应该多丰富孩子的视觉感官经验，和他一起多观察图片、动植物、景物等，并试着把看到的东西画出来或写出来，为更好地完成书写、画画等视觉任务奠定基础。

2. **视觉型**。当老师运用实物、图片或板书等直观可视的方式授课时，视觉学习型的孩子会因善于通过视觉刺激来接收信息而感到非常愉快。而当老师利用讲解的方式授课时，他们失去了视觉刺激，可能很难快速转换学习通道来接受老师对于问题的解释，因此他们常会感到不知所措。因此，如果能在利用孩子视觉优势的同时，也调动听觉通道协调进行学习，学习效果会更好。家长可以引导孩子把听到的信息利用想象在头脑中形成图画，来帮助理解，还可以有意识地培养孩子学会做笔记，这样会让孩子更轻松地面对各种学习任务。

3. **触觉型**。对于触觉型的孩子，应该怎样为他们创造更好的学习环境呢？家长要给他们更多的机会动手操作，让孩子在摆弄物品的同时，理解各种概念，尝试解决问题的方法。如在学习加法时，家长可以给孩子一些小棒，让他在小棒的组合中，体会数与数的累加便是加法的概念，还可以运用触摸、身体接触让孩子体会到语言的含义，和孩子一起游戏，把各种知识编排在故事中，和孩子一起表演，让孩子在体验中理解、记忆知识。

如今很多家长认为教育制度不够理想、教学方式过于刻板，其实比起抱怨，家长倒不如帮助孩子找出对他最有效的学习模式，让他学得既轻松又开心。

如何激发孩子的学习动力

学习动机的激发是指在一定教学情境下，利用一定的诱因，使已形成的学习需要由潜在状态变为活动状态，形成学习的积极性。

那么，在家庭教育中，家长应如何激发孩子学习动机，使他们潜在的学习愿望变成实际的主动学习的行为呢？

1. **选择恰当的外部奖励**。给予孩子奖励要注意方式，否则会弄巧成拙。不同方式的外部奖励，对孩子学习动机的影响是不同的。比如，对喜欢读书的孩子，家长不要提供物质奖励，而是陪伴孩子一起讨论问题，对孩子不理解的问题能够耐心解释，这是对孩子喜欢读书的认同和赞许，也是一种外部奖励方式。这种奖励方式不但不会打击孩子的学习动机，相反对学习动机有激发作用。另外，家长应正确认识外部奖励——外部奖励是对动机有激励作用的一种交换。很多家长发现孩子对电脑游戏感兴趣，但又担心他沉迷其中。其实，并非所有的电脑游戏都是"洪水猛兽"，而且喜爱游戏是孩子的天性，只要家长愿意花时间监督孩子，并且不以玩游戏作为努力学习的交换条件，只将其作为孩子课余的一种娱乐方式，孩子会将玩电脑游戏视为一种正常的休闲活动，放松过后继续学习。

2. **避免使用情绪化教育**。有些家长可能觉得，外部动机难以维持孩子长久的学习动力，也可以接受。毕竟孩子为了获取表扬和奖励，还能够努力学习；而有些孩子根本不理会家长的"威逼利诱"，这才真正让人感到头痛。事实上，这些孩子漠然的态度与家长的情绪化教育方式有直接关系。这种情绪化的教育方式通常有三个步骤：第一步，孩子成绩好的时候，家长乐不可支，给孩子买这买那，犒赏的目的是希望孩子再接再厉；第二步，由于某些原因孩子的成绩下降，家长心急如焚，但仍希望奖励能唤起孩子学习的动力，对孩子承诺——如果成绩能够回升，仍然可以获得奖励；第三步，有些孩子即使出于获取奖励的目的而努力学习，但成绩仍无起色，于是家长失去耐心和信心，转而对孩子大加训斥或冷若冰霜，惩罚的目的是希望孩子能够奋发图强。"三部曲"过后，有的孩子可能成绩会有好转，但已学会了看家长的脸色行事，而有些孩子的成绩仍不理想，于是将家长的训斥或冷漠当作自己应得的惩罚。既然好成绩能获得奖励，差成绩当然也会得到惩罚，这种理所当然的思维模式是这些孩子面对严厉惩罚也无动于衷的主要原因。

3. **实施"不充分的惩罚"**。对于丧失学习动机的孩子该怎么办？我们知道，任何人都有为自己的行为寻找理由的需要，孩子也不例外。如果孩子丧失了学习动机，并将家长的惩罚视为理所应当的结果，那么他就无须再为自己改变学习状态寻找其他理由了。家长此时要做的不是加大惩罚的力度，相反倒应该转变惩罚的方式。孩子的学习动机不强可能源于家庭教育方式的不当，不能完全责怪孩子不懂事、没有上进心。声色俱厉地训斥孩子是不管用的。另外，对孩子苦口婆心地讲大道理，效果也不会很理想，因为他们的认知领悟能力有限，自控能力发展尚不成熟。合理的方法是坚持"温和而坚定"的原则，对孩子的错误行为实施"不充分的惩罚"。具体做法是，一方面帮助孩子寻找失去学习动力的原因，撤除没必要的过度奖励；另一方面，惩罚不应伤害孩子的自尊心，应以唤起孩子"知耻而后勇"的程度为宜。

如何提高孩子的学习效率

孩子的学习效率一方面跟个人学习方法、学习时间的安排等有关，另一方面也跟家长教育观念、教养方式等有直接关系。家长如何帮助孩子提高学习效率呢？

首先，创造一个安静的学习环境。现在很多的家长，美其名曰"陪伴孩子"，实际上却在孩子学习的时候看电视、玩手机，试问在这样的"陪伴"下孩子能集中注意力吗？所以在孩子努力学习的时候，家长不要当着孩子的面看电视。孩子在学习时，家长们不妨也拿起书本和孩子一起充充电，创设温暖的学习氛围。

其次，帮助孩子制定合理的作息时间。和孩子一起制定学习、休息的时间。比如用制定番茄钟的方式，让孩子明确什么时候可以尽情玩，什么时候必须专心学习，养成劳逸结合的好习惯。

接下来，帮助孩子制订学习计划，包括每个月、每周、每天的计划。孩子可以根据学科类别和自己的实际情况制订具体的学习计划。对于不同类别的作业，可以利用不同的时间来处理，比如：背诵、听写类的作业可以安排在课间和同学一起进行；朗读可以在早晨进行等。

最后，帮助孩子掌握必要的写作业技巧，杜绝不良学习习惯。比如不要边看电视边写作业、边听音乐边写作业等。一心二用容易分散注意力，降低学习效率。家长一定要帮助孩子认识到做作业不是为了应付老师或者课代表的检查，而是为了巩固所学知识点。

如何提高孩子的学习能力

学习、回忆与思考，其实是大脑的同一运作过程，运作的工具是三个内感官，即内视觉、内听觉、内感觉，家长可以用以下方法提高孩子学习能力。

1. 对于需要记忆的词句，家长可以帮助孩子添上景象（幻想形状、构思情节）和感觉（可以是味觉、嗅觉，也可以想象身临其境时内心的感受），让孩子把词句从头到尾念一遍。

2. 引导孩子创造出特别的联想。联想的记忆方法可以提高孩子的学习效率。让孩子用联想的方式把十个事物串联起来，创造出一个故事，孩子便会把那十个事物记得很准确，且长时间都不忘。通过经常性的回忆也可以训练和加强提取记忆的能力。

■ 智慧父母课堂：如何培养孩子良好的学习习惯

著名心理学家华生认为学习就是以一种刺激替代另一种刺激建立条件作用的过程。他指出学习实质上是通过建立条件作用，形成刺激与反应之间联结的过程，从而形成习惯。

我国著名教育家叶圣陶先生说过，教育就是良好习惯的培养。有的家长只注重孩子学习成绩，不在意孩子学习习惯，这是不对的。小学阶段因为课程少，学习内容浅显，即使孩子没有良好的学习习惯，凭着自己的聪明仍然可以取得较好的成绩。但是随着年级的增加，没有良好学习习惯的孩子成绩会慢慢下降。因为课程多了，仅凭聪明是难以应付的。良好的习惯是孩子一生的财富。因此，要想让孩子走向优秀，首先得从孩子的学习习惯入手。

1. 发挥家长的榜样作用

网络上有一句流传很广的话："家长是原件，孩子是复印件。"这句话不一定很有道理，但很好地体现了家长的榜样作用，家长是孩子最好的老师。很多家长抱怨孩子学习习惯不好，做作业拖拉、磨蹭，没有规划性，自由散漫，没有时间观念等，但是他们却没有看到自己这个"原件"的问题。所以在孩子的教育问题上，家长需要起到表率作用。当你希望孩子达到你的某个要求时，首先自己要做好这一点。比如家长希望孩子养成阅读的习惯，那么自己就要养成爱阅读的好习惯，在家中营造良好的阅读氛围。

2. 因势利导，循循善诱

家长有时会怀有一种拔苗助长的心态，巴不得孩子一下子就可以改掉所有的坏毛病，养成好的习惯。但实际上一个好习惯的养成是需要时间的，21天习惯才能初步养成，90天才能强化巩固，这要求我们要尊重孩子的自身发展水平，因势利导，循循善诱，不能操之过急。

3. 多表扬，多肯定

家长在培养孩子的学习习惯时，可以多用正面的语言去鼓励孩子，肯定孩子的点滴进步。适当、适时的肯定与表扬能够提高孩子的学习动力。肯定与表扬要重点关注孩子在学习上付出的努力与思考，而非学习结果。

■ 拓展阅读：成为孩子学习的引导者而非控制者

放暑假了，天天拿着奖状开心地回到家中。这是他第五张"三好学生"奖状，他是他们班唯一一个连续五年获得"三好学生"奖状的学生，他要把这张奖状送给妈妈。他的爸爸在他很小的时候就因病去世了，是当环卫工的妈妈独自把他抚养大。天天认为妈妈是世界上最好的妈妈，妈妈是最理解他的人。妈妈从来不逼迫他学习，每当他把自己的想法、目标告诉妈妈的时候，妈妈总是支持他，鼓励他。当他取得好成绩的时候，妈妈会高兴得手舞足蹈，比他还像个孩子；每当他失败的时候，妈妈会在一旁默默地鼓励他，支持他，和他一起想办法，并鼓励他再次尝试。

记得半年前他说想学踢足球的时候，妈妈二话都没说，为他买来了球服、球鞋、足球，给他报了足球班。相比天天，他的好朋友君君就"惨了"，他每天都有写不完的作业，每天早上六点钟就要起床背单词，白天在学校上了一天课，回到家里除了要完成老师布置的作业以外，还要做妈妈买的练习册，每天晚上都要很晚才能休息，双休日穿梭于各大补习班。至于兴趣爱好，他妈妈总是说："学那些有什么用呢？只有好好学习，将来才能考上好的大学，找个好的工作，以后的生活才会有保障，才会快乐。"就像这一次，他也很想和天天一起报足球兴趣班，可是无论他怎么央求妈妈，妈妈都不同意。她说踢足球不仅浪费时间，还会消耗精力，严重影响学习。君君说，他特别讨厌上学，也讨厌妈妈，他觉得自己就是一个机器人，用来为妈妈学习的机器人。

看了天天和君君的故事，你觉得你是哪一种类型的家长呢？有的家长常说为了孩子的成长，他可以放弃一切；有的家长说很爱自己的孩子，但前提条件是孩子一定要听话，要努力学习，要成绩优秀。你爱他只是因为他是自己的孩子，还是因为他达到了你的某些要求呢？

我们终究只是孩子成长过程中的陪伴者、引领者，而非控制者，我们要帮助孩子成为独立的个体，做独一无二的自己。

趣味心理：有效的记忆策略

现代记忆心理学的研究表明，运用各种记忆策略，可以对记忆材料进行不同层次的加工，信息加工策略有效地扩大了记忆材料的加工量，从而帮助人们提高记忆效果。

常用的记忆策略有以下几种：

1. 歌诀记忆法

从许多人的学习经验中发现，有节奏感的学习材料的记忆保存效果良好。歌诀记忆法便是用此原理，将学习材料（尤其是大量的、不规则的资料）编成歌诀形式，不但便于识记，也方便提取保存。

2. 趣味记忆法

将抽象无趣的学习材料赋予有趣的联想便是趣味记忆法。因为儿童无法完全如大人一般从学习成绩取得的成就感中直接产生对学习的

图11-2　有效的记忆策略

兴趣，所以需要从学习材料和教学技巧入手，让儿童对学习产生直接兴趣。

3. 特征记忆法

利用儿童好奇心强的特点，在平常的教学情境中让儿童比较两样东西或两种观念之间的不同，如果他们说不清楚，就让他们再看看，这就是特征记忆法的运用。

4. 分段记忆法

分段记忆法是将学习材料先分为几个部分，慢慢教授，然后再进行整体记忆。如教师可先教第一部分，再教第二部分，等一、二部分复习过后再教第三部分，再总复习。分段记忆法的教学效果良好，但花费的时间较多。

5. 比较记忆法

把相反或相似的新旧学习材料相比较，可以集中儿童的注意力，有利旧知识的复习、思维能力的发展以及记忆的强化。

6. 自我复述记忆法

自我复述记忆法是将学习材料变成自己的话，以加强记忆。此法的优点在于儿童必须要对学习材料集中注意，并充分理解。写读后感或参观心得都是汇整学习材料的好方法。

7. 谐音记忆法

背周期表或历史地理等事实性的教材内容时，可以利用谐音的方式帮助记忆。

8. 复诵法

即反复地背诵。可搭配分段记忆法将学习教材分段复诵，或在一天中分不同时段重复背诵。背诵时，对镜练习可以达到很好的效果。

亲子游戏：让孩子爱上阅读

目的：培养孩子的阅读能力，加强孩子的记忆力，让孩子通过画画爱上阅读，爱上学习。

适合年龄段：5岁以上的孩子。

工具：A4纸若干，2B铅笔一支，彩色笔数支，橡皮一块，任意课本。

步骤一：妈妈和孩子一起坐在桌子前，把准备好的工具放在桌子上，把A4纸竖着放平。

步骤二：妈妈给孩子朗诵需要学习的诗歌。

步骤三：问问孩子，听到这首诗的时候，他脑海里浮现的是什么样的场景。

步骤四：妈妈再朗诵一遍这首诗，询问孩子对诗歌的意见。

步骤五：让孩子用画笔将脑海中的画面画在纸上。

第十二章　目标

无目标的生活，犹如没有罗盘而航行。

———拉斯金

图12-1　目标

有一天，猎狗一家三口在追一只土拨鼠，这时土拨鼠钻进了一个树洞。这个树洞只有一个出口，只要它们一直守在树洞口，马上就能抓到这只土拨鼠。可不一会儿，从树洞里钻出了一只白色的兔子，兔子飞快地向前奔跑，猎狗一家转向兔子，对它进行围追堵截。兔子急了，"噌"地一下爬上了另一棵大树。兔子爬上树后，仓皇中没有站稳，一下子掉了下来，砸晕了正仰头看的猎狗一家，兔子乘机逃跑了。

读完这个故事。有人说："兔子不会爬树。"

有人说："一只兔子不可能同时砸晕三只猎狗。"

可是，还有一个问题，谁都没有提到：土拨鼠哪去了？

土拨鼠原本是猎狗追求的目标，可是由于兔子的出现，猎狗改变了目标；而我们的思维也在不知不觉中打了岔，土拨鼠竟在我们的头脑中消失了。

在追求人生的目标中，我们有时会被沿途的风光迷住，有时会被细枝末节打断，有时会被一些琐事分散精力，在中途停顿下来，迷失了方向，或走上了歧路，从而迷失了最初追求的目标。

人生的路很长，既有奇花异草的诱惑，又重峦叠嶂的阻挡，还有突然出现的"兔子"扰乱我们的方向，我们一定要常常提醒自己——"土拨鼠"哪去了？不要忘记我们最初追求的目标。

目标的定义

目标是一定时间内要达到的具有一定规模的期望标准，是需要一定的努力才能够达成的。

曾经有一篇报道，透露了一个令人咋舌的事实，从1977年恢复高考到2008年的32年间，中国出现了很多高考状元，他们最后走向社会，跨入学界、政界、商界，却并没有做出人们预想的杰出成就。

在人生的漫漫长路上，走着走着，状元们似乎整体就没落了。人们甚至还时不时会听闻一些高考非常优秀的学生，一进入大学就沉迷游戏，学业松懈，甚至一塌糊涂。

为什么会这样？

长期以来，我们把孩子的智力培养视为教育活动的重心，把孩子的学习成绩放在高于一切的位置之上，却恰恰疏忽了孩子心理能力的培养。观察一下即可发现，那些高考状元往往很"乖"，且不少都有很善于替孩子规划人生的强势父母。这些被父母和成人的期待长期绑架的孩子，严重缺乏目标感，自我力量缺失，更遑论强烈的目标意识、创造力和魄力。一旦那个被人强加的"考上大学"的目标完成了以后，他们便无法再给自己制定出一个更有意义的目标了。再或者一旦父母鞭长莫及，不能再督促、支持甚至替代孩子的时候，孩子便失去了前进的目标和动力。他们最终鲜少有出色的成就，也就是自然而然的事情了。

第二次世界大战以后，一位纳粹集中营的幸存者，做了美国一所中学的校长，在有新老师来到学校的时候，校长就会发出这样一封信：

亲爱的老师，我是一名纳粹集中营中的幸存者，我亲眼看到了人类所不应当见到的情境：毒气室由学有专长的工程师建造，儿童被学识渊博的医生毒死，幼儿被训练有素的护士杀害，妇女和婴儿被受过高中或大学教育的士兵枪杀。看到这一切，我疑惑了：教育究竟是为了什么？我的请求是：请你帮助学生成为具有人性的人。你们的努力决不应当被用于创造学识渊博的怪物、多才多艺的变态狂、受过高等教育的屠夫。只有在使我们的孩子具有人性的情况下，读写算的能力才有其价值。

做父母的盯着孩子的成绩、能力发展和艺术特长发展，都是可以理解的。但是，通过前面的两个故事，我们发现只重视孩子的成绩、能力和特长是远远不够的，为人父母还有更重要的目标。

在孩子的成长过程中，家长和孩子都有着各式各样的目标：有大的、小的；有长远的、短期的；还有一直在坚持着的，或在这个过程中被放弃了的。那么我们为什么要制定目标，又该怎么来实现呢？

目标的激励作用

1. 目标可以引导孩子走向成功

美国心理学家皇德瓦曾以跳高为例说明制定目标对个人成功的重要性。实验表明，跳高时有横杆要比没有横杆跳得还要高，为什么呢？因为横杆给跳高选手提供了清晰的目标。对个人而言，目标就是我们的希望。美国哲学家爱默生说："一心向着自己的目标前进的人，整个世界都给他让路。"有了目标，孩子就知道要朝哪个方向去，去追求些什么。如果孩子专注于一个正确的目标，坚持下去，就可以取得成功。

2. 目标可以调动孩子的积极性

目标是一种召唤、动力、吸引，也是一种激励。那些有明确目标的人，才能具有更为强大的毅力克服各种困难。清晰的目标，可以帮助孩子战胜各种诱惑，如主动离开电视机，离开电子游戏，离开舒服的沙发，然后头脑清醒地坐在书桌前。目标会帮助孩子战胜人类本能的天然惰性，成为自主的、积极的、努力的人。

3. 目标可以发掘孩子的潜能

普通的太阳光无法点燃燃点极低的火柴，但在凸透镜的聚焦作用之下，却能将木头燃着。我们的时间精力其实就像太阳光一样，聚焦于一点之后可以产生平常的数十倍数百倍的能量。有了清晰的目标，孩子才能够集中精力，汇聚自己全部的能量，使潜能得到充分发挥。

4. 目标可以为孩子创造更多的快乐

当孩子有了一个目标之后，单单是想想这个目标都会觉得高兴。想想孩子心怀梦想的情景吧，那张小脸上会不自觉地露出微笑。当然，目标带给孩子的快乐远远不止想一想这么简单！每天朝着目标努力，感觉自己离目标又近了一点，孩子会对自己越来越有信心。当一个个小目标实现的时候，孩子所感受的快乐是任何物质的享受都无法替代的。因为真正的快乐正是由能够激发我们热情的东西带来的，真正的快乐来自自己创造的生活。

梦想关键期

美国著名心理学家布卢姆曾对近千名儿童做过从出生一直到成年的追踪研究，结果表明：5岁前为智力发展最为迅速的时期，如果把17岁的智力水平看作100%，那么孩子在4岁前就已经获得了50%的智力，其余的30%是在4—7岁时获得的，剩余的20%则在7—17岁时获得。因此，孩子从出生到7岁这一段时期，对家长来说，是必须要密切关注和把握的关键期，因为7岁前是孩子大脑发育的主要时期，也是梦想的关键期。

1. 对细微事物感兴趣的敏感期（1.5—4岁）

特点：孩子常能捕捉到不经意的小东西，做出一些我们不理解的细小动作。

建议：培养孩子对事物观察入微的能力。

2. 语言第一敏感期（1.5岁—2.5岁）

特点：婴儿开始学语时就开始了语言敏感期。

建议：多和他说话、讲故事，良好的语言教育会使幼儿的表达能力增强，学会与人交往。

3. 空间敏感期（3—4岁）

特点：喜欢堆积木、钻箱子等。

建议：提供类似玩具，利用机会让孩子学习各种几何图形，对日后学习几何学奠定兴趣基础。

4. 逻辑思维敏感期（3—5岁）

特点：不断追问"为什么"。

建议：保护好孩子这份珍贵的好奇心，帮助孩子在认识客观世界的同时发展思维能力。

5. 审美敏感期（5—7岁）

特点：对自己的形象有了自己的愿望和审美标准。

建议：孩子需要的是成人的肯定。此时，我们无须对美做任何评判。

6. 身份确认敏感期（4—5岁）

特点：孩子会给自己一个又一个身份。

建议：可以在家里进行角色扮演游戏，扮演榜样。

7. 认字敏感期（5—7岁）

特点：孩子初步接触符号，只能宏观地认识文字。

建议：给孩子一些文字卡片，让孩子把动作和看到的文字配合起来去学习文字。

8. 社会性兴趣发展的敏感期（6—7岁）

特点：开始积极地了解自己和他人的基本权利。

建议：让孩子多参加一些社会活动，培养社会责任感。

9. 自然科学敏感期（6—7岁）

特点：开始热烈地吸收一切来自自然界的知识。

建议：给孩子创造更多的机会观察大自然。让孩子保持好学、好奇的品质。

10. 文化敏感期（6—9岁）

特点：幼儿对文化学习的兴趣，起于3岁；到了6岁则出现探究事物奥秘的强烈需求。

建议：为孩子提供丰富的文化资讯，以本土文化为基础，延展至关怀世界的大胸怀。

无论孩子处在哪个关键期，作为父母都要懂得如何对待孩子的行为与思想，这样才能更好地抓住培养孩子的目标或梦想的最佳时期。

如何激发孩子的梦想

电影《摔跤吧！爸爸》的故事发生在女性社会地位还十分卑微的印度，在印度，绝大部分女孩，在十几岁便要面对被迫出嫁的无情现实。所以当电影中的爸爸决定将梦想寄托在两个女儿身上的同时，也从客观上确定了另一个更为伟大的梦想——通过摔跤改变女儿的命运。

父母要做到很好地激发孩子的梦想其实有很多途径与办法。父母可以在孩子的心里设下一个标杆、一个影像，能不能成为那个标杆和影像并不重要，而是要用那个标杆和影像来影响孩子现在的言行。比尔·盖茨曾问妈妈："我长大了能成为什么？"妈妈答："你如果当兵，你一定是个将军；你如果入教会，你一定是个教皇。"比尔·盖茨听完以后直接在墙上写道："我应为王。"如果孩子有自己的梦想，不管是怎么样的梦想与目标，我们都要去欣赏和鼓励他。如果孩子暂时没有明确的目标，那么有机会可以带孩子多出去走一走，开阔孩子的视野，也可以让孩子见见世界大师和世界的名人，让他见一见世界大师是怎么样的，这样对孩子的眼界、梦想或目标有很大的帮助。

如何进行有效的目标管理

"目标管理"这一概念，最初是由美国管理大师彼得·德鲁克于1954年在其《管理的实践》一书中提出来的。目标管理的五大原则是：明确的、可以衡量的、可以达到的、相关的、有时间限制的。

图12-2　规划与管理

1. 明确的

比如"我要成为好学生"这个目标就不够明确，因为成为好学生有很多方面，如：成绩好，纪律好，成为班级干部等。

2. 可以衡量的

最好是有具体的数字指标进行量化。如"成绩好"这个目标就不可衡量，多少分才算成绩好呢？可以衡量的目标如"数学考试考到90分以上"。

3. 可以达到的

指通过努力能达到目标。如一个考试从不及格的孩子设立的目标"下次考试考100分"就不太符合这个原则。

4. 相关的

指目标设定要和自己有关，和自己的身份相符合。比如一个孩子定的目标是：希望小明不要打我。这个目标的主体是小明，不是自己。这个目标就不符合这个原则。

5. 有时间限制的

即明确要在多长时间内达成目标。如"我要学会游泳"，时间范围就不够明确，孩子的目标感就不会太强。

除了这五个原则外，还要对孩子进行激励，让孩子发现目标管理带给他生活的乐趣，每一次的经验累积便会培养孩子的坚持和自律。所以父母应该熟知以上知识并主动行动起来，帮助孩子更有效地进行目标管理。

目标与时间管理

时间管理就是用技巧、技术和工具有效利用时间，帮助人们完成工作，实现目标。时间管理并不是要把所有事情做完，而是更有效地运用时间。时间管理的目的除了要决定你该做些什么事情、什么事先做什么事可以后做之外，另一个很重要的目的是决定什么事情不应该做。时间管理不是完全的掌控，而是降低变动性。

现在家长们都意识到培养孩子时间管理能力的重要性，但是具体做起来，似乎方法有限。目前主要的是这两种：一是让孩子做计划，制订时间表。这个办法我们自己小时候都实践过，都知道那是什么感觉——似乎永远不奏效。另一个方法较为新颖：让孩子承担后果。但是在这两者之外，我们还需要给孩子更多的方法和工具，去帮他们。

时间管理的教育应该从让孩子感受时间开始。只有对时间有了感觉，知道它是个什么东西，才能去管理它。另外，让孩子感受时间，我们可以从幼儿期就开始做，免得等孩子大了，再培养时间观念就有难度了。

感受时间的方法很多。比如，对于三四岁的孩子，在他还没有能力看懂表时，我们可以做这些事情帮助他体会时间：

让孩子熟悉基本时间概念：上午、下午、晚上、半夜、清晨、黄昏、前天、明年……可以给孩子讲解，也可以让孩子猜现在是什么时候。女儿有一阵没事就问笔者："前半夜是什么意思？"给她讲过了，她还是一想起来就会再问，大概对这个概念很着迷。看着表，跟孩子一起看一分钟究竟有多长。试试看，你会发现一分钟其实很长呢！

给做不同事情的时间段起名。笔者那天要给女儿弄点干果吃，就用广播的语调说："现在是松鼠时间，请松鼠宝宝、松鼠妈妈和松鼠姥姥都坐好，耐心等待！"让孩子形成一段时间完成一个任务的概念。

让孩子观察表。笔者隔一会让女儿看表的指针都偷偷走多少了。小孩大概5岁才能真的读懂表，但是之前就可以让他开始观察。

给孩子报时要更具体一些。比如，对孩子说我们几点几分做了什么事情，我们用了多少分钟做完什么事情。

跟孩子玩计时做事的游戏。比如：看看数10个数期间能不能做完什么事；看看今天穿鞋用了多少分钟，有没有比上一次少；家长躲起来两分钟，看孩子能不能把玩具收拾起来……

给孩子讲时间带来的变化。比如，讲孩子更小的时候说过什么话、怎样做事、长多高（笔者女儿每次听她小时候的事情都乐得哈哈大

图12-3　倒计时

笑）；讲孩子成长的不同阶段会有哪些变化。用回忆和展望未来的方式去体验时间带来的变化。让孩子对月、四季、年等时间概念有所感受。还可以给孩子讲妈妈小时候是怎样，将来孩子长大了妈妈老了是什么样的，让孩子去想象。

给孩子讲清时间期限的概念，比如食品的食用期限、工作的期限、交电费的

期限等。也可以适当给他的事情制定小小的期限。

让他知道准时、提前和迟到的概念。如："哎呀，今天送报纸比平时都早啊！"让孩子做事情有开始和完成的概念，要知道每一件事情什么时候是开始和结束，而不是这个事做一下，回头又去做另一个事。

对于大一些的孩子，我们可以通过讲道理、讲故事的方式，让他慢慢领会到时间的意义。

比如，我们可以给孩子编时间银行的故事，让他把时间看作是一种资源，是一种像银行存款一样可以提取支配的东西。我们谁都不能生产时间，时间只会越提越少，所以要珍惜使用。

我们还可以让孩子去分析相同的时间做不同的事情，所带来的不同的价值，让孩子明白每个人的时间是均等的，关键在于我们如何去利用它。

我们可以跟孩子一起设想一些关于时间的荒唐问题。比如：假如你每天比别人多出两小时、假如你有星期八、假如你可以买到更多时间、假如你可以做时间旅行、假如你可以把时间作为礼物送给别人……让孩子从不同角度认识时间。

对于上小学的孩子，就可以训练他去制作时间表。

我们经常让孩子做时间表，但其实在列时间表之前，很重要的是要让孩子先看清自己都要做哪些事情。如果对自己要做的事情没有清楚的认识，那么列时间表就是在排列流水账。我们小时候做时间表就都是这么做出来的，最后很低效，通常只有两三天生命力，基本执行不了。

所以，时间表的前身应该是"To do list"——待办事项。列完时间表，我们要教孩子去评估这些事情，明确哪些是必做的、哪些是可以放放的、哪些是自己想做的、哪些是可以不做的、哪些是自己喜欢的和要忍受的。

然后我们可以给孩子不同颜色的笔，让他给它们分类，同时该删的删、该推迟的推迟，重要的排在前面，喜欢和不喜欢的用颜色或笑脸等区分开，这样他会有意识地搭配，做到劳逸结合、动静穿插。如果满眼看去，都是不喜欢的事或都是脑力活动，就需要调整。

这件事情可能很麻烦，开始会花费很多时间，但是如果家长同孩子坚持一段时间以后，孩子会逐渐熟练起来。其实孩子不见得每天都要这样去做，关键是要产生一种合理分配时间的意识。

在设计这个时间表的过程中，家长应该教会孩子如何分析事情的轻重缓急、如何统筹安排、如何事后总结修改以及要看到不喜欢但必做的事情的意义。

上学的孩子如果能够写日记，那也会帮他加强时间观念，他会看到自己的一天都是怎样度过的。

▉▉ 拓展阅读：莫法特休息法

《圣经·新约》的翻译者詹姆斯·莫法特的书房里有三张书桌：第一张摆着他正在翻译的《圣经·新约》译稿；第二张摆的是他的一篇论文的原稿；第三张摆的是他正在写的一篇侦探小说。

莫法特的休息方法就是从一张书桌搬到另一张书桌，继续工作。

"轮作"是农业上常用的一种科学种田的方法。人们在实践中发现，连续几季都种相同的作物，土壤的肥力就会下降很多，因为同一种作物吸收的是同一类养分，长此以往，地力就会枯竭。人的脑力和体力也是这样，如果每隔一段时间就变换不同的工作内容，就会产生新的优势兴奋灶，而原来的兴奋灶则得到抑制，这样人的脑力和体力就可以得到有效的调剂和放松。

当孩子连续学习了很长一段时间后可以让他换些别的内容来做，比如连续学习了很长时间的书本知识之后，可以让他画会儿画，或是弹弹琴，这样将陈述性知识和程序性知识的学习相结合，既能缓解孩子的心理疲劳，也能对所学知识更好地融会贯通。

▉▉ 智慧父母课堂：如何为孩子选择合适的兴趣班？

如今，我们越来越重视孩子的全面发展，各种兴趣班也应运而生，很多父母也盲目跟风给孩子报班。但孩子到底该学什么呢？要知道，不同的才艺适合在不同的年龄段学习，并且还要根据孩子的爱好而定。下面就一起来看看孩子学不同才艺的适龄期吧。

1. 学小提琴：5～6岁开始较适当。

2. 学钢琴：3～5岁时先欣赏音乐，4～5岁接受钢琴等乐器指导。

3. 学绘画：从两岁半到3岁开始学习绘画最为适宜。

4. 学戏剧：3岁到成年都可以。

5. 学书法：学龄儿童从三年级开始学习书法较为适当。

6. 学英语：1～2岁就开始亲近英语，3岁后跟老师正规学习。

7. 学围棋、象棋：3～4岁可以开始接触，想充分了解一般从小学三年级开始。

8. 学游泳：只要父母或孩子有意愿就可以了。有不同的课程。

9. 学体操：体操才艺从3岁开始学习较为适当。

10. 学溜冰：4～6岁是学习溜冰的适龄期。

11. 学棒球、足球：2～3岁就可开始接触球、踢球。

12. 学乒乓球：3岁幼儿即可做丢、接球的动作。

13. 学滑雪：4岁左右开始合适。

14. 学柔道：正规的柔道学习从小学四年级开始比较适当。

15. 学剑道：小学三年级左右是学习剑道的最好时期。

16. 学韵律：一般在3岁左右开始比较好。

17. 学西洋舞(芭蕾、现代舞)：6～7岁开始比较理想。

18. 学古典舞蹈：学古典舞蹈的适龄期是4～5岁。

19. 学珠算：在小学三年级学珠算比较合适。

■■ 智慧父母课堂：当孩子没有目标，父母应该如何引导？

许多父母发现孩子学习盲目，不知道为何而学。有些孩子认为学习是为父母学习，为老师学习。父母们对于孩子不稳定的学习状态很是担忧，但是却又没有更好的办法。那么，孩子家长要如何教育孩子确定目标呢？可主要围绕以下几个策略进行：

1. **如何设立目标**。目标设置要合理、可行，设大目标，分步走，即设置总目标和阶段性目标。目标过高，令人望而生畏，止步不前；若目标过低，则没有挑战性和吸引力。按时间的长短跨度区分，目标通常可以分为三类：短期目标、中期目标和长期目标。

2. **找榜样，激励进步**。寻找标准：根据自身兴趣、特长和价值观寻找榜样；寻找方式：通过专业人士、图书、视频、电影及其他方式或渠道寻找榜样。

3. **家长怎么做**。明确树立榜样的好处。家长需要明白树立一个榜样的作用是什么，明白榜样做过的贡献及其意义何在、价值如何，明白如何帮助孩子向榜样学习。可帮孩子制定中期目标和短期目标。完成目标不是孩子一个人的事情，家长要和孩子共同成长，帮助孩子进步。

阶段性目标与最近发展区

维果斯基的研究表明：把握儿童的最近发展区就能加速孩子的发展。对于儿童发展而言，一种是已经达到的发展水平，另一种是儿童可能达到的发展水平，表现为"儿童还不能独立地完成这些任务，但在成人的帮助下，在集体活动中，通过模仿，却能够完成这些任务"。这两种水平之间的距离，就是最近发展区。家长在辅导孩子的时候，应该围绕着"最近发展区"而进行，在孩子力所能及的学习范围内，明确目标，向前多引导一步，让孩子朝着还能够得着的目标努力发展，并及时鼓励，使得孩子获得前进的动力，一步一步地发展自己，一点一滴地完善自己。

1. **阶段性目标必须是近期就能成为现实的**

所谓阶段性目标，就是在某个时段中能实现的，而且最好是近期就能实现的目标，是一种近期目标。从时间上看，近期目标最好是在一周内、一个月内来考虑确定。例如，建议孩子在一个星期内完成某项任务；建议孩子在一个月内将字练好。这些都是孩子比较容易实现的目标。这样确定目标，也有利于调动孩子实现这些目标的积极性。

2. **阶段性目标必须是经过努力才能实现的**

所谓目标，就是现在仍未实现，而且如果不经过自身的努力，到了时间也难以实现的目标。所以，在帮助孩子确定阶段性目标时，要适当确定目标的标准和要求，以此来告诉孩子：要实现这一目标，就必须经过自身的努力。让孩子对实现这一阶段性目标的难度有一个清醒的认识，对实现这一目标所需要付出的努力和可能遇到的困难有一个充分的心理准备。

3. 阶段性目标必须是根据具体情况确定的

阶段性目标，必须根据孩子年龄、能力甚至是智商等方面的具体情况而确定。例如，当孩子较小的时候或者孩子能力相对较弱，家长在帮助孩子确定具体的阶段性目标时，就应当考虑将阶段性目标定得适当低一些。而当孩子的能力稍微提高之后，就可以适当地加大目标实现的难度。就拿要求孩子练字来说，开始时可以只要求孩子练习写十到二十个字，并且对孩子练字的标准也适当放低；当孩子有所进步后，可在此基础上适当加大练字的量和提高练字质量方面的要求。

4. 阶段性目标必须主要是由孩子来决定的

确定阶段性目标，主体应当是孩子。从这个意义上说，家长在孩子确定阶段性目标的过程中，只能起到一种启发、引导和辅助的作用，而不能让父母一厢情愿地直接给孩子确定"某一阶段必须实现什么"的阶段性目标。这是因为，只有孩子自主确定阶段性目标，孩子在实现目标的过程中才会有主动性和积极性，实现这一阶段性目标的可能性也才能得到保证。

▓ 拓展阅读：我们为什么活着——弗兰克尔与意义疗法

图12-4　弗兰克尔

你的人生目标是什么？是一个幸福的人，还是帮助他人找到幸福，又或者实现你真正的潜能？

意义疗法旨在帮助人们发现他们生活中的目标和方向，以及他们要征服的空虚和绝望的感觉。弗兰克尔的重要著作《寻求意义的人》（*Man's Search for Meaning*，1984）已经销售超过两百万册，并被翻译成19种不同的语言。

在很小的时候，弗兰克尔就开始问他自己，生活是否有任何意义。他在集中营的拘留，发生在他建立自己的方法十多年后。那么，在意义疗法的发展中，更显著的个人因素可能是他作为一个年轻人所经历的强烈的"绝望地狱"——一种显然毫无意义的生活。

在经历一场"完全和彻底的虚无主义"之后，弗兰克尔找到了一种让自己抵抗"灾难"的方法。他观察到那些能够超越自己即时处境并坚持一些有意义的事情的人——比如，期盼与爱人的重聚的人，比那些只看到绝望和无助处境的人更有可能生存下去。在集中营里，弗兰克尔还发现了一些对存在主义信念的支持，即人类总是能够选择如何回应他们的处境，而不管这些处境如何限制他们。

"人在其内部都有两种潜能：实现哪一种潜能，取决于他如何决定。"同样重要的是，弗兰克尔看到了作为虚无主义世界观逻辑终点的大屠杀，并且它强化了他每时每刻都要同虚无主义和犬儒主义的"灾祸"做斗争的信念。

趣味心理：你会选择哪种动物？（测试你的目标感）

如果有一天，你可以选择一种其他动物的能力附加在自己身上，你会选择以下哪一种？

A．如豹的敏捷与速度

B．如大象的孔武有力

C．如海豚的悠游自在

D．如老鹰的自由飞翔

答案分析：

A：你是个做事有计划的人，因此时常制订不同的计划，想要按部就班地执行。你也喜欢这种为理想打拼的追求，常常满足于追求的过程与结果，所以你是个乐于不断为自己找寻人生目标的追求者。

B：你最向往安定的生活，你认为人生最终的目标就是拥有成功。只要达到功成名就的境界，你就会非常知足，乐在其中，并且尽全力保有这份成就，很少再想到其他的事，因为你是个乐于享受成功、荣耀的人。

C：功名利禄并不在你的人生蓝图之中，那些充其量只算是你生命的附加价值。你最希望的是拥有一个全然辽阔又无限制的舞台，来充分发挥所长，丰富自我的人生与阅历，所以能让你乐享生命的是不断的变动，以及体验无法预知的人生路程。

D：擅于察言观色的你，还蛮享受在自己的内心世界当中，借由不断地观察别人与和人接触的机会，玩味人生与人际互动。其实你很喜欢人群，但是更乐于独处，因你是个乐在自我成长的修行者。

■■■ 亲子游戏：和孩子一起制作"梦想板"

目的：了解孩子的想法，引导孩子树立踏实可行的目标，明确实施方法。

适合年龄段：5岁以上的孩子。

工具：A3纸一张，黑水笔一支，彩色笔数支，橡皮一个，尺子一把。

步骤一：妈妈和孩子一起坐在桌子前面，把准备好的工具放在桌子上，把A3纸竖着放平，开始用水笔在纸上画表格。一边画一边告诉孩子将要做的事情。

步骤二：完成后，妈妈给孩子讲解所画表格的意思。

步骤三：妈妈引导孩子："你今年的目标是什么？""上小学后你的目标是什么，想要实现这个目标你该怎么做？"……妈妈多提一些开放性的问题，可以鼓励孩子积极思考，锻炼孩子的沟通和表达能力。同样地，妈妈也要多鼓励孩子提出问题。

步骤四：妈妈帮孩子把目标和措施写在表格相应的地方。

第五篇　　“我应该成为一个什么样的人?”

——父母如何支持孩子的人格发展

篇首语

　　蔡元培先生认为，决定孩子一生的是健全的人格修养。身为父母，您知道应该怎样培养孩子健全的人格吗？很多父母认为，家庭教育就是开发孩子的智力，让孩子从两三岁开始背唐诗，四五岁学英语，成绩一定要名列前茅，将来一定要上名牌大学。似乎只有这样，父母的教育才算成功，孩子才算成才。实践证明，这是对家庭教育的极大的误解，是升学教育在家庭教育中产生的不良后果。家庭教育最重要的任务应该是构筑孩子的人格长城。

　　那么，父母该如何培养孩子，使其形成健全的人格呢？在孩子的人格发展中有哪些影响因素呢？不同的家庭教育方式又是如何影响孩子人格的呢？让我们带着这些问题，一起走入本篇的学习吧！

第十三章　人格

一个人智力上的成就很大程度上取决于人格的伟大，这一点往往超出人们通常的认识。

——爱因斯坦

图13-1　人格

药家鑫，西安音乐学院大三学生。2010年10月20日深夜，他驾车撞人后，发现伤者在记录自己的车牌号码，拿出刀子又将伤者刺了八刀致其死亡，此后驾车逃逸至郭杜十字路口时再次撞伤行人，逃逸时被附近群众抓获。2010年10月23日，被告人药家鑫在其父母陪同下投案。2011年1月11日，西安市检察院以故意杀人罪对药家鑫提起了公诉。同年4月22日在西安市中级人民法院一审宣判，药家鑫犯故意杀人罪，被判处死刑，剥夺政治权利终身，并判处赔偿被害人家属经济损失45498.5元。5月20日，陕西省高级人民法院对药家鑫案二审维持一审死刑判决。2011年6月7日，高考的第一天。正是这一天的上午，在993万学子步入高考考场之时，年仅21周岁的大三学生药家鑫，在陕西西安执行死刑。在这样的日子里，这两件被全社会高度关注的事情同时发生，不禁让人们陷入深深的反思。药家鑫的双重人格，使他这个具有音乐天赋的，在亲朋好友眼中为好孩子、在老师眼中为好学生形象的人，一夜间成为穷凶极恶的杀人犯。棋错一招，满盘皆输，他的整个人生毁于一旦。药家鑫案件的出现，给所有教育者敲响了警钟，孩子的人格发展一时成为社会各界热切关注的话题。

人格的定义

人格（personality）一词起源自古希腊语persona。Persona，最初指古希腊戏剧演员在舞台演出时所戴的面具，与我们京剧中的脸谱类似，后指演员本人，一个具有特殊性质的人。现代心理学沿用persona的含义，引申为人格。

人格是指一个人与社会环境相互作用表现出的一种独特的行为模式、思维模式和情绪反应的特征，也是一个人区别于他人的特征之一。在心理学中，还经常运用"个性"一词表达人格的概念。

人格包括两个部分：性格与气质。性格是人稳定的个性心理特征，表现在人对现实的态度和相应的行为方式上。性格从本质上表现了人的特征，而气质就好像是给人格涂上了一种色彩、打上了一个标记。性格可分为人类天生的共同人性与个体在后天环境与学习影响下所形成的独特个性。气质是指人的心理活动和行为模式方面的特点，赋予性格光泽。同样是热爱劳动的人，气质不同的人表现会有所不同：有的人表现为动作迅速，但粗糙一些，这可能是胆汁质的人；有的人很细致，但动作缓慢，可能是黏液质的人。气质和性格便构成了人格。

埃里克松的人格发展阶段理论

埃里克松（E.H.Erikson，1902）是美国著名精神病医师，新精神分析派的代表人物。他认为，人的自我意识发展持续一生，他把自我意识的形成和发展过程划分为八个阶段，这八个阶段的顺序是由遗传决定的，但是每一阶段能否顺利度过却是由环境决定的，所以这个理论可称为"心理社会"阶段理论。每一个阶段都是不可忽视的。

图13-2 埃里克松

埃里克松的人格发展论，为不同年龄段的教育提供了理论依据和教育内容。任何年龄段的教育失误，都会给一个人的终身发展造成障碍。

表13-1 埃里克松人格发展阶段

人格发展阶段	年龄/岁	发展危机	发展任务
婴儿期	0—1.5	信任对不信任	发展信任感，克服不信任感，体验希望的实现
儿童早期	1.5—3	自主性对羞怯、疑虑	获得自主感，克服羞怯和疑虑，体验意志的实现
学前期	3—6	主动性对内疚感	获得主动感，克服内疚感，体验目的的实现
学龄初期	6—12	勤奋感对自卑感	获得勤奋感，克服自卑感，体验能力的实现

续表

人格发展阶段	年龄/岁	发展危机	发展任务
青春期	12—18	同一性 对同一性混乱	建立自我同一性,防止同一性混乱,体验忠实的实现
成年早期	18—25	亲密感 对孤独感	获得亲密感,避免孤独感,体验爱情的实现
成年中期	25—65	繁殖对停滞	获得繁殖感,避免停滞感,体验关怀的实现
成年晚期	65岁以后	自我整合 对失望	获得完善感,避免失望和厌倦感,体验智慧的实现

1. 婴儿期（0—1.5岁）：基本信任和不信任的冲突

家长不要认为婴儿是一个不懂事的小孩子，只要吃饱喝足就行。此时婴儿正处在基本信任和不信任的心理冲突期，本阶段发展任务为：满足生理上的需要，发展信任感，克服不信任感，体验希望的实现。如果母亲对婴儿给予爱抚和有规律的照料，婴儿将在生理需要的满足中，体验到身体的康宁、环境的舒适，从而感到安全，产生信任感；如果母亲的爱抚和照料有缺陷，婴儿将产生不信任感。

如果成功解决了本阶段的发展危机，儿童的人格中便形成了希望的品质。这种儿童敢于冒险，不怕挫折和失败，容易成为易于信赖和满足的人。如果危机不能成功解决，儿童的人格中便形成了恐惧的特质，这种儿童胆小懦弱，易成为不信任他人、苛刻无度的人。

2. 儿童早期（1.5—3岁）：自主与羞怯、怀疑的冲突

这一时期，儿童掌握了大量的技能，如爬、走、说话等。更重要的是他们学会了怎样坚持或放弃，也就是说儿童开始"有意志"地决定做什么或不做什么。这时候父母与子女的冲突很激烈，这也是孩子的第一个反抗期。该阶段的发展任务为：获得自主感，克服羞怯和疑虑，体验意志的实现。

本阶段危机的成功解决，将会在儿童的人格中形成意志品质。埃里克松认

为，所谓意志就是进行自由选择和自我抑制的不屈不挠的决心。如果不能成功解决危机，则会形成自我怀疑的人格特征。顺利度过本阶段，对于个人今后对社会组织和社会理想的态度将产生重要的影响，有利于个人为未来生活的秩序和法制做好准备。

3. 学前期（3—6岁）：主动对内疚的冲突

本阶段儿童发展任务为：获得主动感，克服内疚感，体验目的实现。在这一时期，如果幼儿表现出的主动探究行为受到鼓励，幼儿就会形成主动性，这为他将来成为一个有责任感、有创造力的人奠定了基础。如果成人讥笑幼儿的独创行为和想象力，那么幼儿就会逐渐失去自信心，这使他们更倾向于生活在别人为他们安排好的狭窄圈子里，缺乏自己开创幸福生活的主动性。

4. 学龄初期（6—12岁）：勤奋对自卑的冲突

这一阶段的儿童都应在学校接受教育。在本阶段中，儿童进入学校，学习文化知识和基本技能。在学习过程中，儿童一方面努力追求着自身的完善，促生了勤奋感；另一方面，儿童在努力追求的过程中也伴随着一种害怕失败的自卑感。因此，勤奋感与自卑感的冲突便构成了本阶段的发展危机。本阶段相应的发展任务为：获得勤奋感，克服自卑感，体验能力的实现。

学业的成功、家长和教师的认可、同伴的接纳都可以使儿童产生勤奋感。勤奋感占优势的儿童在生活和学习中常常能体验到"灵巧和智慧在完成任务时的自如运用"，即能力的实现。如果儿童的表现不能合乎家长和教师的期望、自身不被同伴接纳，就会对自己感到失望，体验到自卑感或无能感。

5. 青春期（12—18岁）：自我同一性和同一性混乱的冲突

这一阶段，一方面青少年本能冲动的高涨会带来问题，更重要的是另一方面，青少年面临新的社会要求和社会的冲突，会感到困扰和混乱。所以，青春期的主要任务是建立自我同一性或自己在别人眼中的形象，以及自身在社会集体中所占的情感位置。这一阶段的危机是同一性混乱。

在自我同一性的形成过程中，青少年会体验到忠诚的实现，即尽管遇到不可避免的矛盾，但也会忠于自己的内心誓言。这样，青少年最终能忠诚地献身于社会和职业。

6. 成年早期（18—25岁）：亲密对孤独的冲突

本阶段发展任务是：获得亲密感，避免孤独感，体验爱情的实现。经历了第五阶段，青年男女需要在自我同一性巩固的基础上获得共享的同一性。埃里克松认为，只有建立起良好同一性的青年才能建立与异性伴侣的亲密关系。当两个人愿意共享和调节他们生活中的一切重要方面时，便获得了真正的亲密感。如果一个人未能确保自己的同一性，就会在与情人的交往中过分关注自己，不能忘我地关心对方，因而难以产生真正的情感共鸣，导致孤独感。

青年如果能成功解决本阶段的发展危机，那么就会形成爱的品质；如果青年不能成功解决本阶段的发展危机，就会导致"乱婚"。

7. 成年期（25—65岁）：繁衍对停滞的冲突

在本阶段中，个体已经建立家庭，他们的兴趣开始扩展到下一代；而且他们也非常关心各自在工作和生活中的状态。在埃里克松看来，他们进入了繁殖对停滞的时期。此时，相应的发展任务便是：获得繁殖感，避免停滞感，体验关怀的实现。这里的"繁殖"是一个意义相当广泛的词，不仅指生儿育女，关怀、照料下一代，而且还指创造新事物和产生新思想。埃里克松更侧重于后者。有的人即使没有孩子，但是他们在其专业领域充分发挥自己的智慧和力量，最终有所作为，亦能获得繁殖感。

8. 成年晚期（65岁以上）：自我整合对失望的冲突

这是人生的最后阶段，发展危机是自我整合对失望的冲突，发展任务为：获得完善感，避免失望和厌倦感，体验智慧的实现。随着时光流逝，老年人发生了一系列变化，如：身体机能逐渐衰退，离开了工作岗位，社会角色转变，收入减少，亲友、配偶相继离去……因此，老年人需要做出一系列生理、心理和社会的重大调整，以适应这些变化。

埃里克松认为，拥有幸福生活，对自己持满意态度的人，当他们回首往事的时候，自我是整合的，可体验到生活的美满和人生的完善，能以一种"超脱的态度对待生活和死亡"，即智慧的实现。而那些在人生的旅途上留下太多遗憾和空白的人，则因无法重新选择而体验到深深的失望和厌倦。当老年人感到失望和厌倦时，应当面对现实，从另一角度去总结自己的人生，努力获得自我整合感。埃里克松认为，在每一个心理社会发展阶段中，解决了核心问题之后所产生的人格特质，都包括了积极与消极两方面，如果各个阶段都保持向积极品质发展，就算完成了这阶段的任务，逐渐实现了健全的人格，否则就会产生心理社会危机，出现情绪障碍，形成不健全的人格。

弗洛伊德的人格结构理论

弗洛伊德认为完整的人格结构由三大部分组成，即在弗洛伊德的学说中，人格被视为一种从内部控制行为的心理机制，这种内部心理机制分为本我、自我和超我。

所谓本我，就是本能的我，完全处于潜意识之中。本我是一个混沌的世界，它容纳一团杂乱无章、很不稳定、本能性的被压抑的欲望，隐匿着各种为现代人类社会伦理道德和法律规范所不容的、未开发的本能冲动。本我遵循"快乐原则"，它完全不懂什么是价值，什么是善恶和道德，只知道为了满足自己的需要不惜付出一切代价。

自我是面对现实的"我"，它是通过后天的学习和环境的接触发展起来的，是意识结构的部分，自我是本我和外界环境的调节者，它奉行现实原则，它既要满足本我的需要，又要制止违反社会规范、道德准则和法律的行为。

超我，是道德化了的"我"，它也是从自我中分化和发展起来的，它是人在儿童时代对父母道德行为的认同、对社会典范的效仿，是接受文化传统、价值观念、社会理想的影响而逐渐形成的。它由道德理想和良心构成，是人格结构中专管道德的司法部门，是一切道德限制的代表，是人类生活较高尚行动的动力。它遵循理想原则，它通过自我典范（即良心和自我理想）确定道德行为的标准，通过良心惩罚违反道德标准的行为，使人产生内疚感。

有一段时间江歌事件频繁刷屏，该事件中的刘鑫已然成为众矢之的，是怎样的心理驱使刘鑫做出事故发生后的一系列举动呢？这也是一场"超我"和"本我"的较量。刘鑫选择第一时间与江母切断联系，极力避免与案件的各种接触，即来源于"本我"寻求自我安慰的目的。当然，刘鑫的人格里的"超我"也同时告诉她为了良心、公道和社会伦理法则，她需要站出来，为好友的死作证，为自己当时的漠然向被害者家人道歉。然而最后做出决定的自我又会考虑本我与超我的需求而行动。

弗洛伊德认为，本我、自我和超我三者之间相互作用、相互联系。本我不顾现实，只要求满足欲望，寻求快乐；超我按照道德准则对人的欲望和行为多加限制；而自我则活动于本我与超我之间，它以现实条件实行本我的欲望，又要服从超我的强制规则，它不仅必须寻找满足本我需要的事物，而且还必须考虑到所寻找的事物不能违反超我的价值观。因此，在人格的三方面中，自我扮演着难当的角色，一方面设法满足本我对快乐的追求，另一方面必须使行为符合超我的要求。所以，自我的力量必须强大到能够协调它们之间的冲突和矛盾，否则，人格结构就处于失衡状态，导致不健全人格的形成。

荣格的内外向人格理论

图13-3 荣格

荣格将心态分为内倾与外倾两种，将心理功能类型分为思维、情感、感觉、直觉四种，每两个维度交叉，得到如下八种人格类型：

1. **外倾思维型**。这种人使客观思维上升为支配生命的激情，通常倾向于压抑自己天性中情感的一面，典型人物为科学家。如果这种压抑过分严厉，他可能变得专制、自负、迷信等。

2. **内倾思维型**。哲学家或存在主义心理学家一般属于此种。他们希望理解的是他个人的存在，显得有些冷漠无情，容易变得顽固执拗、刚愎自用、骄傲自大、敏感易怒等。在极端的情形下，他探测自身的结果可能与现实几乎不发生任何关系，他最后甚至可能割断与现实的联系而成为精神病患者。

3. 外倾情感型。这种类型的人使理智服从于情感，荣格发现它更多地体现在女性身上。这种人往往多愁善感、浮夸卖弄、过分殷勤、强烈地依恋于他人（而这种依恋又往往是短暂的）、善变、追逐时髦等。

4. 内倾情感型。这种类型的人以女性居多。这种人不像外倾情感型的人那样炫耀自己的感情，而是把它深藏在内心。他们往往沉默寡言、难以捉摸，态度既随和又冷淡，并且往往有一种忧郁和压抑的神态，但又会给人内心和谐的感觉，表现出神秘的魅力。

5. 外倾感觉型。主要是男人，特点是热衷于积累与外部世界有关的经验。他们是现实主义者、实用主义者，头脑清醒但并不对事物过分地追根究底。但他们也可能是耽于享乐、追求刺激的，情感一般会相对浅薄，会沉溺于各种嗜好，具有变态和强迫行为。

6. 内倾感觉型。一般是艺术家，和所有内倾型的人一样，内倾感觉型的人也远离外部客观世界，沉浸在自己的主观感觉中。在外人看来他们可能显得沉静、随和、自制，而实际上由于在思想和情感方面的贫乏，他们往往并不是一个十分有趣的人。

7. 外倾直觉型。这种类型的人（通常是女性）的特征是异想天开、喜怒无常，缺乏思维能力，兴趣不能持续，喜欢新奇的东西。他们不是什么靠得住的朋友，因为一开始热情很大，但由于缺乏持久兴趣而无意中伤害别人。

8. 内倾直觉型。这种类型的人中最典型的代表是艺术家，但也包括梦想家、先知、充满各种幻觉的古里古怪的人。他们会让人觉得不可思议，也不能有效地跟别人交流，思维跳跃，而他们往往把自己看作是不被理解的天才。但不管怎样，他们拥有可供别人思考、整理并加以发展的绚丽多彩的直觉。

儿童人格形成与发展的影响因素

人格的形成是先天的遗传因素和后天的环境、教育因素相互作用的结果。

1. 社会意识

以正确的道德价值为导向的社会思潮和社会风气，会促进人格的发展和健全，反之会使人格走向分裂。

2. 生物因素

有研究资料表明人的大脑是人格的主要物质基础，如果脑的局部病变或受伤则会导致人格和行为的改变。大脑发育不完全的人，也难以形成健全的人格。所以，生理基础和遗传因素是人格形成的自然基础，是形成其人格特征的重要前提。

3. 环境因素

环境因素对人格的形成和发展起着非常重要的作用。在诸多环境中，家庭环境、学校环境和社会环境对人格的影响是最大的。

(1) **家庭环境**。家庭环境对人格的影响从发生的时间上来看，开始时间最早，持续时间最长；从作用上来看，范围最大，内容最广。不少研究表明，体贴、温暖的家庭能促进成熟、独立、友好、自控和自主人格的发展。父母是孩子的第一任老师，很多的行为思想都是潜移默化的。

(2) **学校环境**。学校对人格形成和定型有深远的影响。如果学校生活中的体验主要是紧张、压抑和沮丧的，那么孩子就必然容易出现各种心理问题；不好的校风会使学风懒散、学生无组织；而无威信、缺乏责任心的老师，可能会使学生自暴自弃、不求上进，不利于人格的构建。反之，则有利于学生的人格构建。

(3) **社会环境**。人格中的自我意识一旦通过外部行为表现个体的存在，就使个体处在一定社会关系之中了。社会诸因素之间相互联系、影响，它们共同作用于个体的存在，使个体人格得以形成。此外，文化的影响也不可忽视，如儒家文化造就了中国人顺从、保守等性格。

父母的教育方式对孩子人格的影响

什么是家庭教养方式？家庭教养方式是父母的教养观念、教养行为及其对子女情感表现的一种组合方式。父母是家庭教育的施行者，因此父母的教育方式如何，直接影响着孩子的人格发展。

根据国内外的一些研究，国内学者刘金花认为评定父母教养方式的维度有两个：控制（是否对孩

图13-4 教育方式对孩子的影响

子提出成熟的要求）和爱（即是否关心、信任和理解孩子），根据这两个维度可以把父母的教养方式分成四种类型：权威型、专制型、娇宠型、冷漠型。

1. 权威型——控制+爱（接受）

父母对儿童的态度积极肯定，尊重孩子的意见和观点，鼓励他们表达自己的想法并参与讨论；父母对孩子的要求比较明确，对于他们的不良行为会严格教育，反之则表示支持与肯定。这样的教养方式对儿童个性发展有积极影响，利于形成亲切、独立、情绪稳定等个性。

2. 专制型——控制+不爱（拒绝）

这属于高控制教养方式，控制有余，爱心不足。父母倾向于拒绝和冷漠对待孩子，很少考虑孩子愿望与要求，喜欢制定各种规则，有时甚至用暴力管教孩子。这种方式下教养的儿童往往会有恐惧心理，缺乏自信心。

3. 娇宠型——不控制+不完全爱

爱得不理智，控制不足。父母对孩子过分娇宠，任其呼风唤雨，对小孩的任

何要求不假思索地答应。这样的教养方式导致孩子的行为和性格发生扭曲，使孩子形成了较强的冲动性和攻击性，缺乏独立性和责任感，拥有懒惰、自私、任性、撒娇、为所欲为等不符合社会要求的性格特征与行为。

4. 冷漠型——不控制+不爱

父母对孩子既缺乏爱的情感和积极反应，又缺少行为的要求和控制，亲子间交往甚少，父母对孩子缺乏基本的关注与了解，也不干涉孩子各种行为，有一种忽视的态度。这种教养方式下的儿童易形成较强的冲动性、攻击性，存在不顺从、自傲、自狂、目中无人、自以为是的心理。

趣味心理：树木人格测试

树木人格测试，是投射测试的一种，原为学者科赫开发的投射心理测试。

方法：绘画者在竖着摆放的A4纸上用铅笔或者水性笔"画一棵树"，并对画的这棵树进行评定。与其他绘画测试一样，树木人格测试能对各种年龄和不善于用语言表达者的智能、身心发展情况给予比较准确的诊断。

指导语：请将画纸竖着放，画一棵树。在完成后请介绍一下你的

图13-5　树木人格

画，内容包括：①树名。②果实名（如果有果实）。③季节。④作画时的心情。

观察内容：①树的品种。②是否有果实？如果有，是大还是小？有几种果实？果实的名称与果树的名称是否一致？③这棵树生长在什么季节中？这个季节与果实有什么样的关系？是否与开花结果的季节相符合？季节与树的生命力的关

系是怎样的？④作画者在作画时的心情（情绪）是什么？作画本身是否触动了作画者的潜意识中的某种情结？⑤对树的自由联想描述是什么？

树木测验分析：

有根：树根有无表示被试与现实的关系。有根表示对自己支配现实能力的认识。

无根且无横线表示地面：缺乏自觉，行动无良好的规律，投机。

树立在山坡上：孤立自己，不愿与别人在一起，有独处意识，怕社会关系扰乱自身宁静。

树干短、树冠大：强烈自觉，有雄心，有要求赞许的欲望，骄傲。

树干长、树冠小：发育迟滞，多为小孩图画。

树干为两平行线：斤斤计较，准确，实事求是，少想象，倔强，固执。

树干为两平行波动线：活泼，有生气，较容易适应环境。

树干由断续不整齐的短线构成：敏感，易怒，相信直觉而少推断。

树干左侧有阴影：性格内向，拘谨。

树干右侧有阴影：外向，乐于与外界接触。

树冠扁平：由于外界压力而行为拘谨，自卑，反应迟钝。

树冠由同心圆组成：富有神秘性，缺乏活动，自足自满，没多大进步，内向。

树枝环列的树冠：勤勉，进取，富有创造性，外向。

树冠似云：富于想象，多梦想，易激动，缺乏活力。

树冠由一簇勾圈组成：热忱，坦白无虑，好交际，健谈。

树形似蓬，由平整树枝组成：墨守成规，拘泥形式，善自制，有建筑才能，有艺术天才。

树倾向右边：好交际，易激动，对将来有信心，善表现，长于活力。

树倾向左边：节制，含蓄，小心，自大，恐惧将来。

树上有果实：观察良好，精于物质追求，现实主义。

树叶、果实落在地上：敏感，富有感悟力，有灵性，听天由命，缺乏坚定性。

……

结合本章的学习，带上您的孩子一起做做测试吧！

智慧父母课堂：如何培养人格独立的孩子

1. 从小分担责任

孩子两三岁以后，就可以进行责任感的教育。

有很多孩子，到了大学毕业，还心安理得地做"啃老族"。父母即便养得起，但是心里肯定也不自在，谁不希望孩子能自食其力？至于心安理得的态度，则是孩子没有责任感的表现。长期衣来伸手饭来张口，习惯了，以为理所当然。没有责任感的孩子会采用最舒适、最懒惰、最简单的方式生活，跟父母索取自然是最方便的，所以不会有进取心。即便你多么疼爱自己的孩子，心里还是不愿意看到他这个样子。可是这个时候醒悟过来，想培养他的责任感，已经很难了。因为责任感的培养在孩子两三岁时就应开始了。现在有宝宝的父母，如果你们想培养出一个男子汉或者能为父母分忧的女孩，从现在做起吧。

有这样一个场景：在周末的海滩上，爸爸把车开到离沙滩不远的路上，妈妈下车，爸爸抱着三个人的所有用具，步履蹒跚地走向沙滩。妈妈则对五六岁的宝宝说："来，妈妈背你过去。"随即背着孩子跟在爸爸后面。这一幕其乐融融的景象，你看了会有什么感想？像自己的家庭度假情景吗？

同样的时间地点，也许还有另一幅场景。爸爸把车停下来，从车里一件一件取出用具，说："宝贝，你拿你自己的游泳圈，还有游泳衣；妈妈拿爸爸和妈妈的游泳圈；爸爸拿帐篷。对了，宝贝，你还能拿一下咱们玩的皮球吗？"这样，三个人密切分工，拿着东西走向沙滩。

显然，你看明白了，第二个情景就是有意识地进行责任感的培养。这时候，家长把孩子当成一个和自己一样的人，孩子有能力做他能做的事，完全可以分担他自己的一部分责任。第一种情景呢，父母只是把孩子当成自己的"宠物"、自己的附属，没有当他是个有能力的人。孩子只需享受，不需要承担什么。孩子是一张白纸，你当他是什么，他就是什么。

这里要告诉大家的是，其实后者是西方国家常见的场景，在我们中国不多见。中国的父母多是把包袱背在自己身上，认为孩子还小，不要给他任何负担。其实，这是对孩子能力的否定，也是对孩子责任感培养的失职。当孩子五六岁的时候，什么事情父母都替他扛着，长此以往，当他二十岁三十岁时，如果他自己没有能力承担生活，他照样把生活的包袱放在你肩膀上。这时候你后悔就来不及了。

孩子在成长过程中，身体在长大，且不同阶段有不同的能力。家长应该时刻让孩子发挥能力，承担自己的那部分责任，哪怕仅仅是象征性的，也有助于培养责任感。每个家长都不愿意把真正的累活给孩子干，但没关系，你要培养的仅仅是孩子的责任感，点点滴滴，使之贯穿在生活习惯中，并非要真正拿重活把孩子累坏。起床的时候，让孩子自己折被子；旅游的时候，让孩子带自己的东西；去外边吃饭的时候，让孩子自己点一样菜；乃至在孩子自己能够赚钱的时候，出去吃饭让孩子买一次单；等等。总之，要让孩子明白，生活中的事情是大家共同承担的，不是天生就压在父母身上的。

2. 培养判断力，让他有主见

培养判断力，跟培养责任感一样，从小就可以开始，从兴趣、游戏中切入就可以。有些家长会有疑问：孩子三四岁、五六岁，会有判断力吗？判断力需要这么早培养吗？这里面，大多数家长有一个认识的误区，即以为自己是生活中的全知者，孩子是生活中的无知者，什么事情都是自己比孩子明白，都是自己教孩子。这是不对的。比如说，你拿一个玩具，怎样玩，孩子肯定比你懂得多，你已经失去了对细小事务的知觉和玩心，你会觉得索然无味，而只有孩子才知道它的魅力。

在孩子兴趣的世界里，他是主宰者，所了解的比你多得多，而你是麻木者，只有跟他学习的份。因为当你进入孩子的世界，分享他的快乐的时候，你才是孩子，他是大人。既然在他的世界里，他才是主宰，那他就有自己的判断力了，他知道这样好玩，那样不好玩。对你来说，可能两者都索然无味，因为你是外行。

(1) 怎么培养孩子的判断力呢？

比如，有的孩子会在房间里把书本、积木、盒子等堆起来，堆得高高的。这时候你应该当个求知者，问："孩子，为什么叠这么高呢？"也许他回答不出来为什么，因为他是靠直觉去做这件事的。他就回答："好玩。"那么这是他的一个理由，就是好玩，他成为这个好玩游戏的发明者。

(2) 讨教式交流

那么接下来你继续讨教："为什么爸爸叠到你那么高时就倒下来了呢？"之后，他会来教你，怎么叠得更平衡、更高，他的判断力得到极大的实践。整个过程中，他非常自信：他发明了一种游戏，又掌握了方法，并且还有人来讨教。这给他建立了一种培养判断力的模式：这个自己发明的游戏是很有乐趣的，也是有别人玩的，而自己掌握了技能。如果你换一种态度，当你看见他把房间的东西折腾乱了，训斥他怎么把这些东西叠在一起时，他可能认为自己感兴趣的一件事是不被认可的，从而无形中对自己的判断力产生怀疑。也就是说，经常向孩子讨教他的世界里的问题，可以培养他的判断力。比如和孩子去餐厅，你说："今天妈妈不饿，只是有些口渴，妈妈该喝些什么呢？"他可能会给你推荐一些饮料。千万不要认为这是一种很浅显的提问，其实孩子在判断、实践过程中得到很强的锻炼，因为他发现给你的建议能解决你的问题，此后也敢于为大人做出其他的判断。实际上很多决策并不需要多大的智慧，更多的是需要魄力，有魄力决策之后才能去实施。这种魄力是长期锻炼的结果。

还有一种情况是，孩子在游戏的过程中，确实会出现错误的举动。比如有的孩子在家里玩，喜欢爬阳台，这时候家长最好用探讨或者商量的交流方式来指出不良后果，纠正孩子的观点，让他明白这个行为是错误的以及正确的判断应该是什么。你的话语方式应该是："孩子，这样做是不是不对？是不是会出现什么后果？你说呢？"让他得出自己的判断。毕竟你是成人，随时纠正孩子的错误判断与随时支持他的正确判断一样重要。

总之，以讨教式交流培养孩子的判断力，以探询式交流纠正孩子的错误判断，坚持这样，你的孩子很快会举一反三，掌握他的世界里的原则，能很自然地做出正确判断。孩子有判断力，你的教育就会轻松很多。十几年后，就有可能是他来指导你的生活了。因为他的知识面非常广非常新，而你老了。而这种决策能力，有可能成为他一生中最重要的能力之一。

3. 必要的挫折教育

挫折教育会被很多人忽略。

一个人缺少挫折教育，会有什么样的不良后果呢？

有一个女孩子，由于父母是老师，在小学、中学时都受到种种庇护。上了大学以后，她开始独立生活，一天由于私自用了舍友的洗发水，而被舍友视为小偷，遭到排斥，最终在这种生活中得了抑郁症，不得不退学。这种情况其实很普遍，现在很多高校出现学生跳楼、学生自残等诸如此类的事情，就是因为很多学生缺乏应对挫折的心理素质和能力，以致心理失控。上述例子的原因就是，在女孩子上大学之前的成长环境中，什么事都由父母担当，没有自己处理压力的时候，上大学后一旦碰到需要自己解决的问题，就慌了手脚，"溃不成军"了。

由此我们可以看出，缺少挫折教育有两种表现：第一，心理防线特别脆弱，经不住打击；第二，处理压力极为无能，一旦无人帮助，闷在心里，就容易崩溃。

如果孩子有抵制批评、逃避批评、害怕批评的心理，是需要接受挫折教育的。挫折教育就是家长把适当的压力还给孩子，让他自己来处理，让他适应人生阶段性的失败，在失败中找到克服的方法。无论孩子面对何种压力，家长都可以给他疏导，但决不能大包大揽，让孩子觉得压力与他无关。前面所说的责任感的教育、判断力的教育，都是与挫折教育相辅相成的。

4. 不要溺爱，要爱

溺爱的后果是让孩子缺乏独立的人格。

前不久热播的《妈妈是超人》中马雅舒的"溺爱"式教育引发众多争议，有人甚至直接评论说她这是葬送了孩子的独立。到了该上幼儿园年纪的米雅一离开妈妈就崩溃大哭，上厕所还不会自己脱裤子。作为父母，宠溺孩子的心理当然可以理解，谁又能狠下心来打骂自己的孩子呢？人是感性的，往往道理都懂，做起来难。为了孩子的将来，还真是必须狠下心理性一点，培养人格独立的孩子。

如果我们按照之前讲的，从小就让孩子分担责任，就不会有溺爱存在。被家人溺爱的孩子一般脾气比较古怪，会想出匪夷所思的东西来刁难别人，做什么事都无所顾忌。

教育孩子最有效的办法就是要把责任还给孩子，把压力随时让孩子分担。比如说，孩子看上一个玩具，父母千万不要因为有钱就随手买下。父母必须让孩子明白几件事：第一，买下这个玩具，妈妈要花去上几天班的工资；第二，买下这个玩具，孩子必须付出一定的条件，哪怕只是一个口头的承诺。这样的话，他就不但会珍惜这个玩具，而且会明白生活的责任和压力所在。被溺爱的孩子很容易撒泼、耍赖，这需要父母有一定的勇气和耐心，也需要时间来慢慢纠正。一味地答应不是爱，而是扼杀孩子独立的人格。爱呢，是需要智力的，需要谋略的，需要勇气的，同时也需要孩子承受一些委屈和磨难。

如果现在你的孩子已经是一个在溺爱中长大的"小霸王"，那么，你和他的斗智斗勇就开始了，目的是要他学会承担责任。这就是爱，尽管有一些痛。如果你的孩子刚刚出生，一定要记住，不要溺爱，要爱。

■■■ 智慧父母课堂：有一种爱以分离为目的

英国著名心理学家西尔维娅说："这个世界上所有的爱都以聚合为最终目的，只有一种爱以分离为目的，那就是父母对孩子的爱。父母真正成功的爱，就是让孩子尽早作为一个独立的个体从你的生命中分离出去，这种分离越早，你就越成功。"从这个意义上来讲，距离和独立是一种对人格的尊重，这种尊重即使在最亲近的人中间，也应该保有。

这段话值得所有父母深思，现在父母在教育孩子方面存在着许多误区，溺爱孩子，把孩子看作是自己的附属品，按自己意愿去设计孩子的日常生活及学习，以爱的名义对孩子进行强制性的控制。父母长期以来对孩子过分地"帮助"，不仅妨碍了孩子独立意识、责任意识的培养，也不利于其健康成长，这也正是我国出现"啃老族"现象的重要原因。

最值得父母思考的问题是：这种以分离为目的的爱我们应该怎么做到呢？

1. 做一个"刚刚好妈妈"

温尼科特的亲子理论认为，成为一个称职母亲的过程，可能是从"理想妈妈"转变为"刚刚好妈妈"的过程。

"理想妈妈"希望通过自己的努力，让孩子不生病、不受任何伤害、学习好、兴趣爱好广泛、性格好、健康完美地成长。妈妈为孩子贡献自己的一切，满足孩子的全部需求，其实妈妈潜意识里否认了孩子的自主性。她们认为孩子怎么长完全取决于自己怎么教育，觉得自己的一举一动都事关重大，生怕哪一步走错就会给孩子留下阴影。

这样一个追求完美的妈妈多半是控制力超强的妈妈，她将使孩子丧失许多生活的体验，失去成长的空间，个体性成长被扼制。超人般无所不能的妈妈，是不存在的，也不值得去追求，也许妈妈们应该追求的是成为一位不完美但刚刚好的妈妈。

什么是"刚刚好妈妈"呢？"刚刚好妈妈"（Good Enough Mother）指的是妈妈开始的时候能完全适应婴儿的需要，随着时间的推移，可以越来越少地满足孩子的需求，并且在婴儿的成长的过程中坦然面对自己的失败。

如何做一个"刚刚好妈妈"呢？

（1）对孩子的需求足够敏感

温尼科特认为对孩子的影响最大的不是粗暴和虐待，而是母亲对孩子缺乏应答敏感性，应答敏感性即对于儿童的需求信号能敏锐地觉察。妈妈除了要对孩子的基本生理需求（饮食、睡眠、健康状况）敏感，还需要识别并回应孩子对注意的寻求与感情抚慰等心理需求。比如，许多孩子哭闹或者连续闯祸其实是为了引起父母的关注，因为母亲的关注是孩子获得安全感的必要条件，如果母亲不予理睬或不停抱怨生气嫌烦，即是应答敏感性低的表现。

（2）平和地接纳"被抛弃"的命运

孩子在不断成长的过程中，会逐渐发展出独立的人格和壮大的自我意识，他们不再甘于一味接受指挥和按照妈妈的要求行事，开始有了自己的主见。母爱与孩子想要独立的意愿的冲突愈加强烈，直至青春期达至顶峰。这个时候母亲更是焦虑不安，觉得孩子叛逆、不孝了，自己被抛弃被伤害了。其实这只是孩子想要与妈妈拉开距离，获取自由的空间。这个时候母亲要平和地接纳"被抛弃"的现实。

(3) 爱但不只爱孩子

随着孩子逐渐长大，"刚刚好妈妈"可以慢慢撤离孩子的生活，把关注点回归到自己身上。你应该有自己的生活和兴趣，爱但不只爱孩子。父母和孩子都需要不断地成长，双方不用去追求成为理想中的样子，只要成为真实的足够好的自己就好了。

2. 在孩子"恨"你前，先恨孩子

温尼科特说："我建议，在孩子开始仇恨母亲之前，母亲就开始仇恨孩子；而且在孩子知道母亲仇恨自己之前就仇恨孩子。"

这听起来是一种激进的观点，然而温尼科特认为，母亲不能等待着"被抛弃"，而要主动发起与孩子割裂的过程。她不应该只是爱孩子，还需留有一定"恨孩子"的空间。许多人都曾有恨父母的经历，其实这种"恨"在孩子个体化的成长过程中起着非常重要的意义，即借着这种仇恨获得自我独立性的发展。

温尼科特关于先仇恨孩子（如：妈妈受不了了，要与孩子分开一阵子；算了，管不了就不管你了……）的建议，其实质是在帮助妈妈拉开她与孩子之间的空隙，用"仇恨"的方式保持和孩子之间的距离，避免发生"控制孩子"这种亲人之间的扼制。

■■ 拓展阅读：科尔伯格的道德发展理论

科尔伯格（Kohlberg）是美国当代发展心理学家，他致力于儿童道德判断力发展的研究，提出了"道德发展阶段"理论。他的理论是以皮亚杰的认知心理学理论为基础建立的，他认为儿童道德的发展是与其认知能力的发展相适应的，道德教育绝不是背记道德条例或纪律，而是促进道德认知水平的发展。

科尔伯格的道德理论强调道德发展是认知发展的一部分，道德判断同逻辑思

图13-6 科尔伯格

维能力具有一定的相关性，同时他强调社会环境对道德发展有着巨大的刺激作用。

他应用道德两难论的方法研究道德的发展问题。这种方法也称两难故事法。故事包含一个在道德价值上具有矛盾冲突的情境，让被试听完故事后对故事中的人物行为进行评论，从而了解被试进行道德判断所依据的原则及其道德发展水平。

代表性的道德两难故事是"海因茨偷药"的故事。这个故事的大意是：欧洲有一位妇女患了癌症，生命危在旦夕。医生告诉她的丈夫海因茨，只有本城一个药剂师最近发明的一种药可以救他的妻子。但该药价钱十分昂贵，要卖到成本价的十倍。海因茨四处求人，尽全力也只借到了购药所需钱数的一半。万般无奈之下，海因茨只得请求药剂师便宜一点儿卖给他，或允许他赊账。但药剂师坚决不答应他的请求，并说他发明这种药就是为了赚钱。海因茨在走投无路的情况下，为了挽救妻子的生命，深夜闯入药店偷了药，治好了妻子的病。但海因茨因此被警察抓了起来。

科尔伯格围绕这个故事提出了一系列问题，让被试参加讨论，如：海因茨该不该偷药？为什么该？为什么不该？海因茨犯了法，从道义上看，这种行为好不好？为什么？通过大量的研究，他把人的道德判断分为三种水平，每种水平各有两个阶段，共六个阶段。

1. 前习俗水平。这一水平上的儿童已具备关于是非善恶的社会准则和道德要求，但他们是从行动的结果及与自身的利害关系来判断是非的。这一水平有两个阶段：阶段1，惩罚与服从的定向阶段。这个阶段的儿童认为凡是权威人物支持认可的就是好的，遭到他们批评的就是坏的。他们道德判断的依据是受到惩罚与否或服从权力。他们凭自己的水平做出避免惩罚和无条件服从权威的决定，而不考虑惩罚或权威背后的道德准则。阶段2，工具性的相对主义的定向阶段。这一阶段儿童首先考虑的是，准则是否符合自己的需要，有时也包括别人的需要，并初步考虑到人与人的关系，但人际关系常被看成是交易的关系。对自己有利的就好，不利的就不好。好坏以自己的利益为准。

2. **习俗水平**。这一水平上的儿童有了满足社会的愿望，比较关心别人的需要。这一水平的两个阶段是：阶段3，人际关系的定向阶段或"好孩子"定向阶段。这个阶段的儿童认为一个人的行为正确与否，主要看他是否为别人所喜爱，是否对别人有帮助或受别人称赞。阶段4，维护权威或秩序的道德定向阶段。这一阶段的儿童意识到了普遍的社会秩序，强调服从法律，使社会秩序得以维持。儿童遵守不变的法则和尊重权威，并要求别人也遵守。

3. **后习俗水平**。这一水平上的儿童力求对正当而合适的道德价值和道德原则做出自己的解释，不理会权威人士如何支持这些原则，而是履行自己选择的道德准则。这个水平的两个阶段是：阶段5，社会契约的定向阶段。在前一阶段，个人持严格维持法律与秩序的态度，刻板地遵守法律与社会秩序。而在本阶段，个人看待法律较为灵活，认识到法律、社会习俗仅是一种社会契约，是可以改变的，而不是固定不变的。一般说来，这一阶段是不违反大多数人的意愿和幸福的，但并不同意用单一的规则来衡量一个人的行为。道德判断灵活了，能从法律上、道义上较辩证地看待各种行为的是非善恶。阶段6，普遍的道德原则的定向阶段。这个阶段个人有某种抽象的、超越某些刻板的法律条文的、较确定的概念。在判断道德行为时，不仅考虑到适合法律的道德准则，同时也考虑到未成文的有普遍意义的道德准则。道德判断已超越了某些规章制度，更多地考虑道德的本质，而非具体的准则。

▓▓ 亲子游戏：叠衣服比赛

目的：家长利用简单的家务事，例如叠衣服、洗碗、洗菜等，增强孩子动手能力，让孩子手脑并用，促进孩子智力发育，培养孩子坚强的意志、实干的精神，久而久之，使孩子逐渐形成一定的责任心，且促进孩子"自己能做的事情自己做，不依赖别人帮助"的独立意识的形成。另外，运用比赛的形式更是增添了劳动的乐趣，使得劳动没那么枯燥乏味。完成比赛后满满的成就感让宝贝更加自信，同时又增进了父母与孩子之间的亲密互动，一举多得哟！快来行动吧！

步骤一：把要整理的衣服放在床上或者其他干净宽敞的地方。

步骤二：由妈妈讲解游戏规则——妈妈主持比赛，孩子和爸爸扮演"妈妈"的角色整理自己的衣服；由妈妈最终决定谁是"贤惠妈妈"；游戏开始前，要先获得"妈妈资格证"。

（获取"妈妈资格证"的方法：妈妈讲解叠衣服的方法，两名选手都掌握要领后，就可以获得"妈妈资格证"了。）

■■ 本章小结

本章为您详细阐述了有关儿童人格发展的相关理论，包括人格的含义、埃里克松的人格发展阶段理论、弗洛伊德的人格结构理论、荣格的内外向人格理论等，为家长朋友们在孩子的人格教育中提供参考和借鉴。同时，本章也分析了儿童人格形成和发展的影响因素以及父母的教育方式对孩子人格的影响。还提供了一些测验，如树木人格测验，还有亲子游戏。人格发展是孩子综合素质全面发展的体现，人格教育是家庭教育的重要组成部分。教育应该是心灵的触动、人格的培育、精神的成长，而健全的人格是教育所应追求的最核心的素养。

第六篇　当孩子出现这些问题时，父母应该怎么办？

篇首语

在前面的五篇，我们已经系统地介绍了孩子在自我、家庭、人际、能力和人格方面的发展，向大家介绍了各种科学理论和养育方法。当然，每一位父母都能体会到陪伴孩子的成长之路艰难无比。孩子在成长过程中难免会出现各种各样的问题，令父母感到头痛和棘手，尤其是面对青春期的孩子，家长都会有不同程度的惶恐，甚至有的家长如临大敌。家长的这些反应很正常，因为青春期孩子总是憧憬成熟又留恋童年，追求完美又总有缺憾，拒绝灌输又渴望帮助。这样矛盾的心理，使得他们的行为在大人眼里显得如此荒唐、无聊和叛逆，而对孩子来说，其意义却十分重大。那么面对孩子的种种问题，我们应该如何应对？

本篇只有一章，将由笔者（严虎博士）来解析一个个经典案例，从专业的角度为家长们答疑解惑，应对孩子成长中出现的问题。

第十四章 理论应用

拖拉

很多妈妈都有过这样的抱怨："我家孩子太磨蹭了！我越着急，他（她）越是不慌不忙。当妈的我呀，每天都要崩溃……"这不，乐乐家正上演着这样一幕：

"乐乐，快起床了！七点啦！赶紧洗漱去上学！"妈妈一边急急忙忙准备早餐，一边喊乐乐起床。

"妈妈，我再睡一会儿，一会儿……"

"不行，快起床，马上要迟到了！"

五分钟过去了，卧室里没有任何动静，妈妈又开始催促。过了十分钟，乐乐才从房里慢悠悠走进洗手间刷牙洗脸。一系列准备工作过后，马上临近八点，乐乐这才慌慌张张背上书包，狼吞虎咽地吃了几口早餐奔出家门。妈妈望着桌上剩下的早餐，不由得发出感叹："早餐不好好吃，每天磨磨蹭蹭的，到最后关头才知道着急，我这站在一旁干着急也没用，怎么才能改掉她这个拖拉的坏习惯呢？"

严虎博士解答:

如果孩子很拖拉,总是慢吞吞的,我们要考虑两种情况。

第一种情况:有些孩子是天生的"慢性格",他们的适应性相对于其他的孩子本来就慢一些,面对一些刺激时他们不像那些天生活跃的孩子那样积极、反应迅速;但"慢性格"的孩子也有着其他孩子没有的细致谨慎,也更不易受到不良刺激的诱惑。对待这样的孩子,我们只要耐心引导,让孩子提高做事的质量和速度即可。

第二种情况:孩子并非天生的慢性格,而是受到了环境的影响,这就又需要考虑多种可能。第一种可能,孩子正处于动作发展期,这个时期的孩子通常会身体不灵活、不协调,同时缺乏一定的生活技能,所以做事就比较慢。第二种可能,所要做的事情无法激发孩子的兴趣。第三种可能,家庭其他成员也是慢性子,所以孩子也受到了影响。第四种可能,孩子太依赖父母了,导致要自己做事情的时候不太愿意动。第五种可能,孩子的注意力不够集中,总是被新的事物吸引而忘记当前要做的事。对待非天生慢性格的孩子,父母首先就是要给孩子做好榜样,要给孩子树立一个做事动作迅速、干净利索的形象。父母也可以和孩子进行比赛,比如看谁穿衣服快,谁整理东西快等;在孩子有进步的时候,可以给予适当的奖励。当然,掌握做事的技巧也是提高做事效率必不可少的因素。父母要教给孩子一些技巧,如怎样系鞋带快,怎样洗漱不浪费时间,整理东西时要分门归类,等等。最后要注意的就是,有些父母看到孩子一慢就忍不住帮他完成,这样会造成孩子的依赖性。慢慢让孩子去做就是了,相信他会越来越熟练的。

胆小

一位妈妈的求助:我的儿子粤粤上小学二年级了,他非常胆小,受小朋友欺负时不敢大声讲理,更不敢反抗。有一次带他去买橡皮,他挑选半天,说:"我得选个班上小朋友没有用过的橡皮,不然,他们总说我拿他们的橡皮。把我的橡皮拿走了,我也不敢要。"听了儿子的话,我特别心疼,我告诉他自己的东西不要让别人拿走,他说:"我不想打架。"唉,别说和同学要东西了,他在陌生人面前大声说话都不敢，出门在外总躲在我们身后。孩子这么胆小，以后连保护自己都做不到，怎么办呢？

严虎博士解答：

孩子的胆小通常表现为不敢冒险、害怕交往、畏缩孤僻。有的是先天的，也有的是后天父母教育不当导致的。如果孩子胆小，父母首先要反思下是否对自己的孩子限制过多，是否过度保护。父母如果经常告诉孩子这很危险，那也很危险，孩子就会形成过度的自我保护意识，对什么事情都不敢接触。有的父母对孩子期望过高，要求过高，使孩子无法达到要求，经常失败；而孩子经常失败，使家长由期望变失望，从而招致家长更多的批评、抱怨和贬低，孩子由此更加感到灰心、沮丧，并严重损害个人的自尊与自信。为维护自尊，孩子便会产生消极的心理防御机制，其主要表现之一就是逃避困难，他们认为自己无法克服所面临的困难和障碍，担心自己在同伴、老师或父母面前"出丑"，因而采取一种自我保护行为，心理学上称之为"习得性无助"。

要改变孩子的胆小，父母首先得改变过度限制与保护的教育模式。多鼓励孩子探索世界，给孩子一个自由宽松的环境，不要威胁恐吓孩子。其次，要给孩子足够的安全感，营造稳定和睦的家庭氛围。多鼓励孩子主动和他人交往。另外，家长在抚育孩子时，对孩子的要求必须符合孩子身心发展的规律和实际能力，不能要求过高或操之过急。不要一味地批评、抱怨、贬低，而要帮助他们分析失败的原因，寻找解决问题的办法，鼓励他们去克服困难。对他们那种不怕困难、敢于向困难挑战的精神，要给予充分的肯定和鼓励。

脾气暴躁

"我孩子的脾气太糟了，动不动就发火丢东西。""我孩子的脾气太犟了，说他几句，便赌气摔门，跑到外边半天不回来。"日常生活中，我们经常能听到一些家长发出这样的感叹。那么，家长如何改变孩子的易怒情绪呢？

严虎博士解答：

经常看到有些孩子在家长没有满足他的欲望时大声哭闹，在地上打滚，或撕扯自己的头发、衣服，或抱着成人的腿部赖着不走。这些行为称为儿童暴怒发作。暴怒发作中的孩子往往不听劝阻，除非父母满足他们的要求，否则就会一直僵持下去。

心理学认为，容易造成孩子性格暴躁的原因有以下几种：一是家庭不和睦，夫妻之间常闹矛盾，轻则吵闹，重则打架；二是父母私心严重，孩子受此熏陶，便会形成心胸狭窄的不良性格；三是父母一方性情暴躁、独断专横，孩子受到影响。

面对这样的孩子，我们应该多花点时间陪孩子玩，一起看书，建立良好的亲子关系。预料孩子可能出现的淘气行为，可以帮助我们对症下药。例如，如果害怕孩子在超市发脾气，在出门前，我们可以先和他说明此次的购物计划以及我们所期望的孩子的表现。

有的父母在孩子发脾气时，也跟着发脾气，用发脾气应对发脾气。这种感情用事的方法，绝对改变不了孩子爱发脾气的习惯。有的母亲认为孩子好发脾气拗不过他，就把孩子推给父亲管教，这样就会使孩子产生"妈妈对自己发脾气毫无办法"的认识，以后他会变本加厉地在母亲面前发脾气。

家庭中的任何一员，都要在家里以身作则，不要动不动就乱发一通脾气。我们不乱发脾气，虽然不能确保孩子也保持好脾气，但只要我们用态度和行动坚定地给孩子做好榜样，学会克制自己和调节情绪，孩子的问题起码不会变得更糟。

孤僻

一位妈妈苦恼道："我家女儿上小学不久，老师就告诉我，她在班上，总是一个人待在角落里，不愿意和小朋友一起玩，整天都是愁眉苦脸的样子。有时候其他小朋友不小心碰到她，她就会愤怒地大叫，与小朋友格格不入。孩子这么小，性格就这么孤僻，受到大家的排斥，会不会造成社交障碍？家长该怎样做，才能调教孩子的孤僻行为？"

严虎博士解答：

如果孩子没有一个正常的社交心理，那么孩子在成长的过程中就会产生各种各样的问题。如果孩子这种孤僻的现象越来越严重的话，最后很有可能会发展成"冷漠"心理，甚至是"仇视"心理。

父母要想解决孩子孤僻的问题，首先要清楚孩子不合群的原因。其实孩子在学校的孤僻行为与家庭影响有很大的关系，比如说父母本身不善交际，孩子从小容易因为缺少小伙伴而产生不合群、胆小的表现。另外，家长要反思一下，在家中是不是过度地以孩子为中心，当孩子走进集体生活中后，被关注度严重降低。没了赞美的声音，孩子顿时丧失了自信。

要改变孩子的孤僻行为，我们就得让孩子建立更多的伙伴关系，让她多参加集体活动。多邀请小朋友到家里玩，孩子在自己的家中，感到轻松和熟悉，就会有一种主动性，也比较容易和小伙伴融合在一起。另外，要引导孩子多说话，表达得多，与他人沟通也会更顺畅。每次孩子放学回家，吃饭后、睡觉前和孩子交流一些随意的话题，让她说说今天在学校里发生的事，问问她周末去哪里玩，不知不觉中孩子也会主动表达了。

好动

天天上小学二年级，班主任老师多次反映说："孩子上课总是东张西望，坐不住，东摸摸西摸摸，不专心听讲，还严重影响课堂纪律。"妈妈也说孩子在家里也闲不住，总是要玩，精力旺盛，不知疲倦，约法三章、惩罚等办法都用过，无济于事，实在没办法了。气得妈妈大声训斥他："你是不是有多动症啊！你能不能消停一会儿？！"

严虎博士解答：

首先我们得搞清楚孩子究竟是好动还是多动症，正常好动的孩子，虽然也有注意力不集中的表现，但是对于自己感兴趣的事，却能专心致志。他上课也许会做小动作，但是当他意识到要听课时，他能控制得住自己，而多动症则不能。

如果你的孩子活泼好动，那说明你的孩子精力很旺盛，孩子的精力得不到宣泄，不但会影响孩子的身体，更会影响孩子的心理，会让孩子感到无聊、焦躁，所以父母每天都要给孩子一些在室外玩耍的时间。为了让孩子在日常的学习、生活中养成专注的好习惯，我们要告诉孩子每次只做一件事才能把事情做好。最后，父母也要给孩子一些约束，在什么场合要遵守什么规矩，不能影响他人。

没有学习兴趣

一位妈妈求助："我的孩子鹏鹏上三年级了，对学习一直提不起兴趣，上课不听讲，东张西望，课桌下做小动作，回到家里不写作业，还常常说不想上学了，最近还开始逃课出去玩，这可怎么办呢？怎么才能让他对学习感兴趣呢？"

严虎博士解答：

孩子不喜欢学习，家长要考虑三种情况：是因为受挫而失去学习兴趣，还是因学习障碍而失去学习兴趣，又或是因为环境适应不良而失去学习兴趣？

有些孩子从小就很优秀，但是他只有成功的经历，所以偶然的一次失败就能让他大受打击，从此对学习失去了兴趣。对于这类孩子，家长需要帮助孩子正确面对失败，可以讲讲自己经历过的挫折和失败，让孩子明白失败并不可怕；也可以带孩子出去散散心。

学习障碍是指人们在吸收与运用所接收的信息进行说话、阅读、书写、推理或数学运算时所出现的障碍。如果孩子是这类状况，父母首先要接受现状，有学习障碍的孩子本来就需要花费更多的精力才能达到同龄人水平，所以应该多安慰和理解他们。即使有学习障碍，孩子也有其长处和优点，父母应该找到孩子的优势，从他感兴趣的事入手。对孩子进行一些注意力训练和心理辅导，会有不错的效果。

有些孩子从幼儿园升小学或者小学升初中时会有无法适应新环境的情况，他们要学自己不感兴趣的内容，还要进行紧张的考试，这都可能使他们丧失学习兴趣。父母要做的是提前告知孩子升学后的学习情况，做好衔接工作，可以陪孩子一起学习，同时刺激孩子的好奇心和求知欲。

懒惰被动

安安上一年级了,很聪明,就是任性、霸道、娇气、懒惰。安安出生后,就是家里的掌上明珠。从小到大,安安从没做过一点家务活儿,连碗筷都不会摆,吃橘子每次都要妈妈剥好。在学校里轮到她和另一个同学值日时,她不是指挥对方做自己不动手,就是自己跑掉留下同学一人做。

当老师找到她问她为什么不做值日时,她还振振有词:"老师,我不会干,也不喜欢干。""这不是喜欢不喜欢的问题,是每个学生的责任。""我没有责任,我不要责任。"老师惊愕。安安妈知道后,批评她:"宝贝,你都这么大了,是你的事就要去做,这是责任。"安安反而说:"责任,你不是说我的责任是学习吗?我就不做,我讨厌干活……"

严虎博士解答:

很多父母抱怨自己的孩子很懒、很被动,其实这和家庭教育有很大的关系,要知道孩子天生是勤快、好奇的。他们一张开眼,就尝试到处看,动作能力发展后,就开始到处爬,到处摸,还会模仿大人。造成孩子懒惰被动的原因大致有以下两点:第一,父母过分包办,因为不相信那么小的孩子也能通过自己的探索来学习以及获得处理问题的能力,父母很容易将孩子置于善意的过度保护中,久而久之,孩子失去了自己动手的能力。第二,孩子担心做错事被批评而变得懒惰被动,有些父母要求很严格,孩子一犯错,就立即给予批评和指责,所以孩子对于父母要求的事就做,没吩咐过的绝对不做。对于懒惰被动的孩子,我们应该给予他一个相对自由宽松的空间,让他自己多做决定,让他多和其他小朋友一起玩。父母要多鼓励少说教,尽量少给孩子一些不必要的限制。

偷钱

萌萌是个8岁的小姑娘。她的父母很忙,所以平时由她的姑姑照顾,妈妈认为孩子还小,从来不给孩子零花钱。萌萌看到别的同学总买零食,很羡慕,就开始偷偷拿姑姑的钱。妈妈知道这件事后,很担心:才8岁的孩子就开始偷家人的钱，而且还撒谎，如果以后长大了改不了这些坏习惯，如何是好？

严虎博士解答：

几乎每一个小孩都做过趁大人不备偷偷拿家里的钱到外面去给自己买想要的东西的事，这是属于小孩必犯的一类错误。可惜父母通常会把这种错误放大，把小孩的这种行为看得很严重，没能给孩子合理的解释与处理，容易给孩子留下心理阴影。孩子虽然还小，创造不了很多价值，但不意味着他没有对金钱的需要。如果孩子看到大人很自然地花钱，而自己想满足一点小愿望都难以实现，这会使孩子的内心有矛盾冲突，他会觉得不公平。当然，如果父母本身比较节俭，做了不错的榜样，那么孩子不会有太多不平衡。

父母不要轻易说孩子是在偷钱。偷钱是涉及道德感的一个词，而孩子不会把拿了自己家的钱的行为解读为偷，只知道是未经允许拿了钱，被发现了会挨骂。如果父母直接贴上"偷"的标签会给孩子心理造成很大的道德压力。

孩子想花钱，但又没有管理钱的能力，自己拥有的零花钱也有限。这个时候，父母就要和孩子讨论，想要什么可以直接说出来，哪些愿望可以满足，哪些愿望还不能满足。父母要允许孩子在家庭中自然而主动地谈钱，告诉孩子能否满足他的需求，他的需求是否合理，他需要付出什么样的努力和代价才能得到想要的东西，帮助孩子树立良好的金钱消费理念。

不听话、反抗

三岁的果果最近莫名地喜欢摔东西、乱写乱画，还撕书，故意把玩具丢得满地都是。妈妈让他把玩具收拾好，他不听话反倒变本加厉，弄得满屋子都是。天气冷了，让果果穿外套，他也执拗地不肯穿。

严虎博士解答：

孩子从出生到两岁前是很听话的。但是两岁之后，孩子就会出现反抗、不听话的情况。这表明孩子已经进入到了人生的第一个"心理断乳期"，也就是我们常说的第一反抗期。父母要认识到这一阶段是孩子成长过程的必经阶段，不要因为孩子反抗就急着发脾气，而是冷静下来后与孩子进行平等的对话，理解和尊重孩子的想法,在要求孩子做事情之前,要考虑自己的语气,比如可以这样说:"你这样做可以让妈妈轻松一些,妈妈也会因此感到高兴。"有时候要给孩子一个心理预期,比如说吃饭之前就告诉孩子,还有五分钟就吃饭了,他在玩的时候就能有心理准备。这样就能有效地避免一些和孩子间的冲突。

说谎

5岁的轩轩在家里玩闹时不小心碰到桌子,摔碎了妈妈刚刚买来的精致茶具。妈妈回来后当然"龙颜大怒",质问孩子怎么回事,轩轩胆怯地说:"猫咪刚才从桌子上蹦过去,碰倒了杯子。"妈妈知道轩轩在撒谎,更是气不打一处来,罚轩轩面壁思过。

严虎博士解答:

孩子说谎的原因主要有以下几种:

第一,为了达成某种愿望。孩子在学龄前经常会去想象一些事情,用想象去代替现实,通过幻想他能得到满足。父母不用太过惊讶,先了解他的愿望,然后帮他区分现实与虚拟。

第二,赢取大人的注意。孩子在与父母交流的过程中,发现说一些夸张的谎话能引起大人的注意与关心,于是他就会重复这种行为。

第三,逃避责任。孩子做错了事,为了不被父母责骂,于是就通过撒谎来掩饰。说谎虽然不好,但这也说明了孩子已经知道了事物的因果关系。

第四,有时候孩子只是单纯地为了在同伴面前吹牛,想得到别人的关注和羡慕才撒的慌。

对于孩子说谎,父母要与孩子多沟通,找到撒谎背后的真实原因,然后渐渐地引导他。对于善意的谎言,父母应当理解;如果不是,则尽可能让他少说谎。父母要做好榜样,不要在孩子面前对别人说谎。告知孩子正确解决问题的方法,以安慰代替说教。这都是有效的方法。

沉迷上网

上小学二年级的小宇，上学不积极，一到放学、放假就绞尽脑汁去拿爸爸妈妈的手机或者开电脑上网玩游戏，家里不允许就借机跑邻居家或同学家去玩儿。爸爸妈妈发现小宇有如此网瘾，感到十分苦恼，不知道该如何引导孩子脱离网瘾。

严虎博士解答：

现在很多成年人都抵抗不住手机、网络的诱惑，每天对各种各样的电子产品都"寸步不离"，就更不用说好奇心重并且充满活力的孩子了。孩子玩手机、玩电脑很大一部分原因是受了父母的影响，看到父母经常玩，所以自己当然也会去尝试。有些父母甚至花在网络上的时间比陪伴孩子的时间要多，那孩子会怎么办？当然是和父母一样。父母在孩子较小的时候，要尽量少让他接触这些电子产品，多带孩子去户外玩一玩。如果孩子已经开始有些沉迷了，那么要跟他约法三章，不能让网络影响他正常的生活与学习。限制玩手机电脑的时间，以半个小时为限，超过时间必须休息。要选择健康的上网、娱乐内容，不要玩一些带暴力因素的游戏。

性启蒙

巧儿9岁了，他的爸爸近来特别苦恼，因为巧儿在他洗澡或者换衣服的时候，总会有意地看。爸爸只好把门关上，巧儿就拉开窗帘看，对门邻居的小男孩来玩，小男孩到厕所小便，这时她也会故意去小便。爸爸教育她说："男女有别，不要一块到厕所里去。"女儿只是口头答应而已，依旧屡教不改。这到底该怎么教育她呢？

严虎博士解答：

孩子对人体的好奇心，随着自身的发育、年龄的增长，会变得越来越强烈。当这种好奇心积累到一定程度，孩子就可能出现玩弄生殖器或者偷看大人洗澡的行为。这都是性意识开始萌芽的标志。父母不应该把这些事和"心理不健康""龌龊"联系在一起，孩子的想法其实很简单，她只是想了解自己不知道的事情这个时候父母要做的就是把正确的知识,以平静的表现方式教给孩子。大人越自然地对待孩子的这些举动,孩子就越能自然地接纳自己的身体,接受自我。告诉她,哪些是她私密的、不能暴露的地方,要如何保护,还应给孩子穿宽松的衣裤以减少刺激,并增加有趣的活动转移孩子的注意力,等等。在性教育问题上,父母才是最好的老师,每个父母都应该重视,不要让孩子在心里留下不好的回忆。

早恋

青青上小学六年级,正是小升初的关键时刻,妈妈偶然一次在她的书桌上发现了一封情书,心里顿时慌了:孩子早恋了吗? 到底什么时候开始的? 不好好学习,整天想着恋爱? 妈妈有一大堆的问题要搞清楚。

严虎博士解答:

其实我是不太认同"早恋"这个词的。爱是每个人的自由,任何人都无法剥夺它。不管是爱家人、爱动物、爱花草、爱玩具,还是爱其他的人或物,爱就是爱,自然而然发生的。爱是人生来就有的权利,不是到了法定年龄才有的权利。

很多父母总是看到孩子和异性朋友在一起就紧张得不得了,亲密一些就认为是在"早恋"。我们不妨换个角度来想想,自己的孩子被喜欢,我们难道不应该感到高兴吗? 这说明他/她在外面表现得很优秀,受到了他人的认可。其实父母担心的无非就是两个问题:第一,孩子的学习受到影响;第二,怕孩子过早发生过于亲密的行为。那么我们父母要做的就是和孩子沟通好,千万不要言辞过激地去责骂孩子,可以旁侧敲击地了解一些情况,比如:母亲故意夸女儿漂亮,说自己如果是男孩子会忍不住喜欢上女儿,然后问问有没有男孩子喜欢她啊,或者讲讲自己小时候的事,就像在讲一件很平常的事一样,这样孩子也会更愿意和母亲交流,以后有什么事也会主动坦白。也可以把对方小孩邀请到家里来玩啊,这样能更直观地了解他们的情况。最重要的是要告诉自己的孩子,特别是女孩子,要学会保护好自己,哪些地方是不能随便让人碰的,要教导孩子自尊自爱,做自己的主人,不接受别人的诱惑和强迫。

过度焦虑

五岁的小熊特别听话，学习也很好，但是每天总是一副忧愁的样子。最近参加学校的运动会，小熊报名参加了跑步比赛，但是跑步前却非常紧张，结果也没拿到好名次，他对这件事在意了很久，虽然父母和老师都安慰他，但他总是很焦虑。

严虎博士解答：

有不少孩子因为个性较为敏感而特别容易产生焦虑，这类孩子通常非常听话，克制力强，自尊心强，对待事物总是比其他孩子要认真，同时也过于紧张。这样的孩子，每天都可能对一件事或多件事产生过多的、不可控制的焦虑感。面对这样的孩子，父母在生活中应该给予更多的关爱，不要给孩子制定苛刻的目标；接纳他们的情绪，不要盲目批评和指责；要把教育重点放在孩子的人格培养上，使孩子更加坚强、积极和乐观。

抑郁

琪琪原本是个十分听话、很开朗的小姑娘，可是妈妈发现她最近一段时间都无精打采的，饭量减少，连她最爱的钢琴也不想练了。她很长一段时间没有邀请小伙伴来家里玩耍，自己一个人在房间里待着，一副心事重重的样子。妈妈很是担心。

严虎博士解答：

上述孩子的情况极有可能是抑郁症的表现，我们通常认为抑郁症是成年人才会得的精神疾病，但实际上，儿童也会得抑郁症，所以父母遇到上述情况时首先要判断孩子到底是暂时性的情绪低落还是抑郁症。儿童抑郁症常表现为情绪波动大，行为冲动，不同的年龄段各有特点：研究发现，3～5岁学龄前儿童主要表现特点为明显对游戏失去兴趣，在游戏中不断有自卑自责、自残和自杀表现；6～8岁的儿童主要有躯体化症状，如腹部疼痛、头痛、不舒服等，还会痛哭流涕、大声喊叫，有无法解释的愤怒和冲动；9～12岁儿童更多表现为空虚无聊、自信心低下、自责自罪、无助无望。父母发现孩子有抑郁症倾向一定要及时就诊,不能拖延。

强迫

晓乐妈妈最近发觉孩子上楼梯一定要数阶梯,走在路上也总会去数路灯、行人以及车辆,起初听孩子数数觉得孩子多练练挺好,后来发觉这好像变成了习惯,就连穿衣服也一定要按照他的顺序来,难道孩子是有强迫症了吗? 这可怎么办?

严虎博士解答:

在儿童正常发育的不同年龄阶段,是可能出现类似的强迫行为的。如: 走路数格子;被褥要角对角,反复多次对得很整齐;睡觉前一定要把鞋子反复摆成什么样子或一定要把毛巾反复铺平、摆正,等等。还有一部分儿童出现强迫动作时会有一定的仪式动作或行为,如触碰某物一定要碰几下,对了才感到"心里舒服"或吉利。以上行为持续一段时间自然消失,不造成孩子强烈的情绪反应,不影响他们日常生活和学习,不应视为病态。而有病态强迫行为的孩子不易自行纠正,如果不让他们重复这些动作,其内心会感到难以忍受,焦虑不安,甚至大发脾气,只有反复进行这些行为,其内心才舒服。儿童强迫症是强迫症的一类,是一种明知不必要,但又无法摆脱、反复呈现的观念、情绪或行为。对于患有强迫症的孩子,父母要帮助他们自觉认识和克服自己的性格弱点,指导孩子处理问题要当机立断,帮助他们出主意,想办法,克服遇事犹豫不决的弱点。鼓励孩子多参加集体活动,最好是引导孩子从事一项较为紧张的活动(如打篮球),以转移其注意力,逐步使症状减轻直至消失。如果发现孩子有明显并发症,应该及时就医。

死亡焦虑

小七原本是个很活泼可爱的孩子,可最近妈妈发现孩子变得异常的紧张、不安。了解后发现原来小七的外公不久前去世了,而小七和外公的关系又非常好,突然再也见不到外公了，小七变得非常烦躁不安。在他小小的心灵里面，还不能够理解死亡的含义，每天他会追着妈妈问，外公去哪里了。妈妈为了保护孩子的情感不受到伤害，委婉地告诉小七外公永远地离开了。可是接下来，小七的担心和焦虑却更加严重，因为他担心爸爸妈妈有一天也会像这样离开他。

严虎博士解答：

当孩子认知水平发展到一定程度时，或是受书籍、影视的影响，抑或经历宠物、亲人的死亡，他们会对死亡产生疑问甚至焦虑。父母不能回避孩子的疑问，以免衍生更严重的问题。比如宠物死了，父母告诉孩子"它睡着了"，反而会让孩子更加焦虑不安，因为孩子会想：原来死就是睡着了，那么我会不会也在睡着时死掉呢？

回答孩子关于死亡的问题，要本着简单、清晰、不回避、不情绪化的原则。用符合孩子认知水平的语言来科学地解释事实，比如："死亡就是我们的身体停止工作了，不能运动了。"又比如："是的，所有人都会死的，妈妈（爸爸）也一样，但那是很久以后的事了，那时你长得要比妈妈（爸爸）还高呢。我们有那么长的时间在一起。"很快他的注意力就转移了，心情也会好起来。孩子会知道死亡是生命的一部分，从而更加珍视生命。如果是亲人去世，父母不要在自己情绪很低落的情况下去和孩子谈论这个问题。儿童不像成人，一个健康发展的成年人是有自我情绪调节功能的。儿童的情绪调节往往要靠父母，靠养育人。如果在孩童时期能得到养育者的理解和帮助，孩子慢慢地就能学会自我调节。

单亲家庭

"我是一个7岁孩子的妈妈，两年前，我和孩子的爸爸矛盾越来越大，已经有了离婚的打算，但是为了孩子，我们又互相忍了两年。现在实在是没办法了，只能选择离婚，孩子归我抚养，但是我们还没有和孩子说。虽然我们没有当着孩子的面吵过架，但其实孩子已经察觉到了我们的关系很僵。有一次看到他偷偷在那抹眼泪，我真的很难受，我不知道该怎么和他说，也不知道自己一个人以后该如何教育他才能不让他产生各种各样的问题……"

严虎博士解答:

单亲家庭子女是我们在教育中不能忽视的一个特殊群体。由于父亲或母亲早逝或者父母离异,他们的家庭破裂,心理也遭受了创伤,在以后的生活中也容易滋生许多新的问题。但是如果父亲或母亲能以正确的方式去处理,那么就能极大地降低对孩子的伤害。

第一,诚实面对孩子。比如对孩子说:"经过慎重考虑,爸爸妈妈决定不再生活在一起了,但我们都将继续爱你,不管你和我们中的谁生活在一起。"

第二,不把责任推到对方身上。有些父母总是跟孩子诉苦,抱怨对方的不好,孩子受到这些负面情绪的影响,久而久之就变得冲动、易怒。

第三,不要过分溺爱孩子。为人父(母)者在心中对孩子存在愧疚感,往往会表现为溺爱孩子,有求必应,竭尽全力去呵护孩子,以弥补其失去父亲或母亲的遗憾。但这样会使孩子过于以自我为中心,经受不起挫折。

第四,不要过分要求孩子。离异夫妇因为内心的痛苦,把情感全部寄托在孩子身上,一切都以高标准要求孩子,希望孩子出人头地。孩子达不到要求时,就以哭诉和埋怨的形式教育孩子,孩子的压力越来越大,终有一天会爆发,特别是在青春期的时候。所以父母一定要尊重和理解孩子,不把自己的意愿强加给孩子。

■■■ 本章小结

通过本章的学习,相信爸爸妈妈们对孩子成长过程中所产生的种种问题有了更加深刻的了解,明白了孩子在生活和学习中出现问题在所难免,同时也了解到作为父母的我们应该怎样对待孩子的种种问题行为。家就好比是一艘船,船长和水手都是家长,孩子扮演的是乘客的角色。家长如何才能够在孩子的生活学习中当好船长,服务好乘客,这需要家长拿出自己的智慧。愿每一个孩子都能健康成长,愿每一位父母都能智慧育人。

参考文献

【1】戴维·迈尔斯. 社会心理学：第11版 [M]. 侯玉波，乐国安，张智勇，等译. 北京：人民邮电出版社，2016.

【2】理查德·格里格，菲利普·津巴多. 心理学与生活 [M]. 北京：人民邮电出版社，2016.

【3】罗伯特·费尔德曼. 发展心理学：人的毕生发展(第6版)[M]. 北京：世界图书出版公司，2013.

【4】雷雳. 发展心理学：第2版[M]. 北京：中国人民大学出版社，2013.

【5】玛丽安·米瑟兰迪诺. 人格心理学 [M]. 黄子岚，何昊，译. 上海：上海社会科学院出版社，2014.

【6】孙瑞雪. 捕捉儿童的敏感期[M]. 北京：中国妇女出版社，2010.

【7】汪凤炎，郑红. 中国文化心理学：第5版[M]. 广州：暨南大学出版社，2015.

【8】叶奕乾，何存道，梁宁建. 普通心理学：第5版 [M]. 上海：华东师范大学出版社，2017.

【9】中国就业培训技术指导中心，中国心理卫生协会. 2017国家职业资格培训教

程心理咨询师基础知识：修订版[M]. 北京：民族出版社，2017.

【10】严虎. 儿童心理画：孩子的另一种语言[M]. 北京：电子工业出版社，2015.

【11】艾森克. 心理学——一条整合的途径：下册[M]. 闫巩固，译. 上海：华东师范大学出版社，2000.

【12】刘青青. 儿童性别恒常性与性别偏好发展的研究综述 [J]. 少年儿童研究，2012，2：7-10.

【13】甘开鹏. 从学校教育看儿童性别社会化 [J]. 教育与教学研究，2007，21(2)：36-38.

【14】庞海波. 家庭教育心理学[M]. 广州：暨南大学出版社，2011.

【15】简·尼尔森. 正面管教：修订版 [M]. 玉冰，译. 北京：北京联合出版公司，2016.

【16】劳拉·马卡姆. 父母平和孩子快乐：如何停止吼叫，与孩子建立理想关系[M]. 刘海青，译. 上海：上海社会科学院出版社，2014.

【17】苏拉·哈特，维多利亚·霍德森. 非暴力沟通亲子篇[M]. 李红燕，译. 北京：华夏出版社，2015.

【18】劳拉·马卡姆. 平和式教养法：多子女篇[M]. 孙璐，译. 上海：上海社会科学院出版社，2016.

【19】苑媛，曹昱，朱建军. 意象对话临床技术汇总 [M]. 北京：北京师范大学出版社，2013.

【20】韩虹新，论儿童同伴关系的培养[J]. 管理学刊，2006，19(2)：23-24.

【21】王雅春，曹华. 青少年同伴关系的作用及影响因素分析 [J]. 长春师范大学学报，2010，29(1)：23-26.

【22】张莹莹，曾玉，张晶. 同伴关系对青少年心理健康影响的研究综述 [J]. 山西青年职业学院学报，2010，23(1)：28-31.

【23】陈少华，周宗奎. 同伴关系对青少年心理健康的影响 [J]. 湖南师范大学教育科学学报，2007，6(4)：76-79.

【24】张茜. 青少年同伴关系的特点与功能分析 [J]. 当代教育科学，2003(1)：37-39.

【25】 邹泓. 同伴关系的发展功能及影响因素 [J]. 心理发展与教育, 1998, V14 (2): 39-44.

【26】 李慧. 儿童同伴关系的研究[J]. 科协论坛(下半月), 2012(2): 182-183.

【27】 符明弘, 左梦兰. 交往在儿童认知发展中的作用 [J]. 心理科学, 1992(5): 49-51.

【28】 赵坤, 王辉, 张林. 心理学导论[M]. 北京: 中国传媒大学出版社, 2009.

【29】 刘金花. 儿童发展心理学[M]. 上海: 华东师范大学出版社, 2001.

【30】 郭瑞立. 亲子沟通的技巧[M]. 南京: 南京大学出版社, 2015.

【31】 陈静. 父母教养杰出孩子要做的50件事: 让孩子从平凡到卓越的教养捷径[M]. 哈尔滨: 哈尔滨出版社, 2009.

【32】 刘晋伦. 能力与能力培养[M]. 济南: 山东教育出版社, 2001.

【33】 冯忠良. 能力的类化经验说 [J]. 北京师范大学学报: 社会科学版, 1986 (1): 27-34.

【34】 张春兴. 现代心理学——现代人研究自身问题的科学: 第2版 [M]. 上海: 上海人民出版社, 2005.

【35】 MOILANEN K L, SHAW D S, DISHION T J, et al. Predictors of Longitudinal Growth in Inhibitory Control in Early Childhood [J]. Social Development, 2010, 19(2): 326-347.

【36】 MISTRY R S, BIESANZ J C, TAYLOR L C, et al. Family Income and Its Relation to Preschool Children's Adjustment for Families in the NICHD Study of Early Child Care[J]. Developmental Psychology, 2004, 40(5): 727-745.

【37】 王雪, 李丹. 儿童社会能力发展的影响因素——社会环境和变迁的视角[J]. 心理科学, 2016(5): 1177-1183.

【38】 丹尼斯·博伊德, 海伦·比. 儿童发展心理学: 孩子的成长[M]. 范翠英, 田媛, 译. 北京: 机械工业出版社, 2011.

【39】 柯江林, 孙健敏, 李永瑞. 心理资本: 本土量表的开发及中西比较 [J]. 心理学报, 2009, 41(9): 875-888.

【40】崔继红，纪红艳. 提升隔代抚养儿童心理资本的策略[J]. 渤海大学学报(哲学社会科学版)，2017(1)：124-126.

【41】李小平，郭江澜. 学习态度与学习行为的相关性研究[J]. 心理与行为研究，2005，3(4)：265-267.

【42】黄庆丽. 何以为学?何以为教?——墨家教育本体论探究[J]. 北京社会科学，2016(3)：43-49.

【43】德鲁克. 管理的实践[M]. 齐若兰，译. 北京：机械工业出版社，2006.

【44】邱国栋，王涛. 重新审视德鲁克的目标管理——一个后现代视角 [J]. 学术月刊，2013(10)：20-28.

【45】方富熹，方格，郗慧媛. 学前儿童分类能力再探 [J]. 心理科学，1991(1)：18-24.

【46】张梅玲. 关于儿童部分与整体关系认知发展的实验研究 I 4—7岁儿童类和数的包含[J]. 心理学报，1980，12(1)：37-45.

【47】伯顿·L. 怀特. 从出生到三岁：婴幼儿能力发展与早期教育权威指南[M]. 宋苗，译. 北京：北京联合出版公司，2016.

【48】诺思科特·帕金森. 帕金森法则[M]. 刘四元，叶凯，译. 北京：中国人民大学出版社，2007.

【59】维克多·弗兰克尔. 活出生命的意义 [M]. 吕娜，译. 北京：华夏出版社，2010.

【50】李师江. 儿女培养手册[M]. 南京：江苏人民出版社出版，2010.